浙江省习近平新时代中国特色社会主义思想研究中心省委党校基地资助成果
浙江省"八八战略"创新发展研究院资助成果

红色社工系列丛书

医养结合与健康促进
城市老年人健康消费行为研究

薛媛媛 著

中国社会科学出版社

图书在版编目（CIP）数据

医养结合与健康促进：城市老年人健康消费行为研究／薛媛媛著．—北京：中国社会科学出版社，2023.8
（红色社工系列丛书）
ISBN 978－7－5227－2062－3

Ⅰ.①医… Ⅱ.①薛… Ⅲ.①养老—社会服务—研究—中国 Ⅳ.①D669.6

中国国家版本馆 CIP 数据核字（2023）第 106973 号

出 版 人	赵剑英	
责任编辑	田　文	
特约编辑	金　泓	
责任校对	张爱华	
责任印制	王　超	

出　版	中国社会科学出版社	
社　址	北京鼓楼西大街甲 158 号	
邮　编	100720	
网　址	http://www.csspw.cn	
发 行 部	010－84083685	
门 市 部	010－84029450	
经　销	新华书店及其他书店	

印　刷	北京君升印刷有限公司	
装　订	廊坊市广阳区广增装订厂	
版　次	2023 年 8 月第 1 版	
印　次	2023 年 8 月第 1 次印刷	

开　本	710×1000　1/16	
印　张	17.75	
字　数	270 千字	
定　价	98.00 元	

凡购买中国社会科学出版社图书，如有质量问题请与本社营销中心联系调换
电话：010－84083683
版权所有　侵权必究

红色社工系列丛书

中共浙江省委党校（浙江行政学院）
社会学文化学教研部
组织编写

编 辑 委 员 会

主　编

董敬畏

副主编

陈旭峰　侣传振

成　员
（按姓氏笔画排序）

冯　婷　李　一　吴兴智　陈丹引　林晓珊
赵时雨　徐　律　高孟然　葛　亮　薛媛媛

目　　录

第一章　导论 …………………………………………………………（1）
　　第一节　从研究困惑到研究问题 …………………………………（1）
　　　　一　老年人保健品消费行为背后的矛盾 ……………………（1）
　　　　二　研究问题的形成：消费、健康与老年消费者 …………（4）
　　　　三　研究问题的确定 …………………………………………（7）
　　第二节　文献回顾：现状、特征与影响因素 ……………………（9）
　　　　一　老年消费的相关研究回顾 ………………………………（10）
　　　　二　老年人保健品消费的相关研究回顾 ……………………（20）
　　　　三　核心概念与研究述评 ……………………………………（26）
　　第三节　理论基础与分析框架：从"情感—补偿"到
　　　　　　 "需求—补偿" ……………………………………………（36）
　　　　一　消费社会学理论研究进程 ………………………………（37）
　　　　二　情感消费理论与补偿性消费理论 ………………………（41）
　　　　三　"情感—补偿"分析范式的局限与优化 ………………（47）
　　　　四　"需求—补偿"：老年人保健品消费行为的分析框架 …（49）
　　第四节　研究方法 …………………………………………………（52）
　　　　一　质的研究取向 ……………………………………………（52）
　　　　二　资料的收集方法 …………………………………………（54）
　　　　三　资料的整理与分析 ………………………………………（59）
　　　　四　研究伦理 …………………………………………………（63）
　　第五节　本书结构 …………………………………………………（64）

第二章　政策演进：老年健康责任主体的社会化 ……………（66）
第一节　医疗卫生政策变迁下的医疗需求 …………………（66）
　　一　早年医疗供给的局限：低水平与功利化 ……………（66）
　　二　当下医疗服务的困境：不公平与供不应求 …………（72）
　　三　既有医疗卫生政策推动医疗需求的形成 ……………（81）
第二节　当前养老模式下的养老需求 ………………………（86）
　　一　机构式养老：负面印象 ………………………………（87）
　　二　社区居家式养老：量大于质 …………………………（88）
　　三　医养结合式养老：高门槛准入 ………………………（93）
　　四　多种养老模式推动养老需求的形成 …………………（97）
第三节　优化与补缺：保健品消费对需求的补偿 …………（105）
　　一　治未病：优化医疗卫生服务 …………………………（105）
　　二　人情味：填补养老模式缺漏 …………………………（107）

第三章　市场推动：健康身体与情感联结的建构 ……………（111）
第一节　健康商品化过程中的健康消费需求 ………………（111）
　　一　保健概念的演变：从广义到狭义 ……………………（111）
　　二　行业发展的推动：健康欲望的生产 …………………（114）
　　三　健康商品化推动健康需求的形成 ……………………（124）
第二节　情感商品化过程中的情感消费需求 ………………（129）
　　一　物的象征意义：保健品的情感建构 …………………（130）
　　二　商品的衍生价值：情感服务的注入 …………………（132）
　　三　情感商品化推动情感需求的形成 ……………………（135）
第三节　链接与建构：保健品消费对需求的补偿 …………（139）
　　一　一站式：链接综合性医疗服务 ………………………（139）
　　二　沉浸式：建构互动性社区空间 ………………………（142）

第四章　历史烙印：苦难记忆下叙事与意义形成 ……………（145）
第一节　老年人保健品消费者的个体经历特征 ……………（145）
　　一　匮乏与苦难：需求不满足 ……………………………（145）

二　变革与风险：不确定的生活 …………………………………（151）
　　三　集体与牺牲：被压抑的欲望 …………………………………（157）
　第二节　个体经历对老年人健康需求形成的影响………………………（161）
　　一　从忽视到重视：提升健康意识 ………………………………（161）
　　二　从身体到心理：丰富健康内容 ………………………………（164）
　　三　从消极到积极：转变健康策略 ………………………………（167）
　第三节　正视与满足：保健品消费对需求的补偿………………………（171）
　　一　直面疾病：积极满足需求 ……………………………………（171）
　　二　提前准备：迎合预防心理 ……………………………………（173）
　　三　关注心理：满足综合型健康诉求 ……………………………（175）

第五章　价值驱动：利己与利他间的融合与转化 …………………………（179）
　第一节　个体价值观中的利己性需求……………………………………（179）
　　一　持续压抑：老年群体被限制的消费需求 ……………………（180）
　　二　刻板印象：老年群体被低估的消费角色 ……………………（182）
　　三　个体价值观推动利己性消费需求的形成 ……………………（188）
　第二节　个体价值观中的利他性需求……………………………………（192）
　　一　舐犊之情：为家庭发挥余热 …………………………………（193）
　　二　乐于助人：为工作者谋生路 …………………………………（195）
　　三　个体价值观推动利他性消费需求的形成 ……………………（197）
　第三节　融合与转化：保健品消费对需求的补偿………………………（199）
　　一　尊重与认同：利己与利他需求的融合 ………………………（199）
　　二　亲情与面子：利己与利他需求的转化 ………………………（203）

第六章　总结与讨论 …………………………………………………………（207）
　第一节　老年人保健品消费行为的解释框架 …………………………（207）
　　一　老年人保健品消费背后的需求内容 …………………………（207）
　　二　老年人保健品消费需求满足的补偿意涵与过程 ……………（212）
　　三　老年人保健品消费需求补偿背后的形塑力量 ………………（214）

四　综合型健康场域：保健品消费对老年需求补偿的
　　　　特殊性 ………………………………………………（219）
第二节　社会工作对老年人保健品消费的介入空间 …………（225）
　　一　关注生命历程：全周期风险识别与干预计划制定 ……（225）
　　二　立足医养需求：促进多元主体联动与协调……………（227）
　　三　应对市场风险：政策倡导与观念培养…………………（230）
第三节　研究反思与讨论 …………………………………………（234）
　　一　老年人保健品消费行为的特殊性与趋同性 ……………（234）
　　二　一个时间性视角：老年消费行为背后的生命历程 ……（236）
　　三　一个社会工作视角：老年消费需求背后的人本意义 …（237）
　　四　经济与情感的模糊化：以保健品为媒介的情感消费 …（240）
　　五　关于人类需要与消费需求的概念反思 …………………（242）
　　六　对田野过程的反思 ………………………………………（244）

主要参考文献 ………………………………………………………（247）

附　录 ………………………………………………………………（270）

后　记 ………………………………………………………………（273）

第一章 导论

第一节 从研究困惑到研究问题

"在很多三四线城市的老小区里,如果你细心观察,总能看到这样的图景:天蒙蒙亮,阳光尚不及午后刺眼,早点铺子飘出袅袅热气,三三两两的人群里有那么一帮老年人,手里拎着布袋子,互相点头致意,然后相伴而行。他们不是去菜市场,不是去超市,而是走进了一幢不起眼的旧楼里,就像去教室上课那样自然。站在门口的是迎接他们的'老师',那些人年纪不大,脸上正挂着亲和力十足的笑容,嘴上说的是嘘寒问暖的传统问候。等人齐了,'老师'先带着他们对上次的作业进行温习,而后再放音乐做操,所有人都很配合。结束后,有人给他们发放'甜点',还细心地端上温水。吃完甜点,课程正式开始,老人们都专注地听讲,时不时地低头做笔记。下课后,老师们又站在教室门口,热情地挥手告别,并叮嘱下次上课的时间。大家心满意足地离开,期待着下次见面……"[①]

一 老年人保健品消费行为背后的矛盾

目前医疗保健已经成为全世界贸易增长最快的行业。随着社会发展的进步以及人民生活水平的提高,健康消费早已溢出医疗领域的服务,逐步朝保健方向延伸。从健康产业的角度出发,医疗只是健康的狭义范畴,而保健则是广义的。

---

① 笔者在跟随老年人前往保健品公司听课过程中的观察笔记。

我国老龄化程度的加深、老年人口数量的增加以及人口年龄结构的老化催生出庞大的老年消费市场，其中保健品受到广大老年群体的青睐，背后反映出老年群体的健康需求。中国老龄协会于2019年4月16日发布《需求侧视角下老年人消费及需求意愿研究报告（2019）》，报告中预计我国老年消费市场规模将在2020年达到3.79万亿元，无论是老龄用品市场还是养老服务市场都有较大刚需。此外，中商产业研究院（2022）也指出，我国保健品市场规模将由2022年的2113亿元增至2027年的2867亿元，年均复合增长率为6.3%。根据以往的商业逻辑，年轻群体被设定为消费主力，老年人常常被排除在消费市场之外，其消费角色长期处于被忽视的状态，具体包括消费的能力与权力。因此，老年消费群体在保健品市场中的异军突起，引发了社会热议。

在我国，保健品是一种能够增进健康的特定功能性食品，不应用于疾病治疗。然而因其原料多为中药材，以及具有药食同源的特性，保健品一直处于食品与药品之间的灰色地带，存在诸多隐患。近年来保健品行业面临诚信危机，尤其是在2018年年末引发热议的"权健事件"发生后，保健品销售已经与欺诈紧密关联。面对质疑与批评，老年群体仍然对保健品保持热情。一边是老年人保健品消费市场的迅速扩张，一边是愈演愈烈的质疑和抨击声。两股张力之下，实则是老年人保健品消费行为背后隐含的矛盾。正是这些矛盾激发了笔者对老年人保健品消费行为的研究兴趣，也是本书研究问题形成的基础。

矛盾之一：节约与浪费。笔者在调查过程中，曾数次进入老年被访者的家中，时常看到成箱堆积的保健品，数量之多，令人瞠目结舌。实则他们中的大多数人平常买菜时连几元几角都要讨价还价，然而在面对价格不菲的保健品时却出手大方，甚至有囤货和浪费行为。无论是在大众惯常的印象中，还是在既有的学术研究中，老年人的消费观念多被认为是稳定、朴素和节俭的，这与其在保健品消费中呈现的特征有所出入。究竟是老年人的消费观念发生了本质性改变？还是他们只在和健康有关的消费领域产生了新的消费特征？如果产生了改变，其背后的推动力量是什么？

矛盾之二：被动与主动。在公众的惯常认知中，保健品公司的营销策略具有传销特征，他们通过各种方式对老年人进行洗脑，并让他们掉入陷阱，整个消费过程都是一种堂而皇之的欺骗。因此，老年人购买保健品的行为被定义为诱骗之下的被动消费，是认知缺陷、教育不足、情感缺失等带来的结果。这种观点与老年人长期面临的歧视以及社会对老化的贬抑相关，他们已然被标签化为没有判断能力和思考能力的弱势群体，由此容易在商业消费中走入陷阱，其消费行为大多也被认为是无意识和非理性的。根据笔者对老年消费者以及其他相关人群的调查，很多购买保健品的老年人相对于同龄人受教育程度更高。他们会通过上课、信息比较、多方查询与验证等方式挑选保健品，其中体现出该群体在消费过程中的主动性与积极性。在不否认市场经济环境中商业行为具有诱骗特征的同时，从社会工作的视角出发，应警惕老年群体正遭受诈骗的刻板印象，着重考察其消费行为背后的主体性。那么，基于社会工作的核心价值，应如何看待老年人保健品消费现象与增强服务对象的主体性、去除污名、为老年人争取权益以及促进社会公平之间的联系？

　　矛盾之三：匮乏与丰盛。从历史阶段出发，这一辈的老年人年轻时大都经历过艰难岁月，晚年时期社会的物质生活水平远胜从前，医疗条件亦是。但实际老年人在谈及医院时，总有诸多怨言，各种缘由则需要通过对其生活经历的回溯加以考察。鲍德里亚在《消费社会》（2014：1）一书中曾提出，当前人类正处于一个空前丰盛的世界，不断增长的物之下是丰盛的欲望与消费。然而消费的根本目的在于满足需求，其背后折射出需求得不到满足的匮乏。保健品在我国被定位为食品，不具有治疗功效且不能代替药品治病。老年人把保健品描述为获得健康的"最后一根救命稻草"，将其作为药品对待，并寄以改善病况的厚望，由此是否也体现出老年人对当前医疗系统的信任危机、就医选择的变迁以及消费补偿心理？若这些真实存在，它们又是如何被影响并逐渐形成的？另一方面，既有研究和媒体报道中多将老年消费者对保健品的青睐归因于销售人员提供的情感服务，认为老人只是为了补偿缺失的亲情与人际归属感才进行消费。由此可见，保健品作为"物"本身的意义即健康功效遭到否定，而老年人的健康需求也被忽视。保健品市场本不是公民维护健康的首要责任方，老年人热衷保健品的背后潜藏着其他健康责任主体在某种程度上的失灵，这种丰盛与匮乏之间的张力也显现出老年群体消费背后的复合成因，尤其包含社会层面的结构性影响。现有的主流声音都将老年群体的保健消费行为归因于空巢寂寞、亲子关系的疏离等社交情感需求，但这是否限制了解释范围和空间？过度强调老年群体在追求健康的过程中对情感的依赖性，某种程度上转移了公众的视线，即健康责任的归属。老年群体的消费行为是其日常生活情境，消费的社会意义是解读行为的重要切入点，看似"反常"的群体行为也迫使我们正视消费背后老年人未得到满足的需求。如果消费是个体表达诉求的直接手段之一，那么这些诉求的确切内容与象征意义是什么？

基于以上困惑，下面将从消费、健康和老年消费者三个层面分别进行思考和梳理，以期推进研究问题的形成。

二 研究问题的形成：消费、健康与老年消费者

（一）消费：经济活动与社会行为

正如人具有自然与社会的双重属性，个体既是生物学意义上的生命体，也是处于社会关系网中的社会人。在消费主义日益蔓延的当下社会，消费也并非单纯的经济现象，更是消费者个体与其所处环境互动关系的体现。社会背景也将作用于个体的动机，对其经济行为产生影响（格兰诺维特，2003）。以往有关消费的研究更多集中于经济学视域下的探讨，且相关理论多以沉迷于物欲的年轻群体为研究对象，更强调消费对群体差异化与身份区隔的工具性作用。而老年消费行为更多考察其群体的趋同性特征，一味强调消费的区分作用难以充分解释老年人的群体性消费行为。其次，老年人保健品消费在我国本土语境中有别于西方的多元意义，单一的情感消费理论无法完整诠释其具体的表现形式与形成机制。补偿性消费理论强调消费的替代性与需求的虚假建构，整体也偏向于个体化层面的情感解读。源于西方文化的消费理论尚无法妥帖地对我国具体的消费行为进行解释，因而研究需要立足本土经验对已有的情感消费理论与补偿性消费理论作出本土化概念与理论的融合性探索，跳出单纯的商业逻辑，不将保健品消费定位于日常的经济活动，着重考察其背后的社会成因。

(二) 健康：从个人麻烦到社会问题

保健品消费属于健康消费的广义范畴，呈现出老年人的综合性健康需求以及背后各责任主体发挥职能的现状。因此，保健品消费不同于寻常经济活动，既有研究更多侧重从经济学与心理学视域探究老年人保健品消费的行为与心理特征，忽略了对疾病与健康议题的探讨。随着社会经济的发展和社会文化的进步，人们对于健康和疾病的观念不断深化，不再仅仅把它看作生物现象，而将其视为一种社会现象（胡继春，2012）。且这一组概念都非静态，而是随着社会发展深化和变迁的动态过程。有医学研究表明，个体生命早年阶段经历的社会和经济劣势以及慢性压力源提高了慢性病在晚年的发病率，这些疾病出现的阶段便被称为老化，由此形成了老年期这一由生物因素划分的时间阶段（Brunner，1997）。而这种阶段也体现出时间的社会性，因为人类社会通过年龄对人群进行划分，不同年龄层的群体将影响健康与福利资源的结果。健康是持续一生的状态和过程，老年群体晚年的健康需求满足状况并不只是当下个体与周围环境资源匹配与利用的结果，更需要从历时性的视角探寻早年生活对老年群体健康观的影响，这将形塑其晚年的健康消费行为。生命历程将有助于理解健康与年龄间的关系，提供一种关注变迁与持续的动态分析架构，也能反映老化过程的文化多样性、个人差异性与历史变动性的特征（叶肃科，2012）。

实施健康中国战略是我国重大的决策部署，健康促进也是提升全民健康水平的重要路径，强调健康责任主体的社会化。健康作为公民的一项社会权利，其背后的意义早已突破个体化范畴进入公共问题的领域，涉及社会的方方面面。个体健康是国家公共卫生健康体系的基础，政府有为公民提供卫生保健服务并通过公共财政制度承担维护全民身心健康的责任（刘继同，2011）。从《"十三五"健康老龄化规划》到《健康中国行动（2019—2030年）》，整个社会都表现出对全民健康的关注与重视。未来我国要走的是一条全社会共同参与的多元化健康之路，以疾病预防和健康促进为核心，明确实现从以治病为中心向人民健康为中心的转变，健康问题的责任主体从个体扩大至国家、社会及家庭。在为老年人提供健康服务的过程中，应进一步讨论健康的界定以及健康责任的分配与归属问题，厘清以公立医院为代表的公共医疗体系、以保健行业为代表的市场健康行业、社区基层卫生服务以及家庭所扮演的角色和职能。从该角度出发，其实质是承认疾病性质由"个人麻烦"转为"社会问题"（刘继同，2005）。

（三）老年消费者：年龄歧视主义与主体性缺失

老年群体消费角色的弱化体现出社会中普遍存在的老龄歧视主义。这种歧视既包括消极负面的态度，也包含来自制度和文化层面的排挤。老化作为个体的必经阶段，正承载着社会所赋予的刻板印象。老年人被认为是几乎不会承担实质性和有意义的角色，其形象曾一度与依赖和无用联系起来并形成将老年人病理化为社会问题的规范（尚邦，2016）。同时，老年群体也正在被迫接受某种态度、行为乃至制度结构，被基于年龄进行资源和机会分配，从而得到不公正的对待。老龄化的经历由此成为一种文化与社会的产物。老年消费者在消费领域面临的"标签化"和"问题化"也从侧面反映出该群体面临的歧视，他们的真实诉求无法得到正视，反而被模糊化和歪曲化，倾诉的声音无人问津。

根据"十四五"规划中有关人口老龄化策略的内容，未来我国将积极开发老龄人力资源，发展银发经济。对老年消费行为的科学引导是完善银发市场发展的关键。随着我国保健品行业市场规模的急速扩大，老年消费者的消费比重大幅提升，银发市场的繁荣背后也显现出个体进入市场后的脆弱性。既有研究多从经济学视角试图将更多老年人拉向消费领域，却鲜少关注老年人这一消费主体本身，对该群体的特殊性认知有限。同时，保健品市场的乱象使得保健品持续面临诚信危机，老年群体对保健品的热衷被作为反面教材出现在各大媒体平台中。公众在对保健品行业进行批评与质疑外，对老年人消费行为背后的成因关注较少，仅将其归结为孤独感与亲情缺失，然而这只是行为动机的冰山一角。只有基于对消费成因的综合性阐释，才能了解老年群体消费背后的诉求以对症下药，并从老年人自身的立场对其进行科学引导，尽可能降低老年群体在市场中的脆弱性。

对于以增强服务对象主体能动性和自我决策能力、去问题化、促进社会公正为己任的社会工作而言，从老年人的视角思考其消费行为背后的成因及对其产生影响的过程将有利于杜绝研究对象的非人化，也有利于挖掘老年人切实存在的需求以及对当前微观生活情境和宏观制度环境的不满，以此促进为老服务的优化与完善。目前已有针对社会工作介入老年人保健品消费的研究，但对消费行为背后的需求探索不足，因而无法进一步解释二者之间的关联，其应对政策也缺乏理论基础。若将该研究议题放置于社会工作以人为本、以需求为本和控制风险的视角下，重点阐述老年人保健品消费背后的真实诉求，涉及老年群体的医疗与养老等相关议题，有利于从老年人的日常消费行为入手理解老龄化与消费主义趋势的交织效应。针对老年群体在消费市场中面临的歧视，研究将从老年群体主诉的角度关注其主体性，并探讨社会工作的介入空间以促进为老服务的优化与改善。

综上，老年人保健品消费与老龄化、医疗健康与养老等议题目前已呈现出交叉与融合趋势，以保健品消费为切入口的研究将对老年群体医疗与养老需求的满足以及其整体生活水平的提升有推动作用，也能够为未来增进老年人晚年健康的相关政策提供依据，重点考察老年人保健品消费行为背后的过程性。同时，老年群体开始关注自身健康并进行消费，反映出其拥有的消费能力与权力，因此本研究试图深入把握老年人群在消费中的主体作用，避免空泛谈论"人"而引起的抽象性和笼统性，帮助社会更好地认识和理解老年人。从社会工作的角度出发，对个体经历的回溯也有利于识别其早年生活中的保护性因素与风险性因素，研究将为社会工作设计全周期老年健康促进的干预方案提供证据。同时，寻找其背后的症结将为社会工作对老年人保健品消费的介入空间提供理论基础，并为其实务的工作开展提供空间，由此为老年人保健品消费的社工干预策略提供知识与技术基础。

三 研究问题的确定

通过对当前老年人保健品消费日常情境的思考与分析，研究从困惑出发，进一步对该议题进行深挖与反思，由此逐渐确定了本书的研究问题。

以往情感消费理论与补偿性消费理论对城市老年人保健品消费行为

的研究侧重个体化心理层面的情感补偿，既未阐述情感需求的多元性，也未考察需求背后存在的结构性影响。且对于补偿的内容、形式与过程也未进行深入探讨，无法体现保健品消费对于老年群体需求补偿的特殊性，限制了对消费行为的解释范围。

在此基础上，本书提出以下几个方面的研究问题：首先，既有的情感消费理论与补偿性消费理论能否对老年人保健品消费行为作出完整的解释？如何在其基础上进一步丰富与完善以建构本土化解释框架？研究老年人保健品消费行为对社会工作的理论与实务有怎样的启示？其次，与既有研究中情感消费的需求相比，当前城市老年人保健品消费行为背后的情感需求具有怎样的特征？是否存在除情感外的需求？这些需求背后有哪些主体在发生作用？再次，保健品消费是如何对这些需求进行补偿的？具有怎样的特殊性？最后，以保健品消费为切入点，如何更好地回应老年人的现实需求？社会工作应该采取怎样的干预策略？

以下是对上述四个方面的研究问题进行的具体阐述。

第一，消费背后的结构性力量与主体性力量。在社会学的视角下，消费行为受到结构性力量与主体性力量的共同形塑，研究其消费行为也是解读需求的重要途径。以往有关老年人保健品消费的研究都着重微观层面的个体归因，鲜少关注宏观政策背景对个体消费行为的影响，也缺乏从历时性视角对个体经历的探索。作为消费者的老年人长期存在被忽视的情形，他们在消费中的主动性以及他们对消费的符号化过程值得进一步探究。由此，包括政策与市场在内的结构性要素与包括个体经历与个体价值观的能动性要素是如何推动老年群体购买保健品的？

第二，情感消费的实现路径与推动力量。在保健品行业面临诚信危机的当下，老年人依旧热情不减。既有研究认为老年群体购买保健品是为了填补亲情的缺失以及增强人际归属感。那么在消费过程中，保健品是如何成为该目的实现的路径的？以往的研究者对情感消费的界定更侧重从营销与心理学视角考察消费者的情绪反应，并未深究情感消费的具体内容与实现途径，尤其缺乏对情感的社会性的考察。因此，在老年人保健品消费中的情感具体包括哪些内容？情感消费的背后体现出老年人怎样的诉求？情感在这个过程中是如何实现商品化的？背后的推动力量有哪些？它又是如何在保健品消费的过程中被满足的？

第三，保健品消费背后的综合性诉求。除情感外，健康是保健品消费区别于其他消费的核心要素。依照情感消费的运作逻辑，健康实际也存在被商品化的过程，这个过程是如何实现的？背后的推动力量有哪些？同时，保健品背后对健康的诉求反映出当下医疗卫生体制存在的问题，而老年群体对预防疾病与健康追求的迫切心理也隐含了对养老现状甚至前景的担忧。保健品究竟对老年人意味着什么？除情感外，他们通过购买保健品将获得什么？这背后存在怎样的形塑作用？

第四，补偿消费的具体内容、形式与过程探讨。既有研究对老年人保健品消费的解读多集中于心理层面的情感补偿，而从补偿性消费本身的机理出发，补偿偏重替代性与主动性，这种替代之下的需求满足被认为是建构的，其本质是虚假的。本研究基于补偿消费理论的关注重点有以下两个层面的研究路径：一是关于补偿的内容与形式。从内容出发，除情感需求外，还存在对其他需求的补偿，应进一步对其细化；从形式出发，研究将探讨保健品消费的具体补偿方式，而非笼统地呈现补偿性结果。二是关于补偿的本质。由于社会学视角下的消费多具有象征意义，补偿本身也具有替代性特征，那么老年群体对保健品消费的需求是被建构的虚假需求还是老年人当下的实际需求？如果是后者，社会应如何回应？

第五，社会工作对老年人保健品消费研究的应对策略与启示。由于目前已有相关研究将社会工作视角引入老年人保健品消费的具体情境，但缺乏理论基础且存在对消费主体的问题化情形。本研究将从社会工作以人为本、以需求为本以及控制风险的视角出发，以老年人保健品消费背后的需求为落脚点，从一种非批判和接纳的角度挖掘老年群体的真实诉求。基于老年群体消费背后需求的不满足，如何从社会工作的角度提出相应的对策建议以及干预策略？与此同时，本研究也将探讨老年群体热衷保健品这一社会现象对于社会工作自身的理论与实务发展的启示作用。

第二节　文献回顾：现状、特征与影响因素

由于本书侧重对老年人保健品消费行为背后社会成因的剖析，然而

相关研究的视角多集中于经济学，因而下面首先对国内外社会学视角下的老年消费现状、特征以及影响因素进行梳理，再聚焦于老年人保健品消费问题的研究。整体而言，目前针对老年消费的研究少于年轻群体，且经济学视角下的老年消费被放置于市场逻辑中，缺乏对消费行为背后社会成因的探索。对于老年人保健品消费的研究同样缺乏社会学视角下对老年消费行为特征进行剖析。且既有研究以期吸引更多的老年人进入市场，但对于行为背后的形塑过程考察不足。

一 老年消费的相关研究回顾

（一）国内外老年消费的现状

人口老龄化进程正在加快中，至2047年全球范围内的老年人数量将超过儿童，这种深刻的人口变化趋势将影响经济增长、劳动力市场、养老金、医疗保健、住房、移民、政治以及消费（Sudburyriley，2013）。研究老年消费的问题有利于促使供给方为老年人提供更多适宜其晚年生活的消费品，继而满足老年人的需求，在此基础上进一步提升全社会的老年福祉。然而老年消费者一直遭到市场营销学者和从业人员的相对忽视（Simcock，2006），这种情况不仅出现在美国，更出现在其他国家和地区。无论学界还是社会整体都对老年人的消费行为了解不足。

西方对老年消费市场的研究兴趣始于20世纪60年代，此后有关老年消费的研究日渐蓬勃，学者们针对不同领域的老年消费活动开展研究。由于该阶段老年消费市场未被视作新的市场区隔，仅被当成原有市场领域的进一步细分，其角色没有得到社会的重视和认可。有学者通过文献回顾的方式总结了经济学、医学等研究对这个庞大群体的忽视，并提出老年消费者正处于被遗忘的角落，而他们的消费活动实际正为市场经济的发展作出重要贡献（Tynan，1988）。

随着越来越多的研究开始重视老年消费者的作用，老年消费市场也日渐形成独立领域，涉及消费者心理、消费的外部环境、新兴技术等。20世纪70年代，老年消费市场作为一个独立的市场区隔而具有研究价值的假设已经基本得到确立，同时老年消费行为研究也深入到微观层面

（刘超、卢泰宏，2005），包括消费者在消费环节中的具体行为细节，如价格意识和选择偏好等。作为应对市场风险的消费者的教育问题日益受到社会重视，老年主体性得到进一步确立（Burton，1981）。20世纪80年代，老年消费者被发现与年轻消费者有同等的购物热情，电子科技等新技术的介入强化了他们的消费能力和动机（Hale，1988）。经济与营销领域重点关注那些促进老年人群消费的因素并试图强化，因而购物信息检索、广告投放的相关要素以及购物渠道的偏好受到研究者的重视（Gilly，1985）。除以上对消费行为的应用型研究外，生命历程视角（Lee，2009）以及文化视角（Yoon，1997）的加入使得对老年消费行为的解释力度得到深化，譬如老年群体在消费行为中具有道德责任感等。该阶段的老年消费行为研究不再仅仅停留于对表征和现象的归总与分析，转而开始探讨行为背后的社会逻辑，渐渐从营销视角转向对老年人深层次主体性的关注，全球化背景下的新兴科技环境开始对老年人的消费行为产生影响。

当前全球老龄化程度的日益加深，老龄消费市场也逐渐壮大。然而自21世纪以来，有关老年消费者的研究开始出现越来越多的批判和反思的声音。其中个体衰老对消费行为带来的桎梏引发担忧，老年消费者的认知能力与决策能力被认为会受到年龄增长的负面影响（Yoon，2005），大众传媒对老年消费者依然存在歧视（Carrigan，2000）。尽管各个领域都呼吁应对老年消费者予以重视，然而关于老年消费者的系统性和统一性的结论在市场营销领域中仍然相对较少，老年群体始终被认为是经济水平低且受教育程度低的人群，其无法如年轻人群一样进行消费（오민정，2011）。实际上未来婴儿潮一代将成为老龄化社会的一员，他们的经济水平和受教育程度都将呈现出较高的水平，因此不应忽视老年消费者的消费能力。同时，老年人自身呈乐观自信的状态，认为自己是经验丰富的消费者（Myers，2008），且他们的心理年龄普遍低于实际年龄，拥有较高的消费意愿和对自身消费能力的自信程度（Pettigrew，2005；Sherman，2001；Ong，2009），因而老年群体希望社会能够对他们的消费行为给予信心和尊重。

我国在20世纪90年代末期才开始将消费放置于社会学视域下进行

探讨。1996年由彭华民撰写的《消费社会学》[①]是我国第一本从社会学角度探讨消费行为的专著，此书试图跳出对纯经济因素的研究框架，转而探讨消费过程中的诸多社会因素，引发了后续学界对消费社会学的关注。其中着重居民日常消费的细分市场领域的社会学研究以及体育消费的社会学分析尤其热烈，城市消费空间也被引入消费的社会视域以探讨社会区隔与社会贫困议题（潘泽泉，2005）。在此背景下，老年消费市场开始引发社会关注，社会认识到老年产业对推动经济增长和促进社会经济发展有重要意义（向宏，2001）。人口老龄化程度的加深催生出一个庞大的老龄消费市场，也带来前所未有的机遇和挑战。一方面，老龄市场的消费将有助于扩大国民消费，刺激老龄产业的发展，提高老年人的生活质量等。我国老年人在退休之后的消费水平反而出现上升趋势，正是因为其主体意识的提升，他们愿意为丰富晚年生活和提高生活水平而消费（杨赞，2013）；另一方面，当前老龄消费市场存在产品不足、老年人传统消费观的桎梏、市场缺乏约束机制等问题，政府和市场监管体制的不完善导致市场乱象，存在不容忽视的隐患（杨宗传，1990；王章华，2010；张志雄、孙建娥，2018；张艳，2015）。

从研究中可以发现，食品与医疗健康消费无论对于我国还是西方的老年消费者而言都是重点消费领域，这与老年人群的特殊性与过往经历密切相关。资本主义的发展伴随着物质的丰盛，传统以生产为主的社会运作逻辑开始发生消费转向，而老年群体并不处于社会转型过程的黄金期，他们的消费能力与权力依然受到结构性力量与主体价值观念的束缚，同年轻人相比，他们无法迅速融入消费浪潮中。既有关于老年消费的经济学类研究更多聚焦于如何积极地开拓银发市场以拉动内需促进经济发展，但对于老年消费行为背后的形塑力量以及老年人进入市场的风险应对缺少探讨，因而亟须从社会学的视角看待老年群体的消费问题。

（二）国内外老年消费的特征

为了进一步阐释老年人的保健品消费行为，下面将对老年消费者行为特征进行综述。从国内外研究来看，由于中西方经济环境与文化观念

---

① 彭华民:《消费社会学》，南开大学出版社1996年版。

存在较大的差异，老年消费者的特征具有异同点。有关国内外研究对老年消费者行为特征的共同点归纳主要包括以下几个方面。

第一，老年消费者对消费品牌的忠诚度更高。老年群体与年轻买家相比，其对品牌的忠诚度更强，而对新品牌试用的可能性更低（Gwinner & Stephens，2001；Lambert，2005）。即使在产品伤害危机中，老年消费者的品牌忠诚度仍然相对稳定，他们表现出愿意在更长的时间内依附于同一首选品牌的倾向（Silvera、Meyer & Laufer，2012）。同时，年轻群体更侧重对时髦与新潮的追逐，其评判标准具有较强的不确定性和主观性，容易受到外界与情绪的影响（乐昕，2015）。而老年人的消费心理具有较强的稳定性，其消费具有求实性、方便性，惯性思维也使得其价值观与消费观趋向稳定（应斌，2005）。他们也更重视产品质量，在评判商品时的标准更稳定，拥有高品质商品的品牌以及商家将受到老年群体的青睐。这与他们接收新信息的渠道有限相关，包括科技手段的应用，尤其在信息搜索方面的能力上，老年人也较其他年龄层的群体更弱，因而也没有精力时常更换品牌。然而这种对品牌的忠诚度有导致老年群体受骗的风险，老年人比起年轻人更容易信任商家（Silvera，Meyer & Laufer，2012），受到"真理的错觉"效应的影响更大，因而导致其更容易重复相信某种虚构的陈述（Ong，2009）。当他们认定某一品牌时，也极容易沉溺其中，这种受骗特质与老年群体本身的性格特征相关，也与当前老年群体对保健品品牌的忠诚度相符合。在我们对老年人保健品消费的讨论中，该特征也是老年人容易对某品牌盲目信任的原因。

第二，老年消费者冲动消费的可能性更小。老年群体早年的经历较当下社会更加坎坷与贫苦，他们多成长于物资匮乏的年代。在有限的生活条件下，老年群体已经养成勤俭务实的价值观念（李旭东，2018），在消费过程中容易有注重实际以及对价格敏感的表现（Moschis，2004），从而降低其进行冲动消费的可能性。与节俭型相对应的是老年人对方便性消费理念的秉持，他们更倾向于消费那些直接能满足其需求的商品，华而不实的物品反而会增加他们在使用过程中的难度。因而从商品的挑选和消费选择角度出发，老年群体的消费行为并非完全的无意识和被动，而当下存在对其消费角色的歧视。且老年群体在消费中更注重产品的功能性，因而比起年轻人群对娱乐和时尚的追捧，老年人更希望购买健康以满足实际的需求。在老年群体看来，他们对保健品的消费并非是完全的被动诱导，也不是完全的冲动消费，而是他们再三权衡、悉心思索之后作出的选择。

第三，老年消费者的利他倾向更重。有研究表明老年消费者在消费过程中会表现出强烈的道德责任感，他们愿意支付更高的价格去达成公平贸易甚至进行爱国主义式的购买，如支持国货的行为等（Carrigan, Szmigin & Wright, 2004）。这种利他倾向实际是由于文化观念所导致的，老年人群在家庭购买决策中容易压抑自身的需求以成全他者，这几乎形成老年人消费决策行为的潜意识。有研究进一步表明老年群体的利他倾向更多是基于血缘关系而形成的"差等利他"（刘超、卢泰宏，2006）。如在我国本土化语境中，老年群体的消费更多表现为对子辈或孙辈的消费，体现出下行消费的特征（张艳、金晓彤，2010；王菲，2015）。这与老年群体为了避免给子女添麻烦而进行自我医疗和保健的现状也相符合。

第四，老年消费者对健康内容的消费更重视。健康是贯穿一生的主题，在人生的最后阶段更容易引起人的关注。中西方老年消费者都更多以健康为消费导向，包括老年医疗服务、老年健康与老年照护服务等（原新，2002）。老年阶段因身体机能衰退以及慢性病增多的缘故，更重视医疗和照料服务方面的需求，这是老年消费的内在本质特征（何纪周，2004）。这也是保健品消费相较于其他项目消费更受到老年人青睐的原因。

第五，老年消费者的补偿性需求更明显。老年人在退休后面临社会角色的脱离与社会地位的下降，因而他们的社会关系网络受到负面影响，社会活动也进一步减少。有研究提出，老年人依靠媒体来收集信息并获得快乐与满足，以此消费作为补偿（Johnson, 1993）。这种补偿心理同时也源于老年群体在早年生活中对需求的压抑，当生活水平和物质条件提高后，他们愿意尽可能地进行消费以补偿遗憾。除对自己进行补偿外，老年群体也会因为传统思想与家庭观念较重而呈现出隔代补偿的特征，他们的消费对象会以孙辈为主（应斌，2005；王菲，2015）。在本研究中，老年群体的补偿行为便同时体现在对子辈和孙辈的物质与服务给予方面，他们认为通过服用保健品维持健康状态，便能在最大程度上为子女减轻负担，甚至还期望自己能够在晚辈的生活中发挥余热。

第六，老年消费者的群体性特征更强。相较于年轻一代以符号消费差异化、展现自我，老年人更多在消费行为中呈现出群体性特征。譬如有研究发现老年人有群体购买商品的习惯，在集体中的老年人可以有更多与他者交流与沟通的机会，从而获得对商品的信任和购买的安全感，这与其早年受到的集体主义观念影响也密不可分（姚朔影、张德鹏，2003）。同时，老年消费者在消费过程中更多依赖于内部知识即个人资源，具体包括家庭成员和好友等（Altobello，2009；Dahl，2013）。这种在消费中的集体倾向还表现于老年人对购买时间及空间的偏好，他们普遍都喜欢在中心的商店和专卖店以及清晨购物（Thomas，2009）。该群体性特征也反映出老年群体对消费社会功能的期待，譬如老年人更加重视社会关系，因为退休后的老人容易损失社交网络与地位（Myers & Lumbers，2008），他们着重消费的符号特征以通过消费获得集体归属感与认同感。后面也将进一步说明老年人在保健品消费的过程中建立的社交网络以及社会认同感的获得，由此进一步论证该消费行为的群体性特征。

除以上研究结果的共同点以外，老年消费者行为的特征研究也存在以下几点分歧。比如，老年人在搜索信息时投入的时间长短有所差异。有研究认为老年人体力的下降以及大脑活性的降低都使得他们在信息收集方面投入的时间较少，因此更难作出最佳选择（Cole，1993）。但也有研究认为由于信任感影响老年群体的消费决策，尤其对于诸如保健品的食品类消费而言，老年人会花费更多的时间和精力以对产品建立信任感（王楠、蔺新英，2008）。该特征与老年群体冲动消费的可能性更少相呼应，也与我国传统文化中对熟人关系的偏好有关，这同样体现于老年群体在保健品消费中的情感投入。另外，对老年群体在消费中是否愿意主动接受新鲜事物也存在争议。有学者认为老年人对过去经历的记忆存在较低的准确度，他们容易产生对回忆的错误认知（Schacter，

1997），但又对这些认知表现出过度的自信心，拒绝接受新事物和新观点，由此被认为是固执己见的一代人（Dodson，2007）。同时，在新一波技术浪潮下，老年人对科技化与信息化产品的热衷并不亚于年轻人群，他们保有对新鲜事物的好奇心与热情。但老年群体接受新事物的动机和能力更弱，在新技术时代中更倾向于向下一代学习，因而存在消费反哺现象（王菲，2015）。此外，老年人的消费目的是否在于应对老化现象也引发了争议。老龄化对老年消费者的消费行为存在影响，而如何应对衰老也成为目前该领域研究的分歧。有研究认为老年消费者并不会采取应对老化的防御性策略，譬如购买抗老化产品等（Ong，2009）。由于消费将受到消费者自我认知的影响，老年群体普遍存在对自我年龄认知偏低的现象，即他们的心理年龄更加年轻，因而他们不会以消费应对衰老，毕竟他们中的很多人都不认为自己有抗衰老的必要（Mathur & Moschis，2005；Szmigin，2001）。然而保健品消费在老年群体中受到追捧的现象与该特征有所出入，长寿文化在各国的保健广告中都得到不同程度的宣扬，因而主流观点仍将消费作为老年群体应对衰老的策略之一。

综上，保健品消费作为老年消费中不容忽视的一大类别，一定程度上也具备后者呈现出的人群特征，从国内外对老年消费现状中呈现出的特征的研究为本书剖析老年人保健品消费现状以及成因都奠定了基础。

（三）国内外老年消费的影响因素

第一，情感对老年消费的影响。物质条件的丰富与完善促使消费内容的研究维度发生改变，个体的消费需求逐渐从物质迈向精神层面。与宗教相区分的灵性层面成为影响老年消费者行为的重要因素（Ulvoas-Moal，2010）。老年消费者看重营销广告中的情感投射（Laura，2006），因而理解老年人的消费行为有必要充分考虑精神需求（Chevalier，2018；Labroo，2009）。譬如有学者发现老年消费与孤独感有关（Taube & Kristensson，2015），购买助听器将对老年人的孤独感有缓解作用，对情感的慰藉不仅来自于老年消费者自身的心理情绪，也与其健康状况下降以及高昂的医疗保健服务费用相关（Barbara，2016）。社会情感选择理论成为分析老年人品牌依恋的重要研究依据，与之前研究不同的是，学者们开始关注老年人消费者本身对于市场的意义，而不是着重将其与其他年龄层群体相比较。情感需求与投射将对老年人群的消费行为产生影响，对品牌的信任与承诺是其消费的前提（Jahn，2012），进行电视购物的老年消费者也能通过消费过程获得自我满足，甚至能有效缓解孤独感（Lim，2017）。中国的老年消费者有通过回忆过去的节俭经历并购买小物品的行为，这样做的目的是为了寄托情感并改善情绪，也是他们应对老龄化和衰老的新方式（Fowler，2015）。同时在我国传统文化语境中，老年人不希望成为子女的负担，他们对未来的财务状况以及医疗系统存在担忧。进一步了解老年人如何从消费市场中获得幸福感，将有利于营销人员和公共政策制定者制定政策和方案以促进老年群体在消费过程中满足情感性需求（Labarge，2020）。

第二，不同的文化价值体系对老年消费的影响。不同的制度背景下个体的消费观念与行为有所差异，从非正式制度的角度出发，文化传统、伦理道德和信念体系等都对微观个体的消费行为产生影响（孙涛、黄少安，2010），家庭关系的和谐程度也将影响老年人的消费行为（石贝贝，2017）。在老年消费行为的诸多影响因素中，观念等主观倾向将影响老年消费者对商品的消费方式、过程、判断以及价值追求取向。如现代体育观和商品经济观念对体育消费具有积极促进作用（唐宏贵，1999），而自我效能与自我感知对老年消费者的行为决策有重要影响（Szmigin，2001）。在中西方存在较大文化差异的背景下，个体的行为也呈现出不同的特征，因而在研究中需要引入跨文化视角（刘超、卢泰宏，2004）。如今人们的消费环境和消费水平日新月异，自实行改革开放以来，国家的经济发展成就显著，人民的生活水平日益提高，消费热情高涨。随着国外消费主义的传播和影响，老年人的日常生活已衍生出与消费经济联系紧密的新价值观念。与西方社会个人主义观念左右下的消费行为相比，中国消费者受到社会规范和公共压力的严重制约（Nancy，1998），由此形成的社会价值观念也影响着个体的消费行为。社会交往的实质是符号互动的过程，人与人之间的社会交往也是一种符号意义的交往，而消费作为一种符号意义的阐释和传播的消费行为，在中国的情境下也必然受到符号意义的制约并受到符号背后包括社会价值和规范系统等深层规则的限制。正是这一深层结构使得人们的消费行为不再呈现无序、杂乱无章的状况，转而成为一种受规范和惯习所支配的有序、模式化和连贯化的行为方式（王宁，2001），这亦是影响老年消费行为的重要因素。全球化进程的推进使得消费的意义之于中西双方也出现融合。在社会转型期，老年消费者面临传统和现代价值理念以及文化惯习的双重冲击，这两种价值观念可以同时并存。老年人的消费行为具有明显的二元特征：传统又现代。消费行为既受到传统价值观的制约，又受到现代价值观的影响。有研究指出，经济能力和消费意识成为老年人顺利应对晚年的指标之一，他们拥有愿意通过购买形式以提高自身生活质量的观念（姚远、陈昫，2013）。

第三，结构性因素对老年消费的影响。政策推行与消费市场息息相关，消费的结构性力量是指消费的社会方式与消费者的个人自由和福利的关系。消费资料作为有形或无形的产品，既体现一定的经济关系，也体现一定的社会关系。从结构层面出发，对消费的社会学分析主要包括四类主体：国家、市场、社区和家庭（Alan & Warde，1996），需要同时满足公共需要、收入再分配、社会保障和社会整合功能，因而涉及多主体对消费的共同形塑。消费虽然经常被视为个人选择，但在行为、文化和制度方面的因素根深蒂固，并受到企业和政府实践的推动和支持，是健康和社会问题的核心（Rourke & Lollo，2015）。于老年人而言，正式制度层面对其消费影响最大的因素是社会保障体系，尤其是养老金和医疗保险，可以降低居民的储蓄、提高居民消费等（Feldstein，2002）。在我国，城镇养老保险、老年住房制度、医疗保障等都会提高老年消费者的消费动机，同时降低他们的储蓄意愿（李珍、赵青，2015；李涛、朱铭来，2017；李建英，2018；龙志和，2002）。养老保险制度的完善将有利于解决我国有效需求不足和储蓄率过高等问题，并进一步扩大银发市场（李建英，2018）。因而建立完善的社会保障制度将对老年消费产生正面引导作用以及有利于合理消费结构的形塑。本研究正是希望在既有研究的基础上，将政策、市场等结构性力量纳入对老年人保健品消费的解释框架。

从政策角度出发，随着健康老龄化和积极老龄化的提出以及相应的政策出台，老年人增加了在医疗保健方面的投入，带动了老年保健品行业的发展（崔雨，2018）。同时也由于机体的自然衰老和器官衰竭，多数老年人患有慢性疾病，这就对医疗和保健提出了更多的要求（宋宝安、刘雪，2007）。从本研究的访谈中也可得知，当前老年人患有多种慢性病的情形较多，健康问题成为老人晚年生活中的重中之重。积极老龄化概念的提出也让老年人的主体意识和身体观念增强，越来越多的老年人开始关注自身的需求。无论是养老还是健康类服务都是对当前结构性环境的反馈，且需要经过市场化运作才能得以递送给有需求的老年消费者。现阶段我国社会养老保障水平仍存在上升空间，养老金与医疗保险依然无法完全满足老年人的需求，老年群体走向市场是必然结果。未来需平衡我国养老与医疗健康服务中政府、市场和消费者之间的关系，进一步避免制度间矛盾和漏洞从而实现有限资源的共享与利用（舒斯亮、王博，2017）。

第四，历史维度对老年消费的影响。与经济学视角不同的是，社会学关注在经济活动中的主体"人"，即消费者本身所创造的消费意义，它需要个体能动性的参与。在试图了解消费者的行为模式时，研究个人对过去生活中的事件以及对未来的看法是有价值的（Andreasen，1984；Du Wors & Haines，1990；Friestad & Wright，1994；Holbrook，1993；Smith & Lux，1993；Wagner & Hanna，1983）。因此，本研究试图在消费者被嵌入的生活某个特定点或阶段的时间和生活环境中检视消费者的重要性，而不是孤立于他们早年的生活经历和未来期望（Moschis，2019）。目前有关老年消费的研究已经出现引入时间维度即生命历程范式的趋势。生命历程视角的纵贯性特征赋予个体生活轨迹与社会变迁的串联与交织，规避了时间序列中各阶段生活事件的断裂。人类经历的事件具有相互关联性，过去的经历是未来事件发生的基础（石智雷、吴志明，2018）。童年期发生的事件有时会在四十年甚至更长的时间里影响人们的生活（Shonkoff，2012）。老年是个体生命历程的最后一个阶段，其年轻时经历的生活事件将对晚年时期的生活现状和行为选择产生影响，其中便包括消费行为。

近来生命历程范式开始被用于解释老年消费行为，并与过程模型相联系。当个人的生活经历与社会变迁相交织，便出现了人生的转折点，这些事件定义了典型的生活经历、变化和社会角色，作为转折点将影响个体的行为和生活（Pulkkinen & Caspi，2002）。社会结构与历史都将形塑个体的衰老阶段，尤其侧重早年生活对晚年行为的影响，不幸的经历会增加老年人晚年时期的健康风险，该观点论证了曾经作为转折点的事件在经历时间推移后呈现出的连续效应（Macmillan & Kruttschnitt，2004）。就老年消费而言，该视角利于将个体晚年时期的需求放置于整体生命的跨度内，突破单一个体化或制度化的阐释。适应生命历程中的突发事件并转换角色时也有可能强化某种消费行为，比如 Mathur 等人（2008）的纵向研究发现，生命历程阶段的改变意味着个体过渡到新的角色，人们在从一个生命阶段过渡到下一个生命历程中会通过消费来创造、维持和保持他们的身份。其对消费行为的影响是一种慢性压力，不仅分为长期与短期，还同时囊括直接和间接影响，譬如间接影响就可能带来新角色的过渡——社会化（Ong & Moschis，2012）。个体的早年生活经历通过事件与环境影响其思想观念与行为方式的变迁，在生活中任何阶段的行为都是对不断变化的生活环境以及个体为适应环境而作出反应的产物。譬如在对送礼消费实践的意义研究中，被访者通过回顾其生活史中与礼物相关的浪漫故事，从而形成对当下消费行为的建构与解读，由此可见历史对现实消费行为的形塑作用（Minowa & Belk，2018）。

二 老年人保健品消费的相关研究回顾

（一）老年人保健品消费现状

目前慢性非传染性疾病是全球死亡的主要原因，其次心血管疾病、癌症、慢性呼吸道疾病和糖尿病占全球致死病因的前列，而这些疾病都与饮食因素相关，非单纯的医学手段可以治愈（Dávid，2020）。基于全球健康趋势和生活方式的变化，健康和营养相关联的研究已经跻身前沿科学领域，健康类食品成为当下个体满足健康需求的重要途径。尽管各国存在市场份额的差异，高附加值的功能性食品已成为食品行业增长最快的领域（Menrad，2003）。越来越多的老年消费者遵循一种特殊或有意识的饮食原则，即通过在饮食上补充营养以提升健康，保健类食品市场由此得到进一步开辟。

老年群体相较于其他年龄层有更多对功能性保健食品的需求（István，2008）。欧洲对老年保健类食品的关注较多从市场营销的角度出发，以期从老年消费者的人口学特征中得到进一步促进行业发展的方向，譬如他们发现蛋白质类的产品更受到老年消费者的推崇（Zanden，2014）。美国的膳食补充剂市场包含6万多种产品，是全球最大的膳食补充剂市场（杨一帆，2009）。其市场规模在2015年达到347亿美元，中老年人群是最大受众（闫庆松、于志斌，2012；林雨晨，2016）。日本、泰国、中国等亚洲国家近年来也掀起保健品狂潮，老年消费者占据较大份额（Sato，2008）。如何进一步针对老年人的个性需求，为他们提供适宜的保健类产品，已经得到多项质性研究，定制类产品将更加符合未来市场的发展趋势（Doma，2019；Orla，2015）。

当前老年家庭的消费主要集中于保健和防御性医疗消费（魏瑾瑞，2019）。老年群体对我国保健品的销售额贡献较大。这些研究多集中于经济学视角下的食品营销类别，其研究内容多服务于市场营销领域，目的在于分析国内老年消费者的消费特征以强化其消费动机，最终拉动老年消费市场的发展。那些对行为影响因素的研究包括外部环境与个体层面的主观因素，定量研究多于理论及过程性探索。以往有关老年人保健品消费的研究整体数量偏少，且多集中于经济学视角，但近几年从社会学视域出发的研究有增多的趋势。实则保健品行业多年来一直被作为中国民族工业的龙头加以褒奖和宣传。最早出现在社会学研究领域的是针对我国学生服用保健品的现状描述（柳春红，2002），之后延伸到对保健品消费心理的探索。其中针对老年人保健品消费的研究主要包括对消费心理（庄炯梅，2014；朱水容，2013）、消费现状及行为成因（冯桂平，2018）、营销及传播策略（聂仕倩，2015）以及相关的社会学理论分析（蒋建国，2007；于文洁，2018）的探究为主。

关于老年群体保健品消费的研究主要包含两种走向。其一是外部因素驱动的被动型消费，多采用定量研究方法以展现当下老年群体购买保健品的表征（冯桂平、刘爽，2018），如将城市老年人消费保健品定义为因缺乏决策能力和信息分辨能力而形成的非理性且被动的消费行为

(王银珠、杨阳，2016）。然而此类研究与老年消费中的特征总结相比尚存在不充分的地方，更多集中于心理层面；其二是内部因素驱动的主动型消费，多从符号视角强调消费的象征意义，即消费行为不仅是经济活动，更充斥着社会关系。基于此，本研究是在后者的基础上进行探讨的。既有研究多通过引入符号、空间等概念，将消费界定为满足老年人的社交和情感需求的行为（蒋建国，2007；于文洁，2018）。从外显的营销手段到内里的情感需求，学者们不再只是将消费人群定义为被动承受者，肯定了老年群体在消费过程中的决策和选择能力，情感消费成为解读老年群体保健品消费的新思路。但仅将消费行为中的情感因素局限于个体的情绪反应层面并不能完整阐释老年消费行为，有关情感消费的具体内容、实现形式以及产生的原因都尚存探讨空间。

（二）影响老年人保健品消费的社会因素

从目前国内外对老年人保健品消费原因的归纳来看，影响老年人保健品消费的社会因素主要存在以下几点。

个体对保健品的认知对老年人保健品消费的影响。在我国，保健类食品自古以来就存在于传统医学类古籍中，源自养生文化。无论食疗或是药膳都以滋补身体为目标。相较于西药的副作用，老年人更习惯采取以中药为主的疗养方式以补充身体所需要的营养（庄炯梅，2014）。养生不仅是对个体身体状态的维持与促进（Duncan，2014），也体现出老人对长寿的追求。老年人对保健品的态度和认知与其购买意向之间呈现显著相关（朱水容，2013），且他们多将服用保健品视作可以进行日常营养补充、疾病预防与延长寿命的手段。而在西方，食物被认为难以完全提供营养成分，健康的饮食对疾病的预防有很大的影响（Dávid，2020）。因而他们对保健食品的界定为膳食补充剂、营养补充剂或是功能性食品，这些定义的共同特征在于对该类产品补充性质的强调。在多项临床实验中，老年人被证实有使用制剂来辅助循环系统、协助尿道和心脏工作的习惯，且微量元素、维生素、矿物质等营养补充剂对老年人的免疫力提高有显著影响，可以降低急性呼吸道疾病的发生率和严重程度和非住院的老年人的呼吸道感染（Graat，2002；Wojciak，2019）。甚至对于老年人容易跌倒的问题，维生素 D 类也被证明有减少其发生率的作用（Monaghan，2004）。这些研究多涉及营养学、食品学、市场营销学等跨学科调研，以验证这些保健类食品对老年人的实际作用，并为老年群体的消费提供判断标准及证据。由此可以看出，国内外的老年消费者都将保健品视为可以增强体质和预防疾病的食品，这种认知促进了他们对保健品的消费。

社会保障政策对老年人保健品消费的影响。首先，制度层面的保障将影响经济水平和健康投入，包括直接的医疗服务和间接的预防行为。保健品通常价格不菲，只有当福利保障水平诸如退休金与医保等能够保证老年人的日常开支时，他们才拥有消费额外增进健康的产品的能力。尤其在我国，保健品消费并未被纳入医疗消费范畴，个人的经济状况与保健品消费有显著关系，经济水平较好的老年人才有可能投身保健（车文辉、彭双双，2016）。购买保健品的老年消费者普遍拥有较稳定的离退休养老金，且城市老年人因收入较高因而更有可能购买保健品以促进身体的健康水平。其次，老年消费者在保健品消费中提高支出将有利于减少国家总体性老年医疗开支，因而有很多国家一直积极推进市场的开发（Ashish，2005；Siro，2008）。由于保健品的性质介于食品与药品之间，因而存在更大的风险空间。老年群体因其本身判断力和认知能力较弱，容易落入市场陷阱，仅凭个人难以应对（Berg，2015）。因此，政策导向对老年群体的保健品消费将发挥指导作用，政府通过市场调控给予保健品企业以政策扶持，提升老年医保报销范围以降低老年群体购买廉价劣质品的概率（冯桂平、刘爽，2018），从中体现出结构性因素对老年人保健品消费的影响。

文化与情感因素对老年人保健品消费的影响。消费不仅只有单一的经济功能，还因为消费过程而涉及情感与社交互动。情感将对个体的消费行为意向产生影响，老年群体在消费保健品的过程中存在对情感与社交需求的满足，家庭与个体的助力将有利于为老年人营造良好的情感空间以减少不健康的消费行为（冯桂平、刘爽，2018；王银珠、杨阳，2016）。不少研究认为，保健品消费对于空巢老人而言是排解孤独、充实生活的途径，且这种情感上的满足往往也涉及对过去生活中那些没被满足的需求的补偿（谈煜鸿，2016；王菲，2015）。传统家庭观念也对老年人保健品消费产生影响，老年人希望维持身体的健康程度以减轻子女的养老负担（谈煜鸿，2016；庄炯梅，2014；车文辉，2016）。

市场监管对老年人保健品消费的影响。在针对老年群体购买膳食补充剂的文献中，有很多人提出应通过市场教育提升老年群体抵御市场风险以及减少药物与膳食补充剂混用带来的不良反应（Wojciak，2019；Hwang，2017；Mcdaniel，2020）。对老年人进行有关适当使用膳食补充剂的教育将有利于补充剂服用的安全并显著改善老年人的健康状况。在西方，很多老年人在消费保健品前会咨询医生以获得服用膳食补充剂的注意事项（Sygnowska，2008）。我国的情况则相反，从访谈中可以得知，老年群体大多不将自己购买保健品的行为告知家人与医生，只在同样购买产品的朋友圈里沟通。因而老年人有更多的可能性产生不良反应，更需要通过各种途径对老年消费者进行教育和开导，帮助他们调适心态以顺利安度晚年（庄炯梅，2014）。购买健康促进类食品的老年人不仅应该多咨询医生，还应多与营养学专家打交道以不断更新关于营养补充的相关知识（Brzozowska，2001）。由于老年人比年轻人的经济意识更差且缺乏一定的计算能力，更容易在消费中作出非理性选择（Berg，2015）。在保健品市场的监管法律制定中，各国都经历了漫长的完善与整改历程。譬如美国药品与食品监督管理局（FDA）与国会以及市场各主体间的多年博弈，对保健食品的监管最终从注册制时的重事前审批转变为产品上市之后的重市场监管的形态。我国目前实行的备案与注册并行的双轨制正是由此借鉴而来。波兰针对膳食补充剂的法律制定也日益标准化与严格，食品补充剂市场需要受到卫生检查局（CSI）的监管（Zboralska，2012）。日本自1991年就建立其特定健康食品的监管体系，尤其对功能声称与标签严格管控，政府专家委员会根据科学依据单独评估，由此进一步规范该类健康食品市场，保证老年消费的食品安全（Shimizu & Toshio，2011）。针对当前我国保健品来源与种类鱼龙混杂的局面，未来应进一步加强对原料来源的分类与管理，从而提高安全评定的要求以确保产品质量（Swann，2016；王慧，2019）。

（三）老年人保健品消费中的社会工作介入

健康中国是全人、全方位和全生命周期的健康照顾服务，以及个人生活行为方式的健康化与预防性相结合的健康理念，强调医院、家庭和社区的一体化和连续化的健康服务，不应把医疗、健康照顾和福利相分离，应注重健康照顾服务体系的融合性（刘继同，2020）。我国目前已有通过政府购买服务让社会工作负责社区福利性养生机构的情形（张晨明，2019）。社会工作可以通过社区介入的方式承担组织管理与链接职能以保障养生机构的运转，充分发挥社区福利性养生机构在老人养生保健方面的重要作用（孔霞，2017）。此类养生机构实际上代替了保健品公司为老人提供的增值性服务，社会工作力量的介入有利于其服务过程中安全性与专业性的增强。

社会工作对个体消费行为的影响多从个体的非理性消费行为出发，试图以社会工作的专业干预方式引导其进行合理消费，涉及群体广泛，包括大学生过度消费（房雪，2019）、农民工的非理性消费（孟海燕，2014）等。目前社会工作在老年人保健品消费中存在介入空间，譬如有社会工作个案帮助老年人走出保健品消费陷阱以及协助老年人理性购买保健品（何俊，2020；石雯雯，2020）。然而此类研究存在将保健品消费直接问题化的倾向，且将老年人界定为没有判断力、缺乏辨识能力的人群，具有非中立价值判断的风险。但从研究的发布时间来看，也可以窥见老年人保健品消费现象在老年社会工作与医疗健康社会工作的交叉视域下已受到重视，侧面反映出社会工作对于科学引导老年人进行保健品消费的积极作用，更体现出老年保健是理解老年群体、满足老年人需求与提升其福利的切入点。

消费的背后是需求的不满足，而满足需求也是社会工作的核心要义。由于社会工作本身遵循以需求为导向原则，了解需求将有利于其专业理论的建构和专业实务的开展，有利于建构符合我国本土文化情境的助人服务过程。社会工作的发展必须把握需求，在识别中注意需求的总量、水平和结构。由于消费是一种需求未满足的匮乏状态，老年人保健品消费的背后是对需求未满足的表达，深挖消费背后的动因将有利于社会工作开展服务，并针对制度层面发起社会倡导，完善我国为老服务的质量。社会工作素来关注的"人在情境中"理论过度强调个体的社会关系网，忽视了物质环境对个体健康和福祉实现的复杂影响（Margaret，

2013）。就老年人消费保健品而言，其健康需求的背后并不只是既有研究提及的个体情感与社交问题，应该在时间维度中延展"环境"的范畴。研究消费行为也不能孤立于一个人的经历或期望之外，相反，它嵌入了一个人在生活的不同阶段所经历和预期的环境。应在历史和社会文化的背景下，通过考虑其发生的时间、间隔、顺序和持续时间来审视个体早期的生活经历。

随着"健康中国2030"上升为国家战略，健康已成为国民热议的话题。依据生命周期的自然发展，机体的衰退和器官功能的退化使得老年群体一直将健康视为重中之重。而老年福利是我国社会福利事业的重要组成部分，当前老年人日益增长的福利需求与老年社会福利事业供给之间存在供需不足的问题，这并不适应于我国目前的社会经济发展水平（李薇，2008）。我国目前推行的是适度普惠型的社会福利取向，该取向使得福利的覆盖面进一步扩大，越来越多的老年人被拉入社会保障的防护网中。但与此同时，为老服务供需失衡且质量难以满足老人更高的需求，以及老人精神层面缺乏关怀等问题也制约了老年福利的发展。刘继同（2017）指出，当前中国老年福利的相关政策法规质量、服务体系质量和总体老年福利制度质量不高，亟待提升是最显著的体系性特征。

社会工作与社会福利之间具有同源、同构、共变和共生的内在逻辑关系（徐选国、王娟娟，2014），老年健康福利的促进需要老年社会工作的参与。以城市老年人保健品消费为切入点，将有利于挖掘当下老年人的深层需求，突破以往社会工作对老人传统生活的照顾以及对特殊老年群体的关注，同时也将提升老年人福祉的目标落实于日常生活情境，更多涉及对老年人内心世界、意义建构和主体性的探讨，期待未来能从新兴的金融社会工作角度切入老年人的经济生活，以适当引导老年人的金融消费与资产管理，提升老年人的晚年生活质量。

三 核心概念与研究述评

（一）保健品消费

迄今为止，保健品在世界范围内还没有统一的界定和范围。日本在1962年提出"功能食品"的概念，称其是具有与生物防御、生物节律调整、防止疾病、恢复健康等有关功能因子经设计加工后对生物体有明显调节功能的食品（杨继远，2000）。之后到1991年，日本又将其概念修正为"保健用食品"，并纳入"特定营养食品"范畴。西方各国多将此类产品界定为膳食补充剂（Dietary Supplements）与矿物质补充剂（Mineral Supplements），用以促使个体向健康态转化。在美国，膳食补充剂是指以维生素和矿物质等其他草本植物为主的产品，主要由美国食品和药物管理局（Food and Drug Administration）负责监管（王慧，2019）。不少发达国家如英国、美国、德国、法国等都将保健品归属于医疗用品进行监管，并设有GDSN（Global Data Synchronization Network）全球数据同步网络的统一商品编码。

我国对保健品的界定要从古代的养生概念说起。古人将保健定义为养生，以延缓人类衰老、提高个体寿命与生活质量为目的。《庄子内篇·养生主》对养生之道的要领进行了阐释，认为其核心在于顺应自然。随着现代医学传入中国，保健一词才在中国本土语境中生根发芽。该概念是指采取医药预防和卫生防疫等现代技术手段保护人体并使其处于健康状态并免受疾病困扰（赵新华，2003）。从该定义出发，保健相较于传统医疗更强调预防，且与中医理念更契合。但与此同时，保健品本身又具有实际层面的医学特征，普遍声称其具有缓和疾病的功能。在此基础上，我国目前市面上的保健品作为保健理念与市场逻辑结合而成的产品，既融合了中国传统文化中的养生逻辑，也在形式上具有了现代医学的外显形式。

现有文献中与保健品相关的概念包括保健食品和保健用品。一般文献中提到的保健品广泛指代保健食品，是一种具有特定保健功能的食品，以"健食字"为标准，能够调节身体机能促进健康（李文跃，2007）。对于希望通过保健品来维护身体健康或预防疾病的老年人而言，保健食品仅能作为一种营养补充剂，而不以治疗疾病为目的（蔡铁全，2016）。《中国保健食品产业发展报告》（中国保健协会，2012：40）对保健品的界定为个人不以治疗疾病而以日常保健为目的，直接使用的具有缓解疲劳、调节人体机能、预防疾病、改善亚健康状态、促进康复等特定功能的食品。2018年10月9日，国家市场总局网站在刊发的《食品保健食品欺诈和虚假宣传整治问答》中首次明确保健品与保健食品的区分。其中保健食品具有明确的法律定位，监管法律依据为《中华人民共和国食品安全法》，产品属性为食品。而保健品没有明确的法律定义，一般是对人体有保健功效产品的泛称，诸多媒体报道中提及的保健品，实为内衣、床垫、器械等，而非食品或保健食品。该文件的发布，在一定程度上减少了监管过程中事实不清、监管错位和信息误导的情况的发生，但与此同时除食品之外的保健用品却进入灰色地带，定义更加模糊。实际在商家销售过程以及老年消费者的购买行为中，保健食品与非食品类保健品依然被混淆使用，保健品消费以保健食品（俗称保健药）和保健用品（床垫等生活用品）为主，并无细分。

综上可知，在我国受到法律认可的是保健食品，其与普通食品相比拥有增进健康的特定功能，且这种功能与医疗药品有本质区分，不具备治病功效。但在实际操作层面，由于中药具有药食同源的特征，我国本土的保健品在医疗与保健功能中存在模糊化的情形，其监管制度也与药品截然不同，无法被检测对疾病的实际功能，这也为保健品市场的监管带来困难。

消费一词原本在国内外语境中皆有浪费之贬义，而后渐渐转变为与生产相对的概念，成为一种经济行为且是社会生产的一部分。消费不仅是经济学意义上消费者追求个人效用最大化的过程，也是社会学意义上的消费者进行意义建构和社会关系再生产的过程。消费所体现的并不是简单的人与物的关系，而是人与人之间的社会关系。随着生产社会向消费社会的转型，人们对消费的研究不再局限于其自然属性，即商品的使用价值发挥作用的过程，而更多地转向了对消费者、消费文化及消费符号的研究。消费可以被理解为一种系统化的符号操作行为（罗钢、王中忱，2003）。本研究将老年消费行为置于消费社会学的视域下，更多探讨消费的社会意义。通过对保健与消费的概念回溯，可以发现目前对于保健品的界定尚未统一，消费已然有超越单纯经济学逻辑迈入社会意义的趋势。

研究在此基础上将保健品消费（consumption of dietary supplements）界定为直接购买与使用具有特定功能的保健食品以维持与促进健康的消费行为。在该界定中，需要做几点补充：（1）从类别出发，本研究侧重对保健食品消费行为的研究，但仍以保健品作为统称。保健品既包括食品也包括用品，但调研结果显示保健食品的受众更普遍。且与保健食品的药理背景相比，目前市场上的大多保健用品存在伪科学的情形，故不在本研究的范围内，研究中提到的保健品更多指保健食品。（2）从功效出发，本研究侧重对混淆保健品的药品与食品属性的成因进行阐释。目前保健品与药品在法律规定中有明显划分，但在实际操作中两者存在混淆。（3）从成因出发，研究更关注经济意义之外的社会成因，不仅涉及消费者的决策，更关注其背后包括政策与市场在内的结构性因素以及包括个体经历与个体价值观在内的主体性作用的共同影响。

（二）情感消费

与情感消费相对应的是一种理性消费，以消费行为符合消费者的经济能力、效用最大化为原则，同时也包括在消费过程中的理性决策，譬如消费者运用自己的知识与能力进行购买。既有研究多将老年群体的保健品消费行为定义为非理性、盲目以及无意识的被动性消费行为，忽视了老年群体的主体能动性。实际他们通过上课、搜寻信息、多方比较等形式进行消费，从而体现出老年人的主动参与。在该过程中，理性与非理性会因不同的主体视角呈现相对性，情感消费并不意味着完全的非理性。本研究旨在突破以往研究中对理性消费人的阐述，挑战对老年人保健品消费行为问题化以及污名化等问题，转而从人的多面性与社会性等层面进一步丰富消费者行为背后的意涵。

情感消费是伴随着现代社会发展进程而形成的一种特殊的经济活动，但它已然超越经济学范畴进入社会学的研究视域。情感是与社会的独特文化密切相关的一种社会现象，其既由特定社会的文化所塑造，又反过来影响社会的文化面貌和文化进程（史华罗，2009）。社会学取向的情感关注的不是个体的情感，而是情感所存在的整个社会文化环境以及情感的社会性质、社会发展过程、社会构成和功能以及相关的社会问题（郭景萍，2008）。由此，情感需要也拥有社会性意涵，即满足需要的过程需要他人以及所处环境的参与。情感的商品化由此成为可能。既有研究将情感消费定义为一种在消费主义浪潮下产生的以情感为媒介，通过市场化的方式满足个体情感需求的经济活动（王宁，2000）。从

"情感整饰：人类情感的商业化"到"激情与利益"，情感逐渐成为获取利益的工具和符号。作为消费手段，情感服务于某种目标或行业运作；作为消费内容，情感多以实物为依托、作为附加值的形式出现，也包括直接人为制造的情感产品；作为消费结果，情感多以一种消费体验直接影响消费者的满意度与行为决策。随着消费主义的进一步蔓延，情感需要的满足越来越依赖于市场所提供的情感产品和服务，情感在这个过程中拥有了愈加鲜明的虚构性特征。

消费情感（emotion of the consumption）与情感消费（emotional consumption）是一对看上去相似的概念，在以往的研究中存在混用的情形，但实际两者存在差异（见表1-1）。消费情感指顾客在产品和服务的消费过程中产生的包括顾客对产品及服务以及自身获得的消费价值的情感反应，整体是短暂而强烈的（Havlena，1986），可以依据消费前、消费中与消费后对情感进行划分（Holbrook，2000），是一种侧重心理学视角的个体化情绪体制；而情感消费是指消费者以情感为目的进行的消费行为，如果说消费情感指的是一种情感状态，那么情感消费则是一种消费行为活动，更具有目的性（王潇、杜建刚，2013）。它不仅是人们在购买商品或服务时为满足其情感需求而获得的情感体验、情感满足等身心效应，也是人们为建立、维系、发展情感关系和社会关系而进行的消费，比消费情感能更好地解释现代社会的实质（帅庆，2016）。

表1-1　　　　　　消费情感与情感消费的概念辨析

	表现方式	表现特征	影响情感的因素
消费情感	直接的情绪反应	即时、短暂	消费前后消费者的心情 对服务与产品的满意度 消费环境
情感消费	间接的行为目的	持久、稳定	消费者需求的满足程度 对服务与产品的满意度 消费环境

本研究着重对老年人消费保健品的原因进行探讨，因而情感在这里

更加体现为一种目的而非单纯的消费情绪反应，即情感消费。以既有文献为基础，本研究对情感消费（emotional consumption）的界定包括以下三个层面：（1）情感消费作为一种与物质消费相对应的精神消费类别，本身便是一种消费行为，且以情感为消费目的与内容。（2）在消费过程中，消费作为动词表现为主动与被动两个方面，即消费什么样的情感与消费者自身被消费了怎样的情感。（3）在消费主义视域下，作为一种补偿个体情感的消费活动，情感消费具有补偿性质。

老年群体在保健品消费中的情感消费将受到周围环境及老年人自身的共同影响，不仅情感是保健品消费行为发生的媒介，保健品本身也促成了情感与经济的融合，这种情感消费的背后更是多元主体的建构，而非单一的情感指向。老年人在消费过程中既通过消费方式满足自身的情感需求，也作为对象被保健品公司乃至市场消费了他们的情感，这里将强调老年人自身参与消费的过程。

（三）补偿性消费

由于消费背后是需求的不满足，对需求的补偿过程可以被称之为补偿性消费。在这种补偿的过程中，存在既有研究所强调的单一性补偿和本研究重点讨论的复合型补偿的区分。

Gronmo（1988）最早提出补偿性消费的概念，即个体为了寻求生活现状与内心需求的一致而进行的消费行为。该针对补偿性消费的界定强调替代性原则，即以 Y 补偿 X 的方式满足需求，也有研究尝试提出以 X 补偿 X 的方式获得补偿（魏瑾瑞、张睿凌，2019）。而 Grunert（1993）进一步对补偿性消费的概念进行解释，将其具体定义为直接补偿其缺失的资源以及通过替代性补偿的方式满足其需求，后者被称为补偿性消费。由于补偿做法通常是对个人理想和实际自我观点之间的差异或不一致的反应（Gould，1993），对补偿性消费的理解主要基于自我差异的维度。这种差异对通过消费解决的不适有刺激作用，消费者可能会因此而提高其消费水平以达成自我肯定和自我完善的目的。此外，应对和消除威胁也是补偿性消费的重要概念。这些威胁可能是物理或情感的，也可能是个人或社会的，甚至是真实或假设的（Kim & Rucker，2012）。从消费的符号学视角出发，补偿性消费表现为购买和使用商品与服务，以产品的象征意义来补偿理想状态和实际状态之间的差异。补偿性消费的本质特征是通过消费行为来补偿某些心理缺失或威胁，强调的是消费行为作为满足需求的一种替代性手段和工具，而非功能性价值（郑晓莹、彭泗清，2014）。这种补偿性消费尤其被用于社会结构边缘化的人群，是由一系列倾向和直接触发因素之间的相互作用引发的，看重目标、情境与个体经历，因而要进行过程性研究（Koles，2017）。

既有研究对补偿性消费的界定着重从个体心理的层面出发，更加强调补偿的替代性作用以及单一性特征。且对需求的简约化界定也使得对需求的补偿过程具有局限性，不仅需求呈现出虚假性，背后的形塑力量也缺乏对结构性力量的纳入。近来已有研究尝试突破替代性补偿的局限，对补偿的意涵有所拓展，本研究将在此基础上进一步对补偿性消费（compensatory consumption）作出如下界定：（1）补偿性消费不仅可以直接通过补足所缺之物或替代物来满足需求，也可以通过所缺之物的其他形式以替代性的方式补偿缺漏。在这个过程中，以新的形式出现的补偿物并不等同于原始所缺之物，因而研究认为这种补偿并不能发挥永久性作用，需要从根本上解决需求无法被满足的问题。（2）由于本研究意图突破替代性补偿的局限，因而补偿性需求将同时包括被建构的虚假性以及消费者原本就期望得到的真实性。（3）以往的补偿性消费更侧重心理学的个体化视角，补偿更多被作为消极的、不平衡的心理情绪与状态。而本研究更强调一种复合型补偿，将其放置于外部结构性因素与消费者主体发挥主动性而共同导致的消费实践与结果中进行讨论。

（四）研究评述

综上所述，无论是老年消费还是老年人保健品消费的相关研究都对群体性消费特征与行为影响因素进行了考察与探讨，这些研究具有预测性、客观性、严密性和概括性，直观全面地展现出老年群体保健品消费行为的全景。随着消费研究的进一步推进，消费从原本的经济学领域逐渐横跨至社会学、心理学等多学科的视野中。消费社会的到来使得一直被忽视的老年消费者也逐渐获得社会关注，他们热衷保健品消费的行为在我国本土语境与时代变迁的碰撞与交融中呈现出新的特征。既有文献的研究进展和理论反思将给予本研究在下述几方面以启示，并有助于我

第一章 导论

们加深对老年消费行为的理解。

首先,是老年消费行为的常态化。老年歧视现象始终存在于社会语境中,老年人被认为是不擅长消费的群体,他们的消费角色长时间受到轻视。而老龄化进程的推进催生出庞大的银发市场,老年消费研究的涌现反映出社会对该消费群体的关注与重视,也转变了早期消费研究中对其消费者意识的弱化。在这里,老年消费并不完全是无意识的被动消费,而是有目的的、自主的和主动的消费。其次,是老年消费行为的时间性。老年人处于生命历程的晚期,其观念与行为将受到早年生活经历的影响。目前西方已有专著论述生命历程对老年消费的影响,而我国虽然尚将保健品消费直接与生命历程相联系的研究,但近年已有人发现老年健康与个体经历的联结,由此为后续与健康相关的保健品消费行为研究奠定理论基础。再次,是老年消费行为的矛盾性。长久以来,老年群体多与节俭的社会印象相联系,而保健品消费本身却充斥着昂贵的价格与囤货背后的浪费。此外,老年群体观念的实用性在受到西方消费主义热潮的影响下呈现出非理性特征,原本在集体主义与传统家庭观念之下的利他主义也产生了利己性趋向的萌芽,存在着多元文化价值观念的冲击与重塑。目前对于老年人保健品消费的解释集中于情感与社交层面,而消费与情感本身就存在理论张力,二者在同一情境下的融合也将引发新的思考。最后,是老年消费行为的综融性。老年人保健品消费的背后不仅是对物欲的直接满足,也包括对早年生活与当下境遇的补偿。国内外研究中都提及老年消费的补偿性特征,而补偿心理的产生不仅包括结构性因素,也有消费者自身的能动影响,整体预示了一个具有综合性与交融性的分析框架以对老年人保健品消费行为进行阐释。目前有关老年人保健品消费行为的解读仍存在争议与探讨空间,主要体现在以下几点。

第一,消费需求的建构性与真实性。波德里亚对消费的批判性强调消费的象征意义与建构意义,符号价值支配着商品的交换价值,因而消费只是一种符号的幻想(郑震,2017)。老年人保健品消费始终面临的质疑也由此带来关于其消费需求的本质探讨,而当前相关领域研究的学科偏向造成社会成因考察的缺失,既有研究大多仍处于经济学视域下,分析老年消费特征的主要目的在于如何拉动其消费,集中于现象描述容易缺乏对其消费背后的社会成因及其解释框架的关注。

第二，情感的社会性以及多元化需求的缺失。从既有研究对消费补偿性的探讨出发，情感需求成为研究老年消费行为的新面向。然而将老年人的情感需求局限于晚年的孤独与寂寥容易缺乏对社会性的考察，同时对于情感需求产生的背景因素也存在探究不足的情形。在我国传统文化的语境下，情感与消费本身具有一定的矛盾性，然而保健品消费成为二者相融合的合理化场域，其形成过程与成因值得进一步探讨。此外老年人保健品消费背后是多元化需求，还应探索除情感之外的影响因素。

第三，对消费行为群体性与趋同性特征的忽视。老年消费更多是一种群体现象，而不是个体现象（Michelle，2013）。既有研究强调消费区分实践的工具性而忽视群体的趋同性，偏重定量研究方法的现象研究对当前老年人的消费心理和行为特征进行了考察与总结，强调群体间的差异化，消费实际被当成个体彼此区分的工具。同时，经典消费理论研究最初更多是以沉迷于物欲的年轻人群为对象，话题更多涉及对时尚的追逐以及炫耀性消费的形塑过程。然而老年群体相较于年轻群体对品牌以及时尚的追逐效应较弱，一味强调消费的区分作用难以充分解释老年群体性的消费行为。基于老年人保健品消费现象，可以从群体性与趋同性特征探讨老年消费者共同行为背后的成因，因而需要从世代的角度考察这一辈老年群体的早年生活经历，以此为切入点剖析他们晚年沉迷保健品的共因。

第四，将结构性力量纳入老年人保健品消费的分析框架。王宁（2011）曾将消费的生产、行为以及文化作为消费社会学的三个维度，本研究着重考察的老年人保健品消费行为不仅侧重影响行为的社会学因素，也会兼顾消费行为所处的社会环境，并从时间的维度引入老年消费者的早年生命历程。此外还将融入消费的文化与道德层面，即老年个体价值观在保健品消费过程中对消费符号意义的建构作用。研究将以消费的情感需求追溯至多元力量对其产生的影响为基点展开学术对话，以期丰富与塑造适用于我国本土语境的综合性消费行为解释框架，未来该框架也可以应用于针对其他群体消费行为的阐释。保健品消费不应仅被作为经济领域的话题看待，而要从需求入手探讨老年健康、养老与医疗等相关领域的交叉议题。无论是经济还是心理学科都侧重个体化视角对行为的解读，应重视影响消费的社会性背景因素和行为产生的过程性思考，从而加深对该消费现象及消费行为的解读。从市场的脆弱性角度出发，伴随着健康责任主体的变迁，存在将老年群体拉入市场陷阱的风险，对结构性力量的探讨将有利于维护老年消费者权益的政策出台。

第五，消费者自身对消费的定义与解读将是理解其行为的重要面向。在消费者行为研究方面特别值得关注的趋势是：从原来注重个体的决策转向重视交换关系的建立、维持和发展的消费者行为的研究；以及从原来注重理性的购买决策过程转向重视消费、处置以及意义体验的消费者行为的研究。在中国本土情境下，保健品消费行为也受到一定的价值观念、人际、个人和组织均衡博弈、等级和阶层观念的制约与形塑。保健与健康息息相关，依据观念对消费行为的影响，健康观念将对个体的保健品消费行为产生重要影响。此外，消费者对行为的界定也体现出主体意识的上升，消费已然成为有意识的主动性行为，不应只强调外界环境的作用。

第六，社会工作在老年消费领域的介入价值。社会工作与老年人保健品消费的关联性研究不多，但近来已经出现以社会工作的专业工作方法介入老年人保健品消费行为的个案探讨。虽然这些研究仅从保健品消费的负面影响出发，没有深究老年群体消费行为背后的解释框架，但也反映出保健品消费已然进入老年研究的视野，并与老年人的晚年生活情境相联系，不再仅仅被作为普通的消费行为对待。从目前生命历程与老年消费行为的联系出发，及时识别个体早年生活经历中会对晚年造成负面影响的风险因素将有利于其晚年生活的健康状态，并提出不同生命阶段对个体有益的干预方案以增强保护性因素、削弱风险性因素。以证据为本的循证社会工作如今已成为社会工作未来发展的新方向，而生命历程理论的加入有助于为社会工作专业实践提供重要依据。由于社会工作的情感劳动与本研究中的情感消费是同一经济过程的两个方面，实际也是一种为不同对象提供情感服务的职业，对情感消费的深入解释也将有利于理解情感劳动的定位与意义。由于目前对消费的研究缺乏对老年人作为主体的关注，需要对老年消费者去问题化，正视老年消费者在消费过程中的主体能动性。关注消费背后的健康需求也是社会工作以需求为本、从需求出发的专业实践的基础。

第三节 理论基础与分析框架：从"情感—补偿"到"需求—补偿"

由于本研究的主题在于对老年人保健品消费行为进行阐释，因而以何种理论基础与切入视角解释行为背后的发生逻辑是本节的重点内容。补偿性消费理论与情感消费理论一样更侧重心理情感层面，情感消费的背后是情感需求的不满足，因而对情感需求的补偿便引发了情感消费。以往对老年人保健品消费的研究视角侧重于个体化的"情感—补偿"归因，然该视角在多元现实情境下的解释力度存在局限性：一是既有研究未从情感的社会属性出发，只将情感需求限定于老年群体的亲情与社交层面的心理缺失，且忽视了在医疗、养老以及自我价值实现下情感需求的多重意涵；二是既有研究仅将补偿统合为消费带来的心理反应，未对补偿的内容、形式以及发生过程进行阐释，缺乏进一步的操作化探究；三是既有研究对消费背后的需求补偿更多聚焦于个体化层面的情感归因，缺乏对结构性力量的纳入以及历时性视角的纵贯性考察，因而具有片面性。

综上，本节从消费社会学的角度梳理当前社会学视域下消费研究的整体路径，发现对宏观工具取向与微观日常生活取向的整合是未来的研究方向，结构与主体对消费行为的共同作用需被纳入分析框架。之后基于既有研究对老年人保健品消费缺乏理论引导以及对单一性情感补偿归因的不足，研究对情感消费理论以及补偿性消费理论进行重新梳理与聚焦，再结合文献回顾中对老年消费以及老年人保健品消费行为影响因素的梳理，将情感补偿的概念进一步丰富化和纵深化，从而搭建出适用于我国老年人保健品消费行为阐释的整合性解释框架。该框架是在社会工作视角下形成的，包括对消费需求的侧重、对消费者主体"人"的关注即去问题化，以及历时性视角下对个体早年生活经历中风险因素的识别。最后，本章将阐述研究用到的研究方法，说明采用质性研究方法的原因，并呈现资料的收集、整理与分析过程，研究伦理与研究思路也将在本章被具体说明。

一 消费社会学理论研究进程

本节将从中西方消费社会理论的研究进程出发，在探讨社会学视域下消费理论的研究趋势后提出相应的反思。对宏观工具取向与微观日常生活取向的融合将是未来理论的发展方向，本研究的理论框架正是以此为基础而提出的。

（一）西方消费社会学理论：从忽视到关注主体性

在传统的经济学视域中，消费一直侧重经济意义和营销意义，旨在追求个人效用的最大化。它首先是经济活动过程中与生产、分配、交换相并列的重要环节，也是对物质产品和服务的消费和使用，用以满足人们的需要和欲望（胡金凤、胡宝元，2003）。马克思认为消费的提出只是为了把与生产同一的消费跟原来意义上的消费区别开来，两者并无本质区别，消费行为本身有着超越消耗的意义与价值，对整个社会发展都将具有一定的影响力，不应仅仅禁锢于经济学的范围内（邹广文、宁全荣，2013）。消费在马克思时代所具有的影响力是通过阻碍社会发展的经济危机实现的，仅仅作为生产的反作用出现。而在资本的原始积累阶段，有关消费的讨论从否定性消耗逐步转向了肯定性消耗（夏莹，2007），这种肯定性的转向是开始注重消费者主体性的前提。20世纪初，消费者行为学突破以纯经济学视角研究消费的传统，开始重视消费者在消费过程中的主体性，将其视为生活在社会关系中的真实的人（王宁，2011）。伴随着20世纪五六十年代消费社会在西方的兴起，消费社会学成为当代西方社会学理论的重要来源。

关注消费者主体性的标志源于文化视角下的消费研究，包括鲍德里亚对消费社会的解读所强调的符号学，他对符号阐释的目的在于发掘消费背后的意义（孔明安，2002）。首先，消费者生活经验的价值观是消费者进行评价和选择的标准，对个人的消费行为具有一定的导向或调节作用（Schaefer & Rotte，2007；苏胜强、谷永春，2007）。例如老年人在保健品消费的过程中，其对健康的界定以及所有涉及健康的价值观念都将影响其消费行为,这体现出消费者自身对消费行为的影响。其次,从商品的符号化角度出发,被符号化的商品都处于特定的社会文化脉络中,其背后的建构者包括整个社会结构、商品的相关设计与生产者、大众传媒以及消费者自身,通过消费行为被建构的消费意义在各主体间流动,反过来又将影响消费过程自身(McCracken,1987)。在这个过程中,被建构的商品意义的流动路线首先源于商品生产者的主观意志,继而在重建后赋予商品以特定的符号意义。大众传媒通过其特有的传播方式经由占有仪式、交换仪式、整饰仪式及剥夺仪式进一步传递给个体消费者,其中作为消费者主体的协商性参与遭到一定程度的忽视(张曙光,2008)。消费的文化意义与社会意义得到越来越多的关注,体现出对消费者主体性的重视,日常生活领域的消费活动也体现出资本与个体微观层面的互动与结合。哈维(Harris,1989)最先指出消费不再指向具体的、实体性的物的消耗,而变成对即时性事件的消费(王莘,2010)。凡勃伦(Veblen,1899)则从阶级性的角度提出炫耀性消费,强调消费的意义取向。从这些理论的发展脉络可以发现消费的内涵已渐渐超出以往经济学的边界,开始转向对消费主体在消费过程中的主观能动性的关注,而消费背后的复杂心理因素和社会结构动因仍值得进一步探究。

(二)我国消费社会学理论:解释范围的扩大

我国对于消费社会学理论的研究整体可分为两个阶段:首先是对西方消费社会理论的介绍和述评阶段,通过对西方主要经典消费社会理论的起源及当代演变进行介绍,为我国消费社会学的发展奠定理论基础。具体包括现代性与后现代性取向下的现代消费剖析(成伯清,1998);对判定消费社会学的研究对象的三个原则和消费社会学的研究对象的阐明(王宁,1999);通过情感消费视角以论述情感产业在当下满足个体情感需求的作用(王宁,2000);从消费文化的角度出发,对鲍德里亚消费社会的文化理论进行专业阐释以及基于消费的文化意义探讨国内外不同文化语境下消费之于个体的不同意义(王岳川,2002)等。

其次是对西方消费社会理论的发展和批判的阶段,学者们就消费社会学的分析框架进行创新性探索,并试图冲破西方经典消费社会理论的束缚,结合中国本土社会消费现象提出批判性反思,由此与西方消费社会学进行对话，进一步推动学科理论的发展（王建民，2005；朱迪，2012）。具体包括从消费社会理论入手，以对批判理论的重新解读为出发点，从中建构一般性的消费社会理论（夏莹，2007）；将认同和制度的分析框架引入消费社会学的视域，尤其注重消费行为的私人层面，增强消费社会学的解释力（王宁，2008）；旨在说明制度的不确定性对转型期居民日常消费具有更强的解释力度（方劲，2012）；以消费转向、无意识、再生产、反抗、区分、符号与幻象等若干理论命题为线索，系统地分析了当代西方消费社会学研究脉络，并提出我国本土消费社会学理论的进展方向（郑震，2017）等。此外，自目的性和部落主义范式被王宁（2017）引入消费社会学的解释框架，有效对那些自成目的的消费行动和以群体为单位的群体性、聚众性消费行动进行解释，扩大了个体消费的解释范围并融合结构动因与主体性力量。这些学者都为消费社会学在我国的建立和发展奠定了坚实的理论基础。在此基础上，消费从原本的个人主观行为变成政治、经济、文化发展状态的表征，研究已对个体消费行为的解释范围的延展提出进一步的要求与展望。

（三）对消费社会学理论研究的反思：宏观与微观的整合

通过对中西方消费社会学理论研究进程的梳理，可以发现当前消费社会理论的推进趋势是打破消费行为的宏观和微观层面的界限，试图将个体消费行为放置于更宏大的社会视域之下。

宏观层面的消费理论从工具导向视角将消费定位为一种工具性活动，即消费在于对某种超出自身目标的实现，既包含消费者的主体能动性，也包含被社会控制所操纵的被动性。同时该视角的观点旨在突破消费的个体性，强调社会等级和社会结构的内在化和日常化，以及消费的去主观化和被动性。在该视角中，消费者把消费看作是获取社会性目标（如他人的承认、接受或羡慕、社会地位、社会认同）的手段或工具。一方面，消费是社会结构动因对个体的裹挟与控制，在消费过程中会削弱个体的主体能动性，消费对象被进一步抽象为现象与符号，旨在满足心理需求，看似属于个体视角，但其实已超出个人的意义范畴，更强调消费的抽象化和去主观化的取向。另一方面，消费可以在一定程度上表达群体归属和群体认同。消费者在消费的过程中完成了被社会宏观环境与文化的形塑，个体的主动性被商品背后的消费逻辑淹没，并被动参与到消费中，受到客观文化、社会经济地位等种种外在因素变迁的支配。在消费社会的理论中，消费具有对人和社会驯化的功能，从而成为无止境的交流体系，使得消费者处于一种永恒的欲求中，被动地完成消费，其自身的主体能动性被掩盖。

微观层面的日常生活导向比起宏观层面对社会目标的关注则更加注重个体层面的消费逻辑。该视角强调以个体或家庭为分析单位，关注消费中平凡的和常规的活动，尤其是个体之间的理性博弈。无论是炫耀性消费还是过度消费理论，它们都强调消费过程中的竞争属性、消费本身的能动性和消费者自身的立场。与宏观工具性取向的分析单位不同，微观层面日常生活取向的消费理论更加强调消费者主体，在阐明人与物之间的关系的基础上着重考察消费者嵌入在消费过程中的社会关系。该观点将被宏观工具取向忽视的消费品本身的物质意义重新纳入消费的解释框架，并从物的切入点揭示消费的社会联系和日常生活。消费在此将作为一种日常生活情境以聚焦消费者的行为、解释与互动，并强调区隔的个体化特征。

目前消费研究正受到后现代思潮的影响，消费社会学的视角将更多考察消费背后作为消费者主体人的价值，但也将同时兼顾结构性因素对消费者个体行为的影响。就宏观层面的工具取向而言，它强调消费的外部驱动力以及个体的被动消费倾向，消费行为是被结构动因裹挟的结果。然而作为消费者主体的老年人，其消费角色长期受到忽视，消费背后的核心诉求与主体性表达也被隐于宏大的社会叙事中。从微观层面的日常生活取向出发，它强调消费的个体性和自身的欲念，尤其强调消费品本身作为物的价值。但一味将消费囿于私人行动的范畴内，容易掩盖个体消费行动的集体化转向，即健康与疾病问题已经从个人麻烦走向社会问题的范畴。尤其在我国本土化语境中，结构因素对个体行为的影响是不容忽视的，应重视消费环境对个体行为的形塑作用。譬如在老年群体的保健品消费中，老年人的消费行为受到政策、市场及其自身经历与价值观的作用，仅凭经济学理论或个体化视角难以完全解释。未来应结合消费社会理论的宏观工具化取向以及微观日常生活取向，对老年人保健品消费行为形成整合性的解释框架。

二 情感消费理论与补偿性消费理论

既有对老年人保健品消费研究的解释多引入情感补偿的概念,但未对其背后的理论联结进行探究。因而研究将先对情感消费理论与补偿性消费理论的基本观点进行梳理,之后对其局限性提出优化路径,并在社会工作的以需求为本、以人为本和控制风险的视角下形成本研究的分析范式。

(一) 情感消费理论的基本观点

社会性的情感在存在、释放和满足的过程中并不完全是个人的事情,当代情感满足的一种独特的、然而却又被忽略的方式就是情感消费,包含着情感的商品化逻辑、对消费者自身的情感体验以及购买环节中互动过程的关注。市场为消费提供虚拟情感产品,而消费者通过消费获得这种情感关系以及人际关系的满足和支持(王宁,2000;钟一彪,2007)。

情感的商品化是情感消费得以实现的前提。西方社会消费主义的兴起带来消费社会的转型。物质的极大丰富使得消费从以往对生产的重视转向消费,然而消费者在经典社会学家的论述中是消极和无意识的角色,完全服从于资产阶级的统治意义。经济理性和资本逻辑统治下的补偿性消费政策便是通过刺激性的调节方式来实现个体的整合,由此塑造出一种虚假需求(汤建龙,2012)。这种需求实则是广告、营销机构所建构的,消费者在消费过程中受到制约与影响,其本身的存在与主动性都遭到否认(Lefebvre,2005)。随着相关研究的推进,消费者的主体性越来越受到重视,逐渐成为消费过程中的重要一环,消费的消极性定义也开始向积极性转变。在消费主义的蔓延中,原本不属于商品范畴的事物都被商品化,曾经被认为不能出让的东西在此时都成为可以交换和买卖的对象。这是一个普遍买卖的时期,所有包括精神与物质在内的东西都将在市场中变成交换价值以寻找最符合它的真实价值(成伯清,2012)。社会性象征以及心理因素的影响,甚至对社会地位以及身份的构建都将驱动消费行为,消费不再只是受以往的经济或生物因素的驱动

（成伯清，1998）。

　　随着社会文明进程的加快，情感发生从个体化到社会化的转向。20世纪70年代，各学科掀起对情感的研究热潮。情感逐渐成为社会学研究的分支领域。早期的情感研究局限于微观层面并受制于实证主义倾向，着重关注互动情境中的情感现象，并未纳入对宏观社会环境的探讨。而后埃利亚斯（Norbert Elias，1999）、巴伯莱特（J. M. Barbalet，1998）与特纳（Jonathan H. Turner，2007）分别从过程的视角探讨情感的控制，以及社会结构与个体情感之间的联系，提出社会结构将通过微观动力对个体施加影响。而霍克希尔（Arlie Hochschild）指出个体在不同情境中调节与管理情感的感受规则（feeling rules），其中包括工作、消费与人际互动等（成伯清，2017）。由此可见，情感具有结构性特征，不仅包含宏观的时代背景也注重微观生活的情境性，呈现出超越个体层面心理体验的社会化特征。基于该前提，情感也拥有了走向商品化的前提条件。

　　消费具有满足情感需求的功能。从情感需求的角度出发，消费的本质在于满足需求，而情感需求指的是向他人进行情感倾诉并从他人那里获得情感安慰和依赖，传统社会的情感支持已经在当下社会发生以下几类变化：真实情感的私密化、情感满足方式的匿名化与单向化以及情感生活的市场化（王宁，2000）。这些变化加剧了情感的沙漠化，人际之间的陌生与疏离使得情感无法再通过传统的亲密关系获取，转而需要以虚拟化的方式从市场提供的产品服务中得到满足。情感的市场化特征得到进一步加强，情感消费也由此进入大众视野。

　　从情感消费的功能出发，消费不仅仅是对物品的消耗与使用，更体现在消费的体验式沉浸过程中。Holbrook（2000）将消费体验划分为以下四个维度：体验（experience）、娱乐（entertainment）、表现欲（exhibitionism）与传递快乐（evangelizing）。而Chronis（2002）则提出一个由感知意义、个人历史、意图与体验特征构成的体验型消费的理论模型。在这些理论中，个体在消费时对情感的体验便是一种情感消费，情感在消费过程中更多被作为一种单纯的心理状态与外部情绪，具有鲜明的个体化特征。

从情感消费的实现出发,既有理论对情感消费的实现场域与具体实现形式进行过探讨。首先,后工业社会的到来促进了服务产业的繁荣,情感产业的兴起为情感消费的实现提供场域。其中情感劳动与情感消费成为一组相伴而生的概念与实践活动,情感由此被作为一种商品进入市场。其次,情感消费的具体实现形式包括直接缓解负面情绪与人为制造情感。这种实现形式既包括实物形式,如影视剧、文学作品等有具体形式的情感消费品,也包括无实物或以附加值存在的服务形式,如心理咨询服务等。正如有学者将情感消费界定为包括以体验消费品为内容、追求情感感受和娱乐为目标的消费模式,其中对物与心理层面的感受作出了区分(晏国祥,2006)。

影响情感消费的因素具体包括以下几点:首先,依据消费过程的不同阶段有不同的影响因素。在消费前,情感与之前的经历被认为会影响消费者在消费过程中的情感体验以及满意度(Larry, 1998; Brown, 1999; Holbrook, 2000);在消费过程中,消费者会对消费品产生情感感知(Havlena, 1986),销售者提供的服务以及营造的消费环境也都将引起一系列的消费情感反应与影响(Westbrook, 1987)。情感消费可理解为人们在消费过程中进行的感情投入(程远芳、郝永康,2008),消费品必须符合消费者的情感需求,因而这种情感消费是一种多元的复杂消费(许小石,2008)。

其次,目前有不少研究开始关注权力与消费行为的影响,其中权力感作为一种心理层面的感知也已然跳出物质层面的交换价值,成为超越情绪标签的情感反应(Rucker, 2012)。拥有权力与失去权力和情感相连,最终内化为消费的动力并决定消费的偏好,补偿性消费便被用于补偿个体对权力的内心渴望(Rucker, 2009)。

再次,情感消费目前普遍存在于一种情感劳动中,即聚焦工作的整饰体制,因而情感劳动的合理性与服务效果将影响情感消费。在情感的整饰体制中,个体需要管理与调节情感以适应工作要求。员工的情感表现、服务态度和行为会直接影响顾客的情感、态度和行为(何云、张秀娟,2006)。由于市场以迎合消费者需求为主流导向,产品与服务的提供者需要尽可能在消费中取悦与讨好消费者,亲切、友好、礼貌等外在的情感流露被认为是容易增强消费者购买意愿的。因而产品的情感价值与销售者的情感服务的效果将影响消费者最终的决策行为。在该过程中，情感服务提供者的情感的真实性遭到质疑，这本身就形成了一种理论悖论：情感本身具有天然触发的真实性，而个体却通过消费的方式获取短暂的、虚假的情感。实则老龄化社会中的老年照顾服务就是一种情感性劳动，然而这种劳动并未得到承认（成伯清，2017）。因而相应的情感消费也无法在该具体情境中得到认可与实现，这也直接引发老年群体对当前养老服务的不满。

最后，情感消费将受到享乐主义的主导。在情感的体验机制中，消费者对快感的追求对消费动机有激发作用。情感在消费过程中被不断加强，容易导致消费者成瘾。这里更强调消费的被动性，而忽视消费者在消费过程中的主动参与。实际消费者在消费过程中既是情感的生产者也是情感的消费者，个体参与到整个消费场域的情感制造中。对消费的公开展示性特征使得交往可以通过消费本身得到实现，譬如老年群体在保健品消费的过程中也有利于满足人际交往的需求，获得社会认同与归属感。消费过程中的互动性是消费者获取情感最直接也是最重要的渠道。

综上可知，消费者主体性的提升对情感消费的诞生有推进作用，情感的商品化是情感消费实现的前提。情感已然在社会学视域下发生从个体化到社会化的转向，情感需求的内涵逐渐超出个体化意义并具有结构性特征。在老年群体保健品消费行为的研究中，尚未有对情感消费的商品化过程的探讨，针对情感需求的形成与内容也缺乏超越个体意义层面的结构性探讨。在消费过程中，即便是个体层面的情感需求也具有多元动机与内容。尤其对于老年群体在保健品消费过程中情感消费的发生过程，目前的研究只将其作为结果性概念引入讨论，仍需要对需求的内容及形成原因进一步细化。

（二）补偿性消费理论的基本观点

由于情感消费的本质在于补偿未被满足的情感需求，其本身就具有替代性。补偿性消费（compensatory consumption）是一个总括性术语，它反映消费者的意图和行为反应，这些反应是由感知到的匮乏、需求和欲望无法直接实现所引起的（Koles，2017）。如果说需求匮乏是补偿性消费产生的动机，那满足需求则是补偿性消费的主要目的。

对补偿性消费的界定是该理论研究进程的基础。最早提出补偿性消费理论的格隆莫（Gronmo，1988）认为人们的很多消费行为（如成瘾消费、强迫性购物等）是为寻求生活现状与内心需求的一致。由于现状和需求往往很难一致，人们会通过消费来补偿未得到满足的需求，这种消费被称为补偿性消费。格鲁纳特（Grunert，1993）在此基础上进一步细化补偿性消费理论，提出满足人们需求的类型有两种，一类是直接补偿其缺失的资源，另一类是通过替代性补偿的方式满足其需求。如果是后者，那么这一过程就被称为补偿，此处补偿性消费强调一种替代性。在前两者的基础之上，鲁克（Rucker，2009）再次更新补偿性消费的概念，他认为补偿性消费是指消费者在其自我概念（如自我价值感、自尊等）受到威胁时，通过偏爱和选择能够应对这种威胁的产品来进行补偿。如果所涉及的产品在表面上与自我概念受到的威胁无关并呈现出替代品效应，则是主动的补偿性消费；若产品与自我概念受到的威胁相关则是被动的补偿性消费。吉姆和鲁克（Kim & Rucker，2012）还提出先行性补偿性消费以及反抗性补偿性消费，前者是一种提前预防威胁的消费，后者则是指事后减轻或消除威胁的消费。自我概念是补偿性消费理论的核心基础，消费被作为修复自我概念的手段，实际也是一种自我保护的适应机制（Tesser，1988）。而象征性自我完成理论是补偿性消费理论的重要依据，当自我概念受到威胁时，人们会通过某些象征性的行为寻求自我肯定，这些象征性行为便成为自我完成的符号。在该理论体系中，消费本身便是一种符号性经济行为（Wicklund，1981），个体会通过消费商品的象征意义以达到对需求的满足。由此，补偿性消费通过符号化的方式作为一种替代性补偿对自我概念进行修复。

消费具有补偿个人弱点的功能，其对需求的满足实际上具有象征意义。这种意义体现在满足个体在权力以及地位上的需求（Rucker & Galinsky，2008）。同时，女性被认为有更强的消费补偿意愿，包括消费食物以补偿负面情绪，而在对女性的补偿性消费研究中，消费可以为女性带来对生活和命运的控制感，并缓解生活的不确定性（Woodruffe-Burton & Elliott，2005）。再者，补偿性消费渗透到年轻人的生活叙事框架和关注的所有关系中,可以减轻个体的脆弱性,增加这一群体的社会归属感。除了对权力以及人际归属等象征意义层面的需求外,有研究也提出应对生存性威胁的补偿性消费(柳武妹,2014)。

从补偿消费的实现形式出发,其中包括以下几种情形:一是强迫性购买,指一种长期的补偿消费形式,主要是被反复出现的焦虑、长期的不快乐和剥夺感所驱动的消费(Verplanken & Sato,2011)。二是炫耀性购买,指个体缺乏社会归属感,消费可以为其提供一种工具来标记群体归属、社会地位和威望(Deutsch & Teodorou,2010)。三是成瘾性购买,这是一种由正常行为发展为病态习惯的情形,除个体心理机制导致外,环境触发因素如社会暗示与商业营销驱动也会诱发补偿消费行为(Grover,2011)。四是冲动性购买,会伴随强烈、积极的情绪,情境在其中发挥重要作用(Bashar,2013),情境因素是重要诱因。五是自我治疗和零食疗法,这两种都是补偿的具体形式,用以减轻和缓解负面情绪状态(Clarke,2013;Selin,2011)。从以上不同的补偿性消费的具体情形可知诱发补偿消费的原因涉及多主体,不仅包含消费环境,也包括营销方式以及消费者自身的情绪状态(Mohan,2013;Weisfeld-Spolter & Thakkar,2012;Dalton,2008)。除此之外还包括其他间接的影响因素,如文化(Podoshen,2011)、历史(Elliot,1996)和消费者早年形成的个人性格特征等(Faber,1992)。

从补偿消费产生的机制出发,补偿消费主要包含两种生成路径:首先是需求和产生行为的动机之间缺乏一致性的情形。消费者并没有意识到自己的真正需求,其补偿消费行为需要依靠广告和营销活动等外部力量的刺激,从而形成被建构的和虚假性的需求。其次是消费者动机和行动不一致的情形。在这种情况下,人们意识到自己的真正需求,但因为客观条件的限制而无法满足需求,最终只能用替代品来解决他们的愿望、缺乏、欲望或其他动机,并希望能取得积极的结果(Gronmo,1988)。有研究认为这种替代性的补偿并没有从根本上满足需求,只会达成暂时的满意,更有可能是一种妥协而不是补偿(Kim & Rucker,2012)。

三 "情感—补偿"分析范式的局限与优化

(一)"情感—补偿"分析范式的局限性

由于既有对老年人保健品消费行为的研究仅停留于对情感补偿的概念运用,尚未从理论层面探讨情感消费与补偿消费的联结,研究将通过上文对情感消费理论与补偿性消费理论的回溯,在此处将两者之间的关系总结为以下两个方面:其一,基于符号化象征意义的补偿性消费理论与情感消费理论一样更侧重心理情感层面,情感消费的背后是情感需求的不满足,因而对情感需求的补偿构成了情感消费的发生逻辑。其二,在现代社会中,情感的沙漠化引发个体对情感需求的不满足,情感在消费主义的驱使下被商品化后进入市场流通,个体通过该途径满足自身的需求从而形成一种补偿性消费。个体补偿心理的强化也使得情感等原本一系列传统意义上本没有被商品化的精神或物质拥有被商品化的可能。由此,情感消费是补偿性消费实现的前提,补偿性消费是情感消费获得正当性的基础。

基于这两种理论的结合而形成的"情感—补偿"分析视角对于老年人保健品消费行为的解释度存在局限性,具体包括:(1)既有研究对个体化情感归因的侧重忽视了老年人保健品消费行为背后的其他需求,消费品"物"的意义被消解。仅考虑消费的情感象征意义具有一定的片面性,且无法回应老年群体的健康和养老等多元化实际需求。(2)就情感需求本身出发,既有研究未考察情感的社会属性,只将情感需求限定于老年群体的亲情与社交层面的心理缺失,忽视在医疗、养老以及自我价值实现下情感需求的多重意涵。(3)既有研究仅将补偿统合为消费带来的心理反应,未对补偿产生的原因、发生逻辑以及补偿的具体内容进行阐释,缺乏进一步的操作化探究。(4)对消费行为背后的情感需求与补偿过程的探究都更多聚焦于个体化的情感反应层面,对消费者的主体能动性探究不足。同时,研究缺乏对结构性力量以及历时性视角的纵贯性考察,尤其忽视了消费场域中的环境因素和涉及政策和市场等社会结构性力量,这些都将对消费行为的生成发挥作用。再次,心理学、营销学等学科过多聚焦于消费者个体的类型化测量,缺少对内部机理的过程性探讨。从消费主义视域下宏观与微观相结合的整体性取向出发，未来对消费的社会学分析都需要同时兼顾结构与能动因素。（5）西方既有的消费理论多以年轻群体为研究对象，强调消费者的快乐体验与身份建构，鲜少关注老年群体。随着老年消费市场的扩大，老年消费者的行为研究也应在理论的指导下开展。且从中西方制度与文化语境的差异出发，任何理论都应根据不同地域下老年群体自身的特征对理论进行丰富与本土化补充。

实际上，个体的需求是一切事物被商品化的出发点，市场为迎合消费者的需求便会推波助澜发展生产。在这个过程中，整个社会环境都处于消费主义的笼罩之下，因而也会共同促使消费的发生。消费者并非仅仅是产品或服务的享受者，他们也参与到消费的生产并成为整个消费链中的重要环节。通过对文献的回顾可以发现老年群体的消费行为受到多元主体的影响，研究在此总结为：（1）国家、市场、社区、家庭的正式结构的影响。（2）社会文化、价值观念的非正式制度的影响。（3）历史维度下生命历程的影响。（4）消费者主体以及情感的影响。上述因素分散在国内外老年消费的相关研究中，很多时候只作为概念被提出，尚未被统合为整体性框架。且生命历程、情感等重要维度也未被作为社会影响因素嵌入实证类研究，更多只是理论层面的探讨。尤其在我国，老年人保健品消费具有一定的特殊性，譬如法律定位中存在的灰色空间、医疗和养老等多元化需求、需求背后的多种成因、补偿的复合型特征等，更需要建构适用于本土语境的解释框架。

研究对文献的回顾进一步证明以往对老年人保健品消费行为的情感补偿归因存在缺失。需求是消费的原动力，解释消费行为应从需求出发。研究希望从情感需求重新回溯至最根本的需求层面，由此对老年人保健品消费背后的需求进行分析与阐述，并对其中的情感需求与补偿的发生逻辑丰富化与具体化。

（二）"情感—补偿"分析范式的优化方向

基于上文对局限性的探讨，研究认为其完善的方向主要包括以下三个方面。

第一，研究将更多从宏观与微观的融合取向出发，强调对消费行为的综合性理解。市场在制造与迎合消费者需求的过程中发挥着重要作用，但市场不是孤立的消费促进者，政策、文化与消费者自身都是消费行为背后的推动主体。多元主体影响下的过程性研究使得消费的社会性特征得以彰显，有利于深入理解老年消费行为的重要性。当个体行为被放置于历史洪流中加以考察，消费作为一种社会实践已然成为社会结构性力量与个体能动作用之下的产物。无论是情感消费还是补偿性消费都提出情境对行为的解释效力（Amos，2014；Koles，2017），它不仅强调消费情境中个体之间的互动，还包括整体消费主义影响下的社会环境对具体情境的结构性影响。

第二，研究将结合共时性与历时性的社会发展视角，力图更加全面地解释老年群体的保健品消费行为。从共时性的角度出发，研究的分析框架应更加聚焦于当前为老服务的施行现状以及存在的缺漏，这是老年群体需求不满足的重要因素。国外已有学者提出生命历程理论对解读老年消费的重要性（Moschis，2020）。因而从历时性的角度出发，时间视角的融入将使消费行为在社会的动态变迁中具有更丰富的时代色彩与个人印记，且有利于从时空的维度拓宽对老年人消费行为研究的解释范畴，连接生命的个体意义与社会意义。

第三，研究的分析范式将从社会工作的视角更多关注老年群体在消费行为中的特殊性，尤其是老年人在保健品消费情境中被问题化的处境。一方面，老年人的消费行为更多时候是一种群体实践，因而需要关注消费背后的公共性与社会性，不再仅限于个体层面。另一方面，应从需求的角度关注老年群体的主体性，尤其是他们在消费过程中的能动性，做到对老年消费者的接纳与尊重。综上，在此优化方向的基础上，研究提出"需求—补偿"的分析视角，并将在下面对具体维度进行操作化界定。

四 "需求—补偿"：老年人保健品消费行为的分析框架

情感是消费行为的重要诱因，然而在情感的背后实则是个体需求在发挥作用。消费背后是一种匮乏，对消费行为成因与解释的探究应从需求本身出发。根据上文提及的优化方向，本研究以"需求—补偿"为切入点，在结构与能动的框架统领下引入时间维度，针对老年人保健品消费的特殊性以及消费理论在不同文化情境下的本土特征提出新的补充和改良。

研究整体在基于社会工作以人为本、以需求为本和对控制风险的视角下，最终形成对我国老年人保健品消费行为的整合性解释框架（图1-1），具体包括四类影响老年人保健品消费行为的主体：政策、市场、个体经历与个体价值观。其中家庭对个体消费行为的影响由于是处在整个结构性环境与个体行动的互动系统之下的，研究并未单独对家庭的作用进行阐释，而是将其融入对以上四个主体的形塑作用的阐释之中。

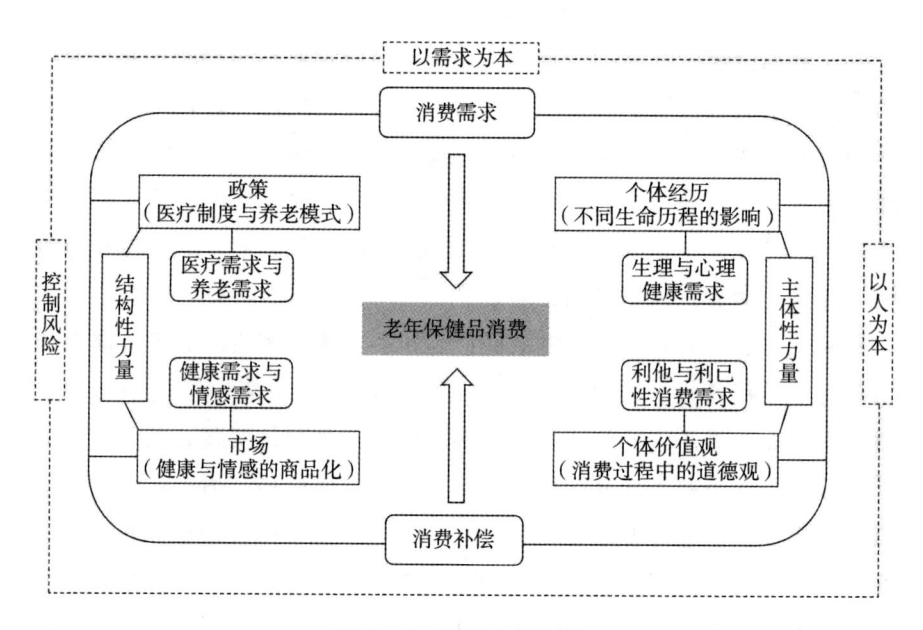

图1-1 研究分析框架

情感并非是影响其行为的唯一因素，以结构性力量为主的政策与市场力量，和以主体性力量为主的个体经历与个体价值观都将对消费行为产生重要影响。研究将对以上维度进一步操作化，如政策被细分为医疗卫生政策与养老模式以推动老年群体健康与养老需求的形成；市场被细分为健康与情感的商品化，推动老年群体健康与情感需求的形成；个体经历下不同生命阶段的社会变迁与个人生活转折推动老年群体生理与心理健康需求的形成;个体价值观中的不同道德观念推动老年群体利己与利他性消费需求的形成。研究将通过该分析框架探究老年群体保健品消费行为背后的需求以及其形成过程,再考察保健品消费对需求发挥作用的补偿逻辑,以此分析那些影响老年群体消费保健品的背后力量,进一步探索各主体在该消费过程中扮演的角色和发挥的作用。

研究将在这里引入社会工作的视角,具体包括以需求为本、以人为本以及控制风险三个层面。以需求为本的社会工作视角强调对老年人保健品消费行为背后需求的关注,具体包括对需求内容的多元化以及需求产生路径的综合性的探讨。与目前针对老年消费领域的量化研究相比,社会工作尤其关注过程性发展,重视那些促使消费需求产生的主体力量,因而能够更深入地解读消费行为。作为一种公共服务,其核心基础在于满足服务对象的需求。需求既是理解服务对象的基础,也是应对社会问题的前提,且需求评估是社会工作专业化发展中的专业技术和运作方法。与经济学视角不同的是,社会学关注在经济活动中的主体"人"所创造的消费意义,它需要消费者个体能动性的参与。从消费经济的角度出发,社会工作满足了人类社会功能恢复或者功能增进对服务的需求,在把握老年消费者的需求时识别需求的总量、水平和结构。

以人为本的社会工作视角强调对老年人保健品消费行为的去问题化。社会工作拒绝通用的标准或以权威构成的歧视主义和霸权主义,通过关注个体的行为来判断其行为及表现,而不是遵从那些既有的认知、结论和遐想。社会工作者能够以非批判和接纳的态度服务老年群体,借助于案主的真理而非是专业的真理帮助服务对象解决自身的问题(Robyn Mason,2011)。在具体情境中,老年消费者容易受到年龄歧视的影响,其消费角色遭到忽视。无论是保健品行业还是老年消费者都面临质疑与批评,他们的消费能力与权力并没有得到与其他年龄群体同等的尊重。本研究在建构主义方法论的指导下避免将既存观点作为事实,而是以客观中立的立场以及尊重接纳的态度倾听老年消费者的声音,同时也纳入其他相关主体的态度,这与社会工作的价值观相适应。社会公众在批判和斥责不法商家时应从源头寻找结构性漏洞和更稳妥的政策措施,除自上而下的监管手段外,也应以此路径思考如何集中家庭、社区、社会以及国家的力量帮助老年消费者规避风险,而非单纯的指责和批判。社会工作在强调改变个体以适应环境的同时,不仅要求对现象的去问题化,也会反思和警惕对个体自由的剥夺与削弱。应从让福利惠及更多群体的角度出发,为个体打造适宜生存的环境。

控制风险的社会工作视角强调对老年群体早年个体经历的关注以及链接多元资源应对风险。社会工作对生命历程的关注也将有利于识别早年影响健康的保护性因素和风险性因素,考察老年群体晚年需求产生的时间性因素,并为社会工作的干预方案提供证据。如果缺乏早期的干预和介入而放任风险性因素的累积和爆发,会使老年人提早产生身体和心理疾病并因此而造成大量医疗资源和社会资源的浪费,也会带来恶性循环甚至加剧老年人晚年生活的困境和危机(许玉长,2013)。了解风险和保护研究对社会工作干预有深远影响,也能够促进老年人晚年健康状况的改善。针对老年人保健品消费背后的养老和医疗等综合性需求,社会工作有利于帮助老年群体链接资源,可以在宏观制度政策背景与微观个体与家庭脉络的关系中发挥桥梁作用,整合医疗、社区、基层卫生、家庭与个体的资源和力量,共同降低老年群体在保健品消费中的风险性。

综上,从需求切入消费,也是基于社会工作以需求为本和以人为本的视角,无论是对当前老年人保健品消费的去问题化还是历时性视角下对个体早年生活经历中风险因素的识别都是遵循社会工作本身的价值观念与专业方法。因而研究最后也将从社会工作层面提出应对老年人保健品消费现状的干预方案。

第四节 研究方法

一 质的研究取向

定性方法论以社会整体为出发点对社会现象进行解释(蒋逸民,2011),且以人为研究对象,重点关注人在研究中的主体地位,并综合考量历史、政治、文化等因素的共同作用。质性研究源于对事物背后意义的挖掘和探索，日常生活世界里正在发生什么？它是如何发生的？是谁在背后影响着它？本研究期望通过老年群体主诉的方式，即其本人口述的主观界定和意义表述，以了解其消费行为背后的推动因素和保健品对于他们的意义。研究需要对消费行为产生的结构性背景与主体性力量加以剖析。在老年群体进行日常消费实践的场域中，政策、市场、个体经历与价值观都成为了行为背后的推动者，研究便是要对此进行探究。要达成上述目标，则需要选取质性研究的方式，将后实证主义与建构主义这两种范式相结合。

社会建构主义倡导对习以为常的生活世界和既存的认知与观点保留质疑和反思，重点关注人们如何参与其间并导致这一知识的出现的过程，以及作为主体的人的叙述和背后所反映出的价值、意义和意图（何雪松，2005）。这种对去问题化的强调旨在拒绝将老年人热衷保健品消费看作一种社会问题，而是透过现象去挖掘其背后的需求。情感与健康的商品化过程实际也是社会多元主体的共同参与和建构。后实证主义强调可以被发现的、稳定的、预先存在的模式和秩序，即布迪厄强调的场域及其中的规则和制度。每个人都是能动的，因此，社会是由场域内的规则和制度组成的不变机制，再辅以惯习这样的可变机制。世界的纷繁复杂以及风险社会的到来都使得个体的问题不再单一化，若能将实证主义与建构主义相结合，也有利于社会工作者多角度、多层面地思考问题。譬如实证主义可以增强社会工作者的问责与反思精神，而社会建构主义可促使社会工作者拓展视野、理解研究和实践的情境、了解当事人的主观感受和相应的话语体系，由此才能更好地帮助案主应对危机与问题（何雪松，2005）。

在现实生活中，定性方法具有价值多样性的理念，经过主诉口述的生活以及丰富的文本分析能帮助研究者了解消费者外部环境与内部因素之间的互构关系。综上，本研究适宜采用质性研究的方法，主要包括以下几点原因。

质性研究强调行动者主体的视角。由于研究对象主要是进行保健品消费实践的老年群体，研究者必须在掌握被研究者个人解释的前提下才能了解其行为背后的动机和意义解释。研究要考察老年群体对保健的解读与消费意义的建构，需关注老年人的主观感受、认知与阐释，强调通过被研究者的视角看待世界。从老年人的视角思考其消费行为背后的社会意义将有利于警惕研究对象的非人化，挖掘其对当前微观生活情境和宏观制度环境的真实诉求，从而进一步推动老年福利方案的制定并付诸行动。

质性研究强调脉络及过程。无论个体生活还是社会环境都是动态发展的，了解事件和行为需要回归其发生的脉络，强调事件的原委和始末。质性研究方法以个案呈现问题居多，更适用于这种综合处理问题以及对过程的关注。既有的相关研究由于多集中于经济学与心理学，量化探究众多，对老年群体消费行为背后的深层社会动因以及过程性变迁讨论不足。因而研究将通过个体经历的回溯以及政策沿革了解老年人保健品消费行为背后的历时性变迁背景，这将有利于从特定的情境切入以关注研究对象与其所处情境的互动过程，探讨现象背后真正的意义解释，增强解释的深度。

质性研究强调对弹性的追求。研究需要从研究者主诉的视角出发，尽量保持客观与中立，避免先入为主以及对研究对象问题化。当前对老年人保健品消费实践的解释集中于个体化的心理情感层面，对补偿过程的阐释也存在单一性。且社会对老年人消费实践存在诸多负面评价。研究者需要抛弃先有的刻板印象，以一种开放的态度进入调查，基于老年群体本身的主诉内容建构解释框架，这符合社会工作本身所强调的回归主体"人"的价值取向。关注老年人主诉的真实诉求与对消费的符号化阐释也是本研究选取质性研究方法的原因。

二 资料的收集方法

（一）田野点介绍

研究选择城市作为田野点的原因包括以下几点：（1）城市的形成和发展与市场密切相关，随着生产空间郊区化以及城市人口的高度集中，当下城市已成为主要的消费空间。老年群体是保健品市场份额的主要贡献者，由于受到经济水平的限制，其消费区域更多分布在城市

（唐晶，2014；梁毅，2000）。（2）消费者若处在一个传统面对面的熟人社会，彼此之间知根知底，消费无法传递和表达更多信息。而在陌生人社会，社会整合程度更低且个人消费的表现功能增强。尽管农村也在发生变革，但整体而言城市的异质性大于农村。（3）基于研究者预调研对保健品公司负责人以及对工商局等相关部门的走访情况，可粗略判断保健品行业的城市老年客户远大于农村，保健品在城市老年人中更受欢迎。

由于尚无专门针对保健品消费的官方统计数据，研究者只能根据实地调查与关键人物访谈的方式判断G市老年人保健品消费的现状。研究选择G市的原因包括以下几个方面：（1）G市老龄化程度较高，庞大的老年群体基数以及经济基础为其孕育了潜在的老年人保健品消费市场。（2）G市的保健品行业发展史悠久，销售网点遍布全城，在老年人出行率较高的清晨，都能看到老年人聚集进入保健品公司听课的场景。目前G市工商局登记在册的保健品公司有百余家，且呈逐年递增趋势。根据对保健品公司负责人以及工商局相关公职人员的访谈，可知目前国内保健品的销售网络建构及推广以诸如G市这样的小型城市为主。（3）同时G市于2018年发布的《国民营养实施计划（2018—2030）》重点提出要着力发展保健品，这也为当地保健行业的发展创造了政策环境。

（二）抽样方法及过程

研究者在2019年8月至2020年9月期间共进行了三个阶段的访谈（访谈对象编码见附录一）。保健品研究尚属新领域，且无官方统计数据做支撑，甚至具有一定的社会敏感性。因而研究者在开始正式访谈前，曾在G市进行初步摸排与走访，以了解全城老年群体保健品消费的基本状况、结识首个可作为雪球点的老年消费者并挑选后续拟调研的保健品公司。

在此基础上，研究的具体访谈阶段如下（见表1-2）：研究者于2019年8月至10月完成了第一阶段访谈，其中包括11名老年消费者、1名政府公职人员、2名保健品公司负责人。2019年11月至12月对老年消费者进行多次补充访谈，之后开始对访谈资料的整理与初步编码。

2020年初至5月,新冠肺炎疫情席卷全国,研究者只与少部分被访者保持联系,整体访谈处于停滞状态。2020年6月,研究者才重新联系上之前的访谈对象并进行回访,在此基础上寻找新的被访者。由于疫情对市场造成冲击,原本愿意接受调研和访谈的第三家保健品公司表示拒绝,因而研究者只得重新寻找对象。以上为第二阶段访谈,除对第一阶段的老年消费者进行回访外,研究者开始在老年人居住较多的小区走访和观察基层卫生服务中心和卫生站的工作状况,为第三阶段的调研做准备。2020年7月至9月为第三阶段调研,调研对象包括10名老年消费者、2名保健品公司负责人、5名政府公职人员、5名基层医疗工作者、5名医疗行业专业从业者及1名老年消费者家属。

表1-2　　　　　　　　　访谈过程

时间	访谈对象	访谈形式
2019年8—10月	老年消费者11名;政府公职人员1名;保健品公司负责人2名	单次访谈、焦点小组
2019年11—12月	老年消费者11名	多次补充访谈
2020年5月之前	疫情中断访谈,与部分被访者保持联系	电话访谈、线上访谈
2020年6月	回访	单次访谈
2020年7—9月	老年消费者10名;保健品公司负责人2名;政府公职人员5名;基层医疗工作者5名;医疗行业专业从业者1名;老年消费者家属1名	多次访谈、焦点小组
2020年10月	回访	单次访谈

(三) 具体的研究方法

本研究主要采用的是二手资料分析法与实地调查法。其中二手资料来源于相关文献中的资料以及调研机构提供的相关政策文件、数据报表等。另外为延伸质性研究样本资料的宏观视野,本研究也通过对新中国成立以来全国的统计年鉴中医疗卫生的基础状况与消费状况进行考察。此研究方法主要针对新中国成立以来医疗卫生体制的变迁以及个体经历中的相关社会背景,还包括保健品行业的发展史等。其中二手资料与相关历史文献对于保健概念的演变具有参考与阐释作用。实地调查法主要进行的是一对一半结构半开放式的深度访谈以及焦点小组访谈，前者主要对访谈结构起一定约束作用，但又给予被访者自主性。而后者对于推进话题的讨论、启发被访者深入思考以及积极表达有助力作用。尤其可以将访谈本身作为研究对象，并对研究问题进行集中探讨以及集体知识建构（陈向明，2000）。

本研究根据研究目的与问题的需要选取了老年人保健品消费者（包括家属）、保健行业从业者、医疗行业从业者、基层医疗卫生工作人员和相关政府工作人员共五类研究对象，且采取的主要是一次性访谈和多次性访谈结合的方式。一次性访谈主要针对保健品公司从业者、医疗从业者、基层医疗卫生工作人员以及政府相关人员。多次性访谈主要针对老年人保健品消费者，为建立信任关系、由浅及深地探寻老人的生命故事，需要花费更多时间以达到深入了解。每一位被访者的访谈过程均符合研究伦理要求，并在征得研究对象同意的前提下进行录音。此外，由于被访者经常以群体形式出现，研究者也将焦点小组的访谈形式运用在调研中。

（四）抽样方式与样本来源

在上述研究范式和研究取向的基础上，本研究采用目的性抽样的方法。被访者有多种类型，主要包括老年人保健品消费者（包括家属）、保健行业从业者、医疗行业从业者、基层医疗卫生工作人员和相关政府工作人员五类。针对不同类别的被访者，笔者采用了不同的抽样策略。

老年人保健品消费者。研究者针对该类研究对象采用的主要是效标抽样与滚雪球相结合的抽样方式。（1）效标抽样。本研究的样本限定条件如下：①年龄处于70—80岁之间。由于研究需要考察有相似年代背景的个体生活经历，因而需要限制年龄。且基于对多家保健品公司的走访可知，该年龄段购买保健品的老年人最多。②具有一年以上购买保健品的经历。此限定条件是为了排除偶然性消费的老年人，因为本研究需要考察早年经历对老年群体晚年消费行为的影响，其消费行为应具有一定的连续性以提高研究可获得的信息量及深度。（2）滚雪球抽样。首先以研究者知道的一位有长期购买保健品经历的老年人为雪球点，经其介绍认识和她在同公司消费的老年人，以此扩大研究对象的群体。由于该抽样方式存在被访者群体内部同质性较强的弊端，因而研究者需要多次更换雪球点以扩大研究对象内部的异质性。研究者挑选了G市三种不同类型的保健品公司，并在各家公司选取不同的雪球点展开调研。除此之外，由于研究者和被访者约谈的地方包括老年人聚集较多的公园、证券公司等，也存在因为对这个话题感兴趣而随机加入的老年人。

保健品行业从业者。研究者根据对G市保健品市场的初步摸排与走访，以及对工商局市场监管部门的调研，发现目前全市最受老年群体关注和喜爱的保健品功能类型包括缓解体力疲劳、辅助降血糖和提高免疫力三类。因而研究者以分层目的型抽样的方式在这三种类型的保健品公司中各选择一家公司的经理作为被访者，并在此基础上，通过经理介绍客户以及在公司偶遇客户的方式获取研究对象。除以上三家私营保健品公司外，研究还选取国内一家国营制药公司，对从事大健康产品市场开发的经理进行访谈，以访谈内容作为补充资料。

医疗行业从业者。由于健康消费不同于一般消费，涉及医疗领域，且保健品消费始终存在药食同源的争议。本研究为补充专业医疗从业者对保健品以及老年人购买保健品现象的观点，在G市不同类型的医疗机构（一级、二级、三级）依据分层目的型抽样的方式选取医疗工作者进行访谈，其中还包括做医师资格培训的资深教师。且由于老年健康的特殊性，研究还访谈了G市三甲医院老年医学科主任兼创始人以了解其对老年人保健品消费以及老年健康现状的观点。

基层医疗卫生工作人员。为了考察当代老年人晚年健康服务的提供以及健康需求的满足现状，研究者在对G市卫生健康委员会的相关部门进行走访后，得知目前G市社区医疗卫生服务中心包括公办、私营与医院合办三种类型，因而研究者通过分层目的型抽样的方式从以上三种类型中各选取1至2家社区医疗卫生服务中心或卫生站对负责人进行访谈。

相关政府工作人员。本研究需要考察制度层面对保健品消费的推动作用，涉及医疗、养老等相关政策的制定与服务递送现状与难点，以及从市场层面了解当前G市老年人保健品消费市场的现状。为此，研究选取了相关部门的工作人员进行访谈，具体包括工商局、民政局、卫生与健康委员会（下设的健康产业促进科）以及民政局（老龄办）等。

三 资料的整理与分析

（一）资料的整理

本研究的资料整理主要包括分析过程中的即时性初步整理以及全部调查结束后的系统性主题分类整理。首先是分析前的初步整理。研究者从第一次访谈就开始进行同步的资料整理，以保证对田野资料的即时性反馈。这样做也有利于及时修正访谈提纲，并将访谈中提炼的或受到启发的新问题放入下一次访谈进行检验，也便于在对原访谈对象进行回访时及时补充提问。质性研究对资料整理要求严格，需要一字不漏地转录录音内容，甚至包括被访者的非言语表现，如情绪、语气、表情的变化，这些都将丰富最后的文字资料的呈现。在访谈结束后，研究者对转录完成的原始材料反复通读，并按照人群类别与时间顺序进行初步整理和归类。同时研究者也对访谈期间的田野札记和即时记录的思路进行整理，选取仍适用于当下研究问题的内容进行汇总和补充。

研究者在该阶段的主要任务是转录和阅读，需尽可能抛弃预设，以开放的态度面对原始材料。尤其因为目前有关保健品消费的评价都呈现出以经济营销为主视角的批判性论述，与被访者所呈现的部分内容存在相悖之处，这就更需要研究者尽可能地保持中立，坚持从老年人主诉的内容出发。对于那些反复出现的概念，研究者会进行重点标记，以作为后续分析时的线索和结论的重要发现。由于研究问题的深入与具象化，访谈提纲也将处于不断的优化中。譬如个体经历是既有相关研究的空白区，研究者在多次预访谈中关注到该动机对老年人保健品消费行为的重要性，因而在访谈中会加入一系列对个体经历的详细提问。

其次是全部调查结束后的系统性主题分类整理。在全部访谈结束后，研究者在前期资料整理的基础上对全部资料进行分类与汇总，尤其对于那些同一主题的不同编码方式进行合并，并从子节点升级至父节点。譬如老年人对童年至今的相关生活回忆被合并为个体经历，而那些具体消费环节中商家的促销方式、销售者日常的嘘寒问暖等方式都被归类于市场营销策略中情感服务的父节点。此外，研究者对于那些在初期资料整理中被过度统整的主题进行拆分和重组，譬如老年人对早年医疗体系的印象、就医意识的内容原本被放置于医疗卫生体制变迁的板块中，但由于该部分内容较多且与个体健康观形塑有直接影响，因而这部分内容被单独编入影响老年群体健康观的子节点中。

（二）资料的分析

研究者通过 NVivo.11 质性资料分析软件对经过整理后的资料进行三级编码，首先对当下城市老年人保健品消费的现状与矛盾进行整理和总结，从中引出本书以结构与能动为导向的多元主体分析框架，具体包括政策影响、市场驱动、个体经历以及个体价值观四个层面，以此为父节点。之后分别对政策层面的医疗卫生政策变迁与养老模式现状对消费需求的影响、市场驱动中健康与情感的商品化对消费需求的影响、个体经历对消费需求的影响以及个体价值观对消费需求的影响为子节点，最终从被访者的叙述中寻找相应的内容进行概念化和范畴化的整合。

该资料整理阶段在"理论—经验材料"的双向循环中完成，同时具备归纳和演绎的特征。由于编码和分析的过程会一直交替往复至最终研究的完成，因而会产生很多重复性工作。在自由节点的编码与整理完成后，研究者对参考点最多的子节点和父节点进行了反复浏览和完善，尽量保证各节点之间的逻辑关系与排他性，以避免内容重叠导致分析结果的偏差。

首先是政策层面。该部分的资料分析是以老年群体的医疗与养老诉求为出发点进行编码的。在访谈中，老年人会提及早年生活中他们所处的医疗卫生条件和一些关键的生活事件，包括重病、工伤、丧亲等与医疗卫生相关的日常生活情境。研究者会重点询问他们对当时个体的就医意识、对疾病与健康的态度、接受过的干预方式以及感受、曾经对医疗的整体印象以及对当下就医意识和观念的影响等，并以此作为节点进行编码。其次，研究者会询问老年人当下医疗与养老服务的现状，被访者多以呈现问题为主，辅以对他们理想状态的陈述。在后期的分析中，研究者也据此建构老年群体在保健品消费中得到的医疗与养老层面的需求补偿。且在该过程中，老年群体未被满足的健康与养老需求也间接促成了健康与情感的商品化。

其次是市场层面。该部分的资料分析主要通过健康与情感的商品化为线索，以探究老年人保健品消费背后的需求形成过程。在访谈中，老年被访者会谈及他们在消费过程中接受的服务，主要体现在销售者的态度以及日常生活中对他们的关心等方面，还有保健品公司传递的人文关怀。研究者将重点关注销售者及企业的情感服务方式、内容以及老年人的感受和反应，以此作为情感商品化脉络的证据。此外，该部分内容的编码还包括对保健品行业从业者以及政府监管部门的访谈，内容聚焦于行业发展脉络对保健品消费的推动作用，这些都将形成该主题下的子节点。

再次是个体经历层面。由于研究采用了历时性视角，时间脉络涉及的相关内容几乎贯穿全书，但出于各主题的研究需要，本部分原先的编码内容经历过几次拆分重组，其中包括老年群体在不同人生节点（辍学、就业、丧亲、婚育等）经历的转折性事件。研究通过编码将其归总为匮乏与苦难下的需求不满足、变革与风险下的不确定的生活以及集体主义与牺牲下的被压抑的欲望。这些早年特征影响健康的意识、内容和相关策略，最终对老年人保健品消费的需求形成与补偿造成了影响。

最后是个体价值观层面。该部分是老年群体在受到中西方文化交织的影响下对其消费需求生成的影响。其中包含消费者自身对消费的符号化定义，即保健品消费对于老年人的意义。利己主义与利他主义作为本部分论述的主要线索被作为父节点。在访谈中，老年人会谈及其消费目的与消费过程中的感受，对于那些频繁出现的"为自己花点钱""不想拖累子女""生活质量最重要"等论述被作为子节点而进行了多次主题提炼与汇总，最终形成老年群体在保健品消费中对利己与利他性消费需求的平衡与融合。

（三）资料的效度检验

效度是量化研究中的重要判定标准，而质性研究相较于客观的分类计量与因果论证、推论，更关注社会事实的建构过程和人们在特定社会文化情境中的经验和解释，这种过程性的、人际互动中的意义探索难以用效度测定（陈向明，2000）。因而在研究设计阶段就需要对可能出现的效度威胁想好应对策略，譬如针对资料收集的真实性、说服力、可信度等方面。

质性研究以探寻叙事对于个体的意义为主，并非是要得出对社会的终极认知的确切结论，大多情况下以了解个体生活世界的过程为主。且社会学中的田野调查是以作为主体的研究者在田野现场自始至终的意义探究为特征的情境性活动，其中包含着一种对社会的解释方式。同时田野调查也意味着研究者是通过与研究对象互动来获得对其行为和意义建构的解释性理解，在此基础上研究将根据人们对社会现象所赋予的意义来理解和解释社会现象（杨善华，2020）。因此，访谈时所获得的资料一定带有被访者的主观意义色彩，其中的真实是一种"意义的真实"，这种意义的建构将受到个体的价值观以及所处的社会情境的影响。以往研究更多从营销视角切入，鲜少站在老年消费者自身的立场上看待问题。本研究是以老年消费者的主诉为核心以探究其对消费行为的主体性推动作用，因而表达即便不可避免地带有主观性色彩也是一种意义的真实。

研究在确定访谈对象时引入三角互证的方式以保证从多个角度与立场收集对同一问题的解释，譬如对于老年群体热衷保健品的原因，研究者会同时对老年消费者（部分包括其子女）、保健品行业从业者、医疗行业从业者以及政府相关部门工作者进行访谈与信息收集。且在访谈过程中，研究者会及时对每一次访谈做笔记，因而会在访谈中对之前被访者提及的观点进行确证。

在访谈过程中，研究者会随时对访谈提纲进行修正，其中不仅会受到被访者的启发，也会与同学、导师等研究者进行分享与建议征询。在访谈过程中的详细札记以及研究者本人的自我质疑与反思也是后续研究保持效度的关键。且由于研究者的理解会注入转录过程，尤其对于口语的书面化修订时容易错删或误解被访者的意思。因而研究者会在对被访者的回访中让其参与对访谈转录资料的检验以确保转录过程中信息的准确性。老年人存在文化程度差异、视力减退等情况，研究者会针对不同被访者的情况以及其意愿通过准备字体较大的打印稿或是现场读给老人听等方式让其参与检验。而检验的过程不仅能增进研究者与被访者的信任度，也是二次深入访谈的契机。

此外，研究需要在此说明的是，信度的检验对于质性研究而言存在某种程度上的理论悖论，因而质性研究强调被访者的独特性和唯一性，并非量化研究对可重复性的重视。研究者本身的经历以及观念也会影响研究的出发点与走向。在本研究中，老年人保健品消费的解释框架就其涉及消费的维度，如政策、市场、个体经历与个体价值观等，将会对其他群体的消费行为解释产生一定的借鉴意义。

四 研究伦理

质性研究需涉及研究者与被研究者之间的关系，因而研究过程中的伦理规范是保证研究顺利开展以及提高研究质量的关键。本研究在进入田野前向学校人体试验伦理审查委员会递交了伦理审查申请（批准号：HR 510-2019），在研究过程中采取了下列措施以保障研究中的伦理道德原则：

一是研究前的意愿确认。在确定研究对象后，研究者将与被研究者签署知情同意书，对于那些无法阅读与签字的被访者，研究者将在征求被访者同意的前提下联系其有能力且有代表权完成这件事的直系亲属签署知情同意书。同意书中注明了研究内容、目的、时间、被访者需要完成的事以及研究过程中可能遭遇的风险以及获益，并将重点说明研究的隐秘性。本研究保证绝对的匿名，即研究者本人也不知道被访者的姓名，仅以其姓氏进行编码。且研究者会告知被研究者，他们在研究过程中有权随时退出。对于访谈中的录音行为，研究者会在每次访谈开始前征得被研究者的同意，过程中可以随时被要求终止录音。

二是研究过程中的尊重与自主性。研究的时间和地点完全以被研究者的意见为主。尤其因为被访者多是老年人，考虑到其行动不便与健康的风险，研究点多选择在被研究者的家中或附近温度适宜且安静的地点。访谈提纲已提前发给被研究者或其亲属确认，但因为访谈为半开放式，对于中间研究者根据其回答临时询问的问题，被研究者有权拒绝回答甚至终止访谈。访谈中研究者将保持真诚、开放、非批判的态度倾听，尽可能摒弃偏见以保持中立的态度，完全从被研究者的论述中理解其观点立场与意义，对被访者不理解的地方研究者将进行澄清以保证信息的真实性与准确性。研究者保证所有访谈内容仅作为研究需要使用，而被研究者依然可以针对研究者在访谈结束后提供的访谈转录稿进行确认，对于其中他们不愿意被披露的内容，研究者将予以删除或保密。

三是访谈过后的资料保存与关系处理。访谈过后，研究者将妥善保存录音文字稿和相关的田野札记，严格保密被访者的访谈内容。所有访谈内容在整理结束后都会被交予被访者检视，以确保其是知情且认同的。并且由于研究在知情同意书中承诺赠予被研究者礼品，即便遇到对方不收的情况研究者也会尽可能让其收下以保证公平与诚信。访谈结束后，研究者依然会与被访者保持联系，持续关注其保健品消费的情况。当被访者就其所购产品向研究者提出疑问时，研究者也会尽可能帮其查询产品的相关信息，一旦发现有欺诈备案的情形会立即告知被访者。

第五节　本书结构

整体而言，本研究从当前老年人保健品消费的背景出发，结合研究者的预调研资料，发现当前老年人保健品消费市场存在着一种悖论，即在保健品行业面临诚信危机的当下社会，老年群体依然热衷购买保健品，一改往日勤俭节约的消费形象。在此现状的基础上，研究者通过文献阅读进一步发现既有研究将老年人保健品消费归因于个体化层面的情感补偿，此处的情感缺乏社会性考察，也没有对其他需求进行探究以及对具体的补偿机制的呈现。其中还缺少对结构性因素的探究，也忽视了老年群体在消费过程中的主体性作用。综上，既有研究对老年群体保健品消费行为的解释存在局限性，无法说明保健品对于老年群体需求补偿的特殊性。

研究将着重探究老年人保健品消费行为背后的推动因素，具体包括结构性力量与主体性力量。结构性力量在本研究中包括政策演进（第二章）与市场推动（第三章）两个方面的影响。而主体性力量包括个体经历（第四章）与个体价值观（第五章）两个方面的影响。家庭与文化要素不单独作为一章进行讨论的原因是其与政策、市场以及消费者的个体经历与个体价值观密切相关,内容存在重叠,因而研究对家庭和文化因素的探索贯穿于对其他各主体之间的讨论。

基于对老年人保健品消费背后的需求内容、发挥作用的主体、补偿方式与生成路径的阐述,研究者将在总结全书研究(第六章)的基础上进行理论与实践层面的对话,提出社会工作对老年人保健品消费的介入方案,并进行相应的反思和讨论以促进未来相关领域的研究。

第二章 政策演进：老年健康责任主体的社会化

医疗与养老服务的递送将直接决定老年人能否有渠道和能力获取自己晚年需要的资源。老年人保健品消费并不只是单纯的经济消费行为，其背后透露出老年人的医疗与养老需求。在本研究中，研究对象曾经历医疗资源匮乏到医疗市场化的变革，这种医疗卫生体制变迁影响其早年医疗需求的满足。而当下医疗卫生服务在提供与递送中存在理想与实际的偏差，无法与老年人的诉求相适配。同时现有养老方式也难以满足老年群体的需求，致使老年人产生了对未来养老境况的担忧与焦虑。目前城市老年群体的医养难点实则是将老年群体推向保健品市场的政策性因素，保健品通过满足老年群体的需求达成了补偿过程，具体包括优化医疗卫生服务和填补养老模式的缺漏。

第一节 医疗卫生政策变迁下的医疗需求

在我国公共卫生体制中，承担老年人群健康的责任主体更多依赖政府部门以及公共医疗机构，在此基础上形成的健康网络具有较强的公共性。其形成要追溯到新中国成立以来医疗卫生体制变迁过程中政府的职能与发挥的作用。下面将在此基础上探寻早年医疗供给与当下医疗服务的局限与困境，由此剖析老年群体未得到满足的医疗需求。

一 早年医疗供给的局限：低水平与功利化
（一）低水平、重预防的福利性医疗保障（1949—1978 年）

新中国成立初期，国家建设百废待兴且各种疾病肆虐，不仅经济萧

第二章 政策演进：老年健康责任主体的社会化

条带来资源的限制，连同人民的健康问题也备受疫病威胁。战争、贫困和疫病束缚了旧中国生产力的发展，也对新中国的卫生防疫体系建设产生深远的影响（张林鹏，2020）。同时，资源的高度集中也制约卫生事业的发展，资源稀缺且整体医疗水平较弱，"以前没有医院，没有医生，人的寿命也没有现在这么长，那时候没有条件的，刚打完仗还很混乱啊，能有吃的就不错了"（FL0919，女，80岁）。

当时国内的医务人员极度缺少且诊疗水平低下，更没有足够的药品与医疗设备。为此，政府进行了一系列医疗卫生改革，公费医疗、劳保医疗、合作医疗组成了改革开放前由中国政府主导的低水平福利性医疗保障制度（钟裕民，2011）。这种制度的特征是以预防为主，医疗只作为辅助。当时政府鼓励群众自主学习健康知识以增强抵御疾病的能力，但由于义务教育尚未立法实施，群众受教育率不高。受文化水平的影响，个体较难获取健康知识。这种医疗保障制度是以公共卫生和预防为导向的，患病后能给予病患的治疗有限。早期的卫生防疫体系仍然以消除广泛威胁国民健康的传染病和地方性疾病为主要目标（张林鹏，2020）。当时我国传染病的致死率较高，为此政府成立卫生部和专门的卫生防疫领导机构，并相继在各县区成立卫生行政组织，为全国防疫奠定政治基础。

"预防为主、治疗为辅"的国家总体卫生政策规划是基于西医医疗体系长期萌发和根植于沿海都市的医疗实践，以及中医在乡村占据统治地位的现状而提出的。我国受到西方文化的冲击后，西方医学的进入曾促使中国社会重新界定身体、疾病、卫生观念和行为（杨念群，2006）。传统中医药文化受到压制，中西医不同的医疗体系实际在当时的空间内构成了严重的城乡二元对立格局，中医的个体化诊治与西医的群体化预防并存，也影响了医疗资源的合理分配（杨念群，2006）。随着现代医学长时间掌握医学的话语权，中医始终居于次位。1951年颁布的《中医师暂行条例》体现出国家对中医药事业的关注，然而针对中医的科学化改造对中医药造成了一定程度的歧视与轻视（陈滢滢，2020）。

"我小时候在农村，根本都没怎么见过医生。小孩子生病家里人哪会多重视？都在地里干活，家里孩子多的，根本就顾不上。"（FL1022，女，79岁)《关于改进中医工作问题的报告》改变了中医以往各自为政的局面，中医药管理局的设置成为中医发展史上的重要转折点，进一步推动了中医的发展。20世纪90年代，中西医并重正式被作为国家卫生工作的方针，中医药具有了独立的政治与社会地位。

基于我国国情和地域分布，乡村的医疗卫生状况将直接影响全国卫生政策的推行和实施效果，中医与现代医学体系并不能完全相融。后来在"预防为主""面向工农兵""团结中西医"三大医疗原则下，国家整体性诊疗能力被减弱，而预防的标准尚有待提高，并不能完全满足人民的健康需求。当时的三级保健网络已经成为中国乡村医疗改革的基本国策，但一级保健网中的保健员并不能真正代替医生发挥诊疗作用，业务能力较弱，功能鸡肋且浮于表面。"红黄碘酒，抹了就走"是当时流行的谚语（杨念群，2006）。"我月经不正常，嫂子给我找了一个校门口的中医，吃了中药好点了。这个就是一个私人老医生，我们没多少钱，就送点鸡蛋和我父亲磨的豆腐就行。"（FY1013，女，79岁）

对于当时绝大多数农村来说，医疗资源并没有完全渗透到他们的日常生活中，因而访谈者均提及童年时期对医生的陌生感，他们接触最多的便是一些以中医为主的"草医生"。曾经以预防为主的医疗卫生方针是以经济条件较差、资源匮乏为前提，与今日公共卫生体制改革所强调的预防有所不同。后者的预防是对以往以诊疗为主的健康观念的革新，致力于提升国民的整体健康水平。

在经历了新中国成立初期社会各项事业的恢复之后，国家对医疗卫生领域逐步进行顶层规划与政策推行，主要包括公费医疗与分级诊疗体制的建立。但随着企业就业人数的增加、部分医务人员不顾治疗原则过度医疗、盲目信赖药物而忽视预防等问题的出现，公费医疗和劳保医疗的支出让国家财政不堪重负（姚力，2012）。当时不少享受公费医疗的干部借医疗之名享受昂贵的营养药品（食品），并有专门为高级干部设立的保健机构，配有专职保健医生和保健护士。正如被访者所说：

> 你看现在报道上，那些领导为啥寿命长，保健医生跟的好，吃的东西跟我们不一样。（FC0807，男，73岁）

第二章 政策演进：老年健康责任主体的社会化

保健意识并非凭空出现，而是一直根植于我国本土文化中，且在特定资源匮乏、经济水平差的时期有"特权主义色彩"。一方面，当时国家各类资源稀缺，另一方面又因为施行公费医疗而造成浪费现象。当时的医疗条件、人力资源并不能与大规模的公费医疗相适配，导致问题丛生。自1957年开始，政府陆续颁布《关于取消随军家属公费医疗待遇的批复》《关于劳动工资和劳保福利问题的报告》《关于改进公费医疗管理问题的通知》等政策，以上内容具体包括对劳保医疗和公费医疗少量收费、缩小公费医疗报销比例和内容等，其中对于营养滋补药品或可药用的食品都施行自费，由此显现出公费医疗制度与我国当时财政储备、社会经济发展水平不相符的现实困境。

在公费医疗逐渐缩减的背景下，我国的医疗政策开始偏向农村地区以探索农村合作医疗制度，但整体仍以预防为主，实际诊疗条件和水平不高。人民公社化运动后，国家对国民经济进行调整，减少了对农村医疗机构的投入，此举措使得大量由公社和生产大队投资举办的合作医疗陷入停滞状态（钟裕民，2011）。在被访者中，有很多人是成年后从农村流动进入城市的，因而其早年面临医疗资源匮乏的情形。且当时我国的医药用品是按需分配给各大医院，整体药物供应紧张。"没有什么药的，我是后来工作了，到城市里用那个三联单去看病，才拿到药。小时候根本不知道什么医生啊，吃药啊，得病了就扛着。"（FZ0925，女，78岁）当代老年人的共有记忆便是医疗资源的不充足，他们在无法获得足够医疗服务的现状下只能更多凭借自身的免疫力和抵抗力应对疾病。我国的分级诊疗制度是基于计划经济体制建立起来的，当时城市逐步建立起以市、区两级医院和街道卫生所为主体的三级医疗服务体系，但受到医疗人力和物质资源的限制。改革开放前，三级医疗服务体系并未设立严格的转诊制度，也未在医疗报销与转诊之间建立紧密连接，影响了分级诊疗制度的落地与施行。

在经历"大跃进"和三年自然灾害以前，农村的乡村保健员与合作医疗在农村落地生根，但随着全国经济条件的恶化，很多不达标的保健站解散，三级农村基层卫生组织网直到1965年才逐渐稳定。"文化大革命"期间城市的医疗力量被削弱，遏制了医疗保健事业的发展（姚力，2012）。由于当时农村合作医疗未因地制宜、从实际出发，后期中央及时调整才使其得到巩固。之后国家为加强农村地区的医疗水平和条件开展了巡回医疗，大批高级医务人员去到农村基层并培养了"赤脚医生"。这与目前我国施行的"医联体"政策有相似之处，但实际效果却有所区别。那时国家以"为人民服务"思想为号召，随着社会变迁，仅凭思想动员已经无法发挥同等效果，从历史的角度加以对比，便可窥探当前基层医疗发展路径中的瓶颈。

新中国成立以来到改革开放之前的中国医疗卫生决策完成了城市和农村的整体医疗保障体系构建，基本实现了低水平、广覆盖的医疗保障体制。然而我国60年代以来历经的几次社会震荡使得社会各项事业受到冲击，集体主义导向也降低了个体工作的积极性，社会整体经济发展缓慢且资源有限，医疗卫生领域也无法得到良好的支持与发展，因此以低水平、基础病的诊疗为主，并不能满足人民对医疗的需求。"单位是报销啊，可是医院水平很差，什么小儿科、妇产科都没有的，就一个全科。现在分的很细的，以前没有的，哪个医生在值班就哪个医生看。"（FL0919，女，80岁）

由于西医在我国本土情境中尚需磨合与扎根，在很长一段时间里还存在"穿白大褂的城里大夫冷漠"（杨念群，2006）的印象。当时国家因缺乏一整套合理的医疗经费筹措机制和稳定的医疗费用保障，因而难以保证可持续性（钟裕民，2011）。各主体之间存在医疗资源分配不平等的情形，城乡、单位职工与农民、干部与普通工人等之间差距较大。赤脚医生大力推行土方和草药以降低医疗成本，虽然能够做到基本的防疫和治小病，但是对整体医疗能力的提升作用有限。随着现代医疗的进一步发展与地位的提升，中医在医学化趋势逐步加强的背景下逐渐没落。对于年轻群体而言，中医的文化效应远大于其诊疗能力。这也是为什么我国近年来屡次从政策层面扶持和推动中医发展的历史根源。

（二）功利化、重诊疗的市场化医疗卫生体系（1978—2003年）

经济体制转轨后，国家以经济领域为主要发展对象，减少了对医疗卫生事业的投入。医疗领域的市场化导向以及公共卫生服务的弱化引发了医疗领域与公民健康的不平等（刘晓婷、黄洪，2015）。职工医疗保

第二章 政策演进：老年健康责任主体的社会化

障制度改革也因其无法适应经济改革的新形势而提上日程。在此轮经济体制改革中，企业自主权被进一步扩大，开始施行政企分开。原本"单位办社会"的集体主义福利理念成为企业的经济负担，各单位为进一步减负而将非生产性功能让渡给社会，使得社会保障的责任主体发生新的转向。

随着大批外资流入国内市场，中外合资、外商独资企业也在我国本土市场的土壤中落地生根。在此背景下，除国营、集体企业员工外，其他职工便失去了原有单位提供的社会保障。我国医疗机构在计划经济体制中始终由国家提供资助与补贴，不需要自负盈亏，医疗机构容易失去活力、供给不足以及降低效率。随着人民群众生活水平的提高，他们对医疗产品及服务供给的需求也随之增长，医疗机构无法满足他们的需求，"早上是茶馆、中午是饭馆、晚上是旅馆"便是医疗体制改革前的写照（李玲，2008）。

随着市场经济的到来，原有的计划经济局面被打破，医疗机构与其他商业组织一同进入资本市场。尤其在国家支持集体与私人等多种社会办医模式后，行医治病具有了商业行为与市场竞争的特质。为应对这种医疗体制改革以及提高医院和医护人员的创收能力，全国各地相继采取院长承包责任制、提高医疗服务价格和建立医院联合体等多项改革措施。但这种医疗改革势必会带来医疗机构内部的乱象，尤其是医院通过开大处方、滥用检查等非正当手段获取职工医疗保障金额，进一步造成公费和劳保医疗费用的浪费，不利于职工医疗保障制度的发展（姚力，2012）。"改革开放就是好的坏的东西都从国外引进来了，医院搞物质刺激，医生也是各凭本事搞创收，最后吃亏的都是小老百姓。医生还要收红包，叫'收红包的白蛇'。你没钱就别想看好病，这不光是治病的钱，还有各方面打点用的。"（FH1023，男，78岁）

改革开放初期，医疗市场乱象丛生。国家为整顿市场，先后颁布《关于陶瓷、玻璃旅行杯等作包装的药品不得从公费医疗经费中报销的通知》《关于不准将化妆品充当药品销售使用的通知》《关于滋补、营养、饮料等保健类药品不做公费报销的通知》《关于重申中央级行政事业单位工作人员疗养费用开支规定的通知》等政策文件，以进一步整顿浪费医疗经费与入不敷出等问题。当时还有"干部吃好药、群众吃草药"的现象，医疗待遇的不平等也成为推动改革的催化剂。

"好东西都给那些当官的吃了，普通人有钱都未必搞得到。那些人都是变着法儿地去好地方疗养，所以活得久啊，气色看着不一样的。他们都是吃一些好药，还有保养品。"（FC1031，男，80岁）从中能窥探出保健类食品与药品在当时并没有得到具体区分，统一被作为药品归入医保之中的现象。通常有较高医保报销额度的人都具有一定的身份特权，因而保健对于该时代的个体而言仍旧具有特权主义色彩，这种现象得到进一步强化。为此企业和单位开始施行医疗费用与个人挂钩的措施，使得国家不得不重视公费医疗与劳保医疗的改革。

风险社会的到来让个体和家庭需要独自承受日常生活中的风险，社会各领域变革加剧。1985年医疗体制改革启动，之后我国全面进入了医疗保障市场化改革期。这一阶段的医疗改革使得医疗服务的提供需要依赖自由市场经济，弱化了医疗服务的公共属性，强化了个体社会经济因素在健康中的影响，不可避免地导致穷人以及弱势群体对公共卫生服务使用的减少（王绍光，2005）。同时改革提高了医护人员的自主性，但也使得很多城市职工失去了医疗保障，加重了职工的就医负担（姚泽麟，2017）。由此，健康责任发生了从集体化到私人化的转向。20世纪90年代后，医疗费用飞涨带来严重的因病致贫危机并埋下了医患关系的隐患，城乡医疗服务供给和费用差距使社会公正受到挑战。《2000年世界卫生报告》提出中国在卫生负担公平性这一指标中位列倒数第四（石光，2005）。

二 当下医疗服务的困境：不公平与供不应求

（一）人民日益增长的健康意识与需求

介入个体的疾病与健康事务是健康议题从个体化向社会化转变的标志，依据福柯对生命政治的定义可将其类比为一种健康政治的体现。公民的健康状况与平均寿命将影响国家整体的生产力水平、人口综合素质乃至国家的核心竞争力。随着健康老龄化在我国的正式提出，医疗保健成为老龄工作的核心。

健康与寿命息息相关，死亡将增加个体的不安和恐惧。受儒家思想的影响，人们对生的重视多于死，由此生成了一种"重生轻死"的实用主义死亡观，对死亡"存而不论"（仇琦，2015）。且对于老年人来说，死亡始终缺乏科学统一的解释，甚至会有避而不谈的习惯（韩兆彩，2017）。这种习惯增加了死亡的隐秘化，加剧了个体对死亡的恐惧和焦虑。身体机能日渐衰退使老年群体容易产生对死亡的焦虑以及对健康的重视与追求。医疗机构本应是他们寻求帮助的第一选择，但随着疾病谱的扩大，西医逐渐走下神坛，越来越多的疾病成为无法攻克的医学难关。困扰老年群体的慢性病难以被根治，西药的副作用以及高昂的医疗费用必将带来身体、时间和金钱的多重损耗。健康贯穿于个体一生，每个人都有参与维护和获取健康的责任。在此背景下，老年群体开始为满足其健康需求而发挥主体能动性，保健品消费作为老年群体的健康决策便是主体意识提升的表现。

健康老龄化是国家针对人口老龄化提出的战略对策，它注重老年群体的生活质量以及多元化方式预防保健，并强调全社会的共同参与，每个人都是健康的责任主体（邬沧萍，2007）。同时健康也是一个过程，早年健康将对老年人的晚年健康产生影响。老年病并不全部是由年龄的自然增长带来的，可以通过对个体早年生命阶段的干预延缓老年疾病的出现，应将注意力放远至更早的生命阶段（王洵，1996）。基于此，老化更具有某种社会建构意涵，并非生物年龄所带来的必然结果。健康老龄化的提出为个体晚年时期的健康观念与决策奠定了基础，也帮助个体形成了对健康重视并负责的态度。

从《"十三五"健康老龄化规划》到《健康中国行动（2019—2030年）》，政府表现出对全民健康的关注与重视，未来我国将以疾病预防和健康促进为核心，明确实现从以治病为中心向人民健康为中心的转变，让每个人都承担起健康的第一责任。正是出于对预防的重视，近年来我国在医疗卫生政策领域呈现出扶持中医药的态势。十八大之后，我国在中西医并重的基本卫生工作方针的基础上进一步完善中医药事业的发展。《中医药发展战略规划纲要（2016—2030）》和《中华人民共和国中医药法》的颁布标志着我国中医药政策法规体系的完善。《关于促进中医药传承创新发展的意见》肯定了中医药在我国医疗卫生事业中不可替代的重要作用，从顶层设计的角度为中医药的发展奠定了坚实的政治基础。

当前"健康中国2030"战略的实施以及《中华人民共和国基本医疗卫生与健康促进法》的颁布都标志着国民健康保护体系的形成，也使得健康问题的责任主体从个体扩大至国家、社会及家庭。从国家层面统筹将健康责任分布到全社会，未来我国要走的应是一条全社会共同参与的多元化健康之路。在此背景下，老年群体的健康意识也逐渐提升，并主动寻求可以促进健康的途径。如何增进老年人的晚年健康、帮助老年群体获取健康资源的途径并改善老年人获取健康服务的环境将是研究期望探索的方向。

(二) 新医改之后公立医院存在的问题

在人民日益增长的健康意识与需求的背景下，我国医疗卫生体制在新医改后却呈现出无法与之相适应的矛盾。"非典"暴露了我国公共卫生体系不健全的弊端，对当时的医疗卫生体系和公共政策带来了巨大冲击，也反映了医疗改革的失败（于海中，2004）。2009年，新一轮医疗卫生体制改革拉开序幕，政府相继出台了《中共中央国务院关于深化医药卫生体制改革的意见》以及《医药卫生体制改革近期重点实施方案（2009—2011年）》，基本医疗卫生制度成为我国全新医疗卫生体制的核心。去商品化、政策先行成为此次医改的新特征，即通过社会政策的变革直接促进医疗卫生领域不公平现象的解决（王绍光，2008），政府作为责任主体发挥了重要的职能作用。

从2009年我国提出要基本医疗保障制度全面覆盖城乡居民，到2010年提出要健全城乡居民的基本医疗保障制度，公平正义始终是政府医改的目标。提高全面医疗保险的覆盖率、健全社会保障体系便是对这一目标的践行。然而在新医改的实际推进中仍然存在诸多问题，包括医疗资源分配与医疗卫生费用支出不均等不公平现象，由此引发了城市基层医疗卫生服务基础薄弱而公立医院负担过重的失衡情况。譬如G市的三甲医院常年人满为患，而基层医疗卫生服务机构的就诊量较低。除例行公共卫生服务外，只有极少数的老年人去基层医疗卫生服务中心开药。"平常就去那里开点药，看病还是要去大医院的，年轻人也不让

第二章　政策演进：老年健康责任主体的社会化

我们在那边看，他们也只相信大医院。"（FC0816，男，80岁）

Whitehead（1991）指出医疗贫困陷阱仍然存在于中国当下的社会图景中，弱势群体因病致贫的现象屡见不鲜，尤其对于弱势的老年人来说，这种不平等情况将进一步加剧，且人满为患的公立医院会使得老年群体在就医过程中面临更多困难。

> 去医院太麻烦，排队挂号，搞这搞那，一会儿到这层楼，一会儿到那层楼。医院的电梯最难等，有时候等好几趟都上不去。还有现在都搞什么电子病历、电子挂号，出报告的单子也要用机器搞，我年纪不算大，有的老人年纪大了，反应慢或者没文化的，根本搞不来。（FC0813，女，70岁）

医学诊疗手段即医学化的泛滥加剧了疾病的道德化与污名化，损害了个体维护生命健康的权利。与缺乏医疗资源的计划经济时代相比，市场经济的蓬勃发展也带动了各行业的积极性，物质的丰盛提高了医疗干预的可及性，但也同时在无形之中增加了维护健康的经济成本与社会成本，即病人在承担高额诊疗费用时还面临道德指责的风险。

> 上医院，去一趟都要几百块钱，随便检查一下不少钱，CT，B超，磁共振，头部的至少五六百元。现在五六百元算不得什么大钱，但现在对于我们这些靠国家给的这点养老金的人，一个月搞个两回不就完了？还有护理问题怎么办？一个护工一天160元，我们退休工人付不起。一个月4800元，我们工资还没4000元。（FJ0924，女，77岁）

> 现在有个毛病，家里人怪你，医生也说是你自己的问题，生活习惯不对，吃的东西有问题，总之一大堆说你的话等在那儿。谁想得病呢？（FW1023，男，79岁）

公立医院作为现代医学建构的场域损伤了病人的自尊感和认同感，这恰恰是已经退出工作岗位的老年人所看重的。在这期间，国家通过进一步完善医疗卫生体系以保障公民获取服务的权利，一定程度上缓解了市场逻辑对个体健康权利的损害。但与此同时，这种覆盖程度较广的政策体系难以兼顾区域差异性，久而久之便容易滑向形式主义，无法切实满足老年群体对健康的诉求。

疾病本身增强了日常生活的风险性，那些无法应对的负向危机变得不可预知、不确定和不可控。儿童和老年人相较于其他年龄层的群体具有较弱的抵御风险的能力，他们需要提前预防和做准备。且由于个体与家庭应对风险的资源有限，现代国家应通过资源的合理化配置进行宏观调控，譬如通过公共医疗资源和福利体系的供给在国家与社会之间建立联系，为公民的生命健康积极承担责任以实现疾病治理的国家管辖（支继超，2020）。此外，自市场经济与医疗体制改革以来，我国公立医院的公益性始终面临质疑，这与不少药企遵循仅以利润为导向的经济逻辑密切相关。譬如2017年号称可以治疗白内障的莎普爱思滴眼液为提高销量对老年人进行洗脑式宣传，保健品亦是如此。"那个莎普爱思是郎平做的广告，我们当然相信的。国家也不管啊，要不然怎么电视上天天放，就想着怎么赚钱！"（FL0919，女，80岁）

从访谈中可知，很多老人都有过负面医疗经历，主要集中在以下几个方面。

一是作为消防员角色的西医诊疗手段对老年慢性病的束手无策以及预防能力的减弱，但与此同时患者却需要消耗大量医药费，甚至面临多种药物混合后的副作用风险。正如老年医学科主任所说，"因为老年人身体毛病多，吃的药也多，老年医学科现在还是一个比较弱势的学科，医院不重视发展，病人更不会提高意识。那你吃的药多了，不仅是副作用，很多药物之间也会产生不良反应。每年因为药物的损害导致十几万老年人死亡，这不是小数字。"（Y0925，男，60岁，G市人民医院老年医学科主任）老年人之所以会对保健品青睐有加，其中对长期服药的厌倦和恐惧产生了主要的推动作用。尤其这些药物的疗效并不能达到预期，他们对传统医药的诊疗手段逐渐失去信任。

二是科技的进步引发电子化与信息化变革，就医程序便利了年轻人却增加了老年人的数字鸿沟。"现在大医院都搞什么一卡通，一张卡挂号啊看病啊买药啊付钱啊，我们哪会这些？（人工）窗口开的少，排队的都是我们这些老年人。每次去医院，半天算时间少的，但是看病都看不了几分钟。"（FG1023，女，79岁）"去医院就是折腾人，如果不是大病，不去医院就活不成了，我不会去。"（FW0729，女，74岁）也正是因为这种技术壁垒，国家近期出台了《关于切实解决老年人运用智能技术困难的实施方案》以弥合老年群体的数字鸿沟。

三是医疗花销较多。由于研究对象为城市老年人，他们几乎都有固定的退休金和医保额度。但在访谈中，依然有很多老年人表达了对医疗花销过高的不满。首先，医生"多开药、开贵药"等情形依然频繁，老年人经常拎着大包小包的药走出医院，最后放在家里束之高阁。其次，医生"小病大治、大病没法治"的情形仍然存在，由此加大了医疗开支。再者是老年人对西医诊疗的不理解和不信任受到传统文化的长期影响。"咱们国家还是缺医生，西医搞得治病没有治到根本，就是治疗一个表象。"（FG0807，女，73岁）"现在医院弄虚作假太多了，没个认识的熟人，根本没办法去医院看病，会不放心的。"（FZ0925，女，78岁）对医院的不信任导致老年人觉得自己在医院的消费是不值得的，其负面情绪进一步加重，就医患关系而言形成了恶性循环。

（三）基层医疗卫生服务中的难点

我国自"非典"爆发后已加大对基层公共医疗卫生服务的投入，并在新医改中进一步推进分级诊疗制度，将社区卫生服务和家庭医生制度列入工作目标。但多年来，由于全国各地社会经济发展水平各异，存在医务人员数量相对不足、服务质量有待提高、绩效考核机制不健全、签约服务认可度较低等问题（殷东，2018），该制度的推进难以真正落地与深化。曾经由国家承担的公共卫生责任下沉后，基层无论社区还是医疗机构都未建成配套体系，无法切实有效地履行职能，难以满足老年群体的医疗健康需求。

在单位制解体前，单位和社区存在地理空间上的重叠，单位的多元化功能取代了社区，原本应该由社区承担的医疗保健功能被单位承包，社区的职能空间被不断压缩（郝彦辉、刘威，2006）。单位制解体后，社会结构出现变动。私人物品的提供远远超过公共物品，这显然不利于社区治理。此外，原有的街居体系被动承接了庞杂的公共服务职能，出现了职能超载但职能有限的尴尬局面（何海兵，2003）。这种局面对社区社会工作提出了更高的发展要求。

我国倡导社区服务与社区建设始于20世纪90年代，但一直到2000年之前，官方并无社区社会工作的称呼，仅仅以居民委员会代称。直到2000年，《民政部关于在全国推进城市社区建设的意见》才提出要建设一支专业化、高素质的社区工作者队伍。社区被要求承担原本由单位负责的社会保障职能，其中便包括医疗卫生保障。实则社区建设并非一蹴而就，无论是资源支持还是人才力量都难以迅速填补空缺。社区无法在短时间内为居民提供医疗卫生服务，但个体的健康需求也并不会因此而被削弱与停滞。自从公共卫生职能下沉社区，定期体检、疫苗注射、健康档案管理等一系列公共卫生服务在基层落地，这些服务既是公民健康权利的体现，也具有一定的强制性和规训性。健康本身也被塑造成一种政治化概念，成为每位公民都需要争取和维护的责任。然而这种概念被成功塑造后，国家的公共卫生产品及服务并没有与之相适配，越来越多的人开始将目光投向市场的保健行业以补偿没有得到满足的需求。

我国目前大力发展基层医疗服务的方式实际是通过疾病治理实现国家权利对公民个体化健康事务的渗透与管辖，这亦是健康卫生体系现代化增强的体现。然而面对这种权利的下沉式渗透，如果脱离对个体的需求与对政策落地实效的评估，便会偏离政策制定的初衷。

现在年轻人来看病的还是太少了，大多都是老年人来开点药。分级诊疗的通道根本没有打通，上下都不配合。你看这个中医馆正在建，但我估计就算建成了来的人也不会特别多。这是一个观念的问题，老百姓根本不信任基层，所以是恶性循环，基层医生看不到病人，能力没办法提升，病人就更不信任。国家还是应该自上而下地出台政策，想靠我们底下的人向上反映太难了，我之前就提过几次建议，大家都觉得难办。要是上面下个文件，立刻就能开始执行，这是我们国家行政体制的问题……（L0922，女，45岁，WSZ社区医疗卫生服务中心主任）

第二章 政策演进：老年健康责任主体的社会化

G 市于 2016 年在社区成立卫生健康办公室，主要承担卫生健康方面的宣传，附带一些曾经的计生工作，包括人口监测的摸底上报等，整体以行政类的宣传事务为主，并不参与居民直接的健康需求提供。"我们不是专业人员，也只是按照上级部门的要求下载一些健康宣传的知识，并不懂相关的医学、健康相关的专业问题。所以有老人问我们问题，我们也答不上来。其实我们这边应该配备一个专业人员，最好有医学背景，这样有居民啊、老年人啊在健康方面的咨询可以做解答。"（Z0923，女，35 岁，RM 社区卫健办主任）在访谈过程中，研究者发现该部门以前从属于计生办，工作调整后对卫生的行政化要求较高，更多承担上级指派的工作，因而对居民的健康需求的回应心有余而力不足。

> 现在这块不应该很激进，我们才刚开始就出现这个问题，十几亿人，已经有一半以上签约，大家都质疑。官方统计数据没问题，确实签约有这么多人，但的确没有提供像西方那样的服务。我们目前不该再宣传签约率和服务人次，而是重视到底做了多少服务。（L0922，女，45 岁，WSZ 社区医疗卫生服务中心主任）

量大于质是当前分级诊疗和家庭医生签约中的明显问题，过度强调"量"既会造成基层数据造假，也会使工作人员忽视服务质量。当前家庭医生签约包的"个性化服务"名存实亡，仅能保证基础签约服务，与政策推行伊始的规划存在较大差距。这种量大于质的服务不仅难以满足居民的需求，也使得政策推行发生偏差，形成量化后的假象，掩盖了基层在政策具体实施中的难点，不利于政策的完善和真正落实。

G 市存在不同类型的社区医疗卫生服务中心，背后是否挂靠医院决定了其资源供给以及上下转诊通道的顺畅程度。由于医疗卫生服务中心决定了片区内居民的医疗服务供给情况，这种资源不均的分配也带来新的不平等。很多社区医疗卫生服务中心的医生都提到国家对药物的管控实际严重限制了基层医疗服务中心的诊疗能力。

> 病人在大医院吃的都是好药，来到我们这儿吃普通的药根本没

效果，我们想开的药也开不到，那病人下次还来这儿看病吗？一开始就说基层只要做好公卫就行了，不用看病。这种方向一开始就是错的，做医生的不看病，那做什么医生？（S0922，男，59岁，BZ社区医疗卫生服务中心医生）

但与此同时，三甲医院的医生又不信任基层医生的诊疗能力，"我们把病人转给他们，能行吗？"（Y0925，男，60岁，G市人民医院老年医学科主任）医疗体系内部没有达成友好合作的意愿，未形成合力。除公立医疗单位和基层医疗卫生中心存在协调问题外，社区的健康卫生办也提出主体间加强合作的需求。

我们一直是想和那些卫生医疗机构合作的，毕竟他们是专业人员，如果我们能一起宣传会好很多。我们这边以前就说，卫健办和卫生医疗机构要施行基层融合，可惜提了几年也没融合起来，还是各干各的，这样大家就都有缺漏，不能互补。像我们社区和卫生服务站还算不错，但其他很多，我听说的社区卫生服务站就不行，不愿意合作。（Z0923，女，35岁，RM社区卫健办主任）

社区是最直接接触普通居民的窗口，健康问题与个体生活紧密相关，应以社区为枢纽联通整个医疗卫生体系。各主体间应通力合作、彼此协调，然而这种设想首先需要自上而下的政策推动才有可能实现。

我国在计划经济时代施行的公费医疗为医院留下了深刻的公益性烙印，而改革开放和医疗体制改革将医院推入市场洪流，尽管政府依然强调公立医院的公益性不变，但从患者的角度出发，这种公益性早已大打折扣。市场化的结果是医疗资源的过度集中和不平衡，以营利为特征的市场特征也使得各级医疗机构难以规避利益冲突达成融合共生的局面。

目前我国对医疗机构有不同职能的规定，但在实际落实过程中并没有发挥实质作用，原本应该以科研和教育培养为主要职能的三甲医院依然在和社区医疗卫生服务中心"抢"病人。当下国家大力提倡培养全科医生以提升基层诊疗能力和公共卫生服务能力，但无法控制人才的流失。仅靠定向培养依然无法从根本上解决基层医疗人才缺乏的现状。且这种全科医生无侧重病种或人群，百姓对其信任度也会受到影响。譬如民间常说的"医院看大病，社区看小病"，这种对疾病大小区分的责任主体并没有得到明确，如果基层只是能"看小病"的全科医生，他们对患者的病种和轻重程度的识别将难以令人信服。

此外，基层医生团队平均年龄较大，多以返聘医生为主，年轻人才难以留住，也向患者传递出"人力资源不足"的信号，进一步降低公众的信任度。行业内部的鄙视链不仅造成医疗行业的恶性竞争，也造成人才及资源的集中和分布不均，削弱基层医疗卫生服务的诊疗能力。基层医疗普遍反映留不住人才，主要原因在于以下几个方面：首先是待遇较差，基层医疗的医生待遇没有其他医疗机构待遇好。其次是职业成就感较差，基层医疗遇到的病种以常见多发病为主，就医生本身的职业价值感而言难以有施展才能的机会。再次是目前社区医疗卫生服务中心以公共卫生服务为主，台账多且事情杂，医生的诊疗能力被大幅度削弱，无法让个体展现专业技能，因而也很难让其获得高价值感和成就感。最后便是基层医生的职业晋升通道有限，职业化体系不如公立医院有前景。在同等医疗体系的位置中，基层医生的社会地位相对较弱。

三 既有医疗卫生政策推动医疗需求的形成

（一）早年医疗卫生体制变迁与医疗需求

通过对早年医疗卫生体制变迁的回溯，可以发现在资源匮乏的现实桎梏下，我国的医疗资源由国家统筹，整体医疗卫生水平及诊疗能力有限，只能采取预防为主的措施。经济体制改革也带来了包括医疗卫生体制的变革，在市场逻辑的驱使下医院需要自负盈亏，成本与创收任务被转嫁给病人，由此带来了"看病难、看病贵"以及医患关系等问题。强制性分级诊疗制度的取消在增强病人自主性的同时也带来一系列隐患，医疗资源高度集中之下的医疗公平问题至今依然存在。研究将早期医疗卫生体制改革对老年人保健品消费带来的影响归纳为以下几点。

首先，重预防导向的国家总体卫生政策的长期施行造成了个体的持续性惯习，老年人对预防的需求多于诊疗。无论是保健还是最早的养生理念都强调事前预防而非事后补救，譬如我国民间有大量与节气相关的保健俗语，如"春捂秋冻，老来无病"等皆表现出老一辈人对预防的重视。尽管这种惯习的产生不乏特定时代背景下的客观条件限制，但就传统文化与中医文化渊源而言，预防在本土语境中始终是比诊疗更有益于身体的干预方式。保健品本身所倡导的便是侧重预防功能，即维持与促进健康的关键在于日积月累的补给和调理，而不是在病发时才设法干预，由此与西医的治疗理念相区分。

其次，医疗体制改革削弱了老年群体对医疗的信任度，老年人需要其他途径满足医疗需求。从诊疗本身出发，老年群体经历多番医疗体制改革，对医疗系统的信任度受到减损。当代老年人曾经长时间处于诊疗条件与能力较差的时代，传统医疗体制给他们留下了一定的负面印象。且从访谈中可以发现，很多老人都在年轻时期经历过医疗事故，这与当时现代医学在我国的发展进程有关。之后由于国家进入改革期，医疗卫生领域也从国家统筹下的公费医疗转向了市场化医疗，资源的不平等以及部分医院和医生为创收采取的各种手段严重影响该时期的医患关系。尤其改革开放初期带来的社会分层与不公平增加了医疗卫生资源的特权色彩，老百姓对优质药品以及医疗服务的向往最终在保健品消费中得到满足。同时，老年人就医意愿较差是当下普遍存在的问题，他们长久以来对医院的不信任是导致该现象的原因之一。同样是由医生看诊后开药，那些老年人却更愿意相信保健品公司而不是医院。

最后，政策变迁下健康责任主体的变更增强了个体维护健康的意识，老年人更具有主动性与积极性。政策决定了责任主体的职能，而责任主体的变更将影响个体的决策。我国医疗卫生体制的变迁受到客观医疗卫生条件的影响，在完善的医疗保障体系出现之前，疾病与健康被限制为个体或家庭的责任，个体难以在患病时获得及时而有效的治疗。在单位制施行后，医疗卫生资源由国家统筹并以强制的分级诊疗模式为个体的健康买单。改革开放后，健康责任又重新流向个体化，市场的自由流通减损了医疗卫生服务递送的公平性。在这样的政策变迁背景下，个体成为健康责任的首要承担者，其维持与促进健康的主体意识得到提升。保健品消费作为由老年消费者自主选择的健康决策，体现出个体参

第二章 政策演进：老年健康责任主体的社会化

与健康的趋势。

（二）当前的医疗卫生政策与医疗需求

从《"十三五"健康老龄化规划》到《健康中国行动（2019—2030年）》，医疗领域再次经历变革与调整，政府表现出对全民健康的关注与重视，明确将实现从以治病为中心向人民健康为中心的转变，让每个人都承担起健康的第一责任。疾病预防和健康促进成为我国未来医疗卫生领域的核心，国家对健康责任的承担力度再次加大。在该背景下，当前医疗政策与服务的递送对老年人保健品消费造成了以下几点影响。

首先，健康老龄化背景促进了老年人健康意识的提升，追求健康成为老年人的权力。"健康中国2030"战略的实施在全社会范围内营造了人人关注健康的氛围，公民成为个体健康的第一责任主体。无论是政策推动还是大众传媒的宣传，都推动公民加强对健康的关注。《中华人民共和国基本医疗卫生与健康促进法》颁布后，我国卫生与健康领域拥有了第一部基础性和综合性的法律，有利于从顶层设计层面维护公民的健康权利。政策的制定也有利于自上而下地在全社会形成一种导向和号召力，能够最直接地影响个体的日常行为。未来将倡导的是一种多元化追求健康的方式，当传统医疗无法满足老年群体的健康需求时，他们会选择通过市场主动寻找新的途径。保健品消费的背后实则是老年群体健康意识和主体性提升的体现。

其次，基层诊疗难以满足老年群体的医疗需求。保健品消费具有深入群众的亲民性，也同时能够链接医疗资源、提供健康产品以满足老年人的需求。曾经在单位制时期强制推行的分级诊疗模式是国家在医疗资源有限的客观背景下进行的统筹，具有一定的时代特色。当下物质水平与医疗条件日益提升，但市场调节下的资源不均衡配置依然存在弊端。传统公立医疗机构难以承担全民与日俱增的健康需求，医疗卫生职能的下沉能够提升服务递送的便民性。然而个体长久以来形成的就医习惯难以在短时间内转变，基层医疗卫生站渐渐成为公共医疗卫生服务的载体，具有较强的行政性，对诊疗职能的承担微乎其微，既不能实现病人的分流，也无法满足居民的健康需求。其工作人员也难以保持对工作的积极性，仅以完成公共卫生指标为目标，并不会真正从居民的诉求出发。老年人虽然是基层医疗卫生机构的主要受众，但多数人只认可其开药和量血压等日常的基本保健职能。基层难以吸引或留住人才是影响其诊疗职能发挥的关键。实则无论是基层医疗机构还是保健品公司，它们都传递出"老年人对医院疏远"的信息。对于无需紧急医学干预的慢性病患者而言，他们更需要能同时提供健康产品与优质服务的途径与场所。

最后，国家对中医的扶持为保健品消费创造了发展空间。随着人民生活水平的提高，老百姓对延长寿命、提升生活质量有了越来越高的要求。与西医相比，中医似乎更符合中国传统文化中对"整体观""天然疗法"的偏好。这些理念也正是目前市面上诸多保健品公司的宣传主旨：以药膳替代西药。这些药膳大多是由那些药食同源的中药材组合而成，更容易让老年群体接受。从《2019年中国卫生健康统计年鉴》中可知，近年来国家对中医药的财政投入呈现增长态势，中医医院与医疗卫生机构的数量、床位数量、执业医师人员数量、诊疗数等也有明显的提升，由此展现出中医药发展的蓬勃之势。中医药在"治未病"以及慢性病、多发病等方面具有明显优势，且其整体医疗的调养观念也更符合我国目前侧重预防的政策导向。目前市面上的大多数保健品之所以有药食同源的争议，正是因为保健品的原材料多来自中药材，其产品宣传的理念也与中医文化一脉相承。一方面，老年群体对政策的关注、敏感以及依从性会强化中医扶持政策的效果。在访谈中，不少老人都谈及当前国家对中医药发展的支持态度，这也构成了他们对以中药为主元素的保健品的信任；另一方面，老年群体大多被数种慢性病缠身，常年服药且药物种类较多，药物之间容易产生不良作用，这也造成了老年群体对西药的恐惧与排斥。保健品更像是中药为主、西药为辅的混合品，采用现代技术生产与包装后的中药很容易受到老年群体的青睐。

通过对医疗卫生政策变迁的梳理可知，国家对健康责任主体的界定发生了多次转向，但整体的趋势是逐渐走向社会化，具体包括以下几个阶段。

第一，健康责任是个体与家庭的命运。在完善的医疗保障体系出现之前，疾病被道德化并与因果报应说相连，譬如上天的惩戒等，以此将

第二章 政策演进：老年健康责任主体的社会化

疾病的解释范畴限于个体。由于医疗资源与诊疗能力的限制，个体难以获得及时有效的治疗，若无法治愈便会依靠非科学化的解释以获得心理安慰，疾病甚至被神圣化为"命运"。在该过程中，健康是个体与家庭的责任，无论是获得健康的方式还是健康的结果都由个体与家庭承担。这种低医疗水平和低福利的时期必然带来健康责任的个体化，但其不良后果在于形成了恶性循环：在个体没有足够的资源获取和维持健康后，只能走向以生存为目的的基础健康，在社会范围内也难以形成对医疗卫生事业的重视，最终整体医疗资源的供给环境得不到进一步发展。只有自上而下的发展路径才能快速改善我国的医疗卫生状况。

第二，健康责任由单位流向国家。在"单位办社会"的理念指导下，个体通过就业获得相应的社会福利资源，政府与单位统包统揽，效仿西方福利国家建立公费医疗制度。在计划经济时代，强制推行的分级诊疗模式使得城市职工凭借单位平台由国家为他们的健康买单。除职工本人外，家属也能获得部分补贴，由此进一步将家庭和个人的健康职能推向国家。然而在这种以身份分层为特征的制度体系中，身份的不同将影响所获资源的差异，无形之中也将医疗资源的配比与社会分层挂钩。分属不同单位、甚至处在同单位不同职位的个体都将因此而无法获得同等健康资源，特权色彩是这个时代的独特印记。以单位为平台，个体一旦进入体制内工作，便能获得所有的生活保障。国家的宏观调控带来了新的社会分层和不平等，也给财政带来巨大负担。

第三，健康责任由市场流向个体与家庭。改革开放带来了深刻的社会变迁，经济体制改革牵一发而动全身，医疗体制也随之被卷入市场洪流。公费医疗时代的终结将公立医疗体系推向市场，自负盈亏的特征使得医院将成本转嫁给患者及药品，医疗费用飞涨的同时，医院的公益性也被削弱。随着单位制的瓦解，原本由政府和单位买单的福利保障水平也随之降低。经济条件取代特权成为划分资源配给的主要标准，带来新的分层与不平等。凭借市场的自由流通，获取健康资源的责任从国家再次回流至家庭与个体。在这一时期，看病难、看病贵成为社会热点。尽管国家并未取消医保政策等相关社会保障体制，但与公费医疗时代相比，个体与家庭的健康职责有所提升。风险社会的到来也使得个体需要独自应对越来越多的危机事件。整体而言，政府在健康领域中的职能承担在一定程度上被弱化。

第四，健康责任在个体与国家的流转间逐渐社会化。从《"十三五"健康老龄化规划》到《健康中国行动（2019—2030年）》，政府表现出对全民健康的关注与重视，未来我国将以疾病预防和健康促进为核心，明确将实现从以治病为中心向人民健康为中心的转变，让每个人都承担起健康的第一责任。由此，国家在健康责任上的承担力度又再次加大。"健康中国2030"战略的实施以及《中华人民共和国基本医疗卫生与健康促进法》的颁布，都标志着国民健康保护体系的形成，也使得健康问题的责任主体从个体扩大至国家、社会及家庭。健康责任被分布到全社会，人人健康中的"人"得到进一步泛化，不再只是单纯的个体，而是形成"社会人"的概念。我国的医改之路仍在进行中，随着健康责任在个体与国家间的拉锯，个体的健康观念与健康决策也受到形塑。未来我国要走的应是一条全社会共同参与的多元化健康之路，保健品消费只是老年人追求健康的路径之一，更是对当下健康服务供给与需求不满足的诉求表达，以及对未来建设综合性老年健康促进体系的美好愿望。

由此可以看出，老年健康的责任主体在个体、家庭、社会与国家之间来回流转，但最后的趋势却是逐渐走向社会化。这种责任主体的变迁也对老年群体健康需求的形成有重要的影响。

第二节　当前养老模式下的养老需求

在2008年下发的《关于全面推进居家养老服务工作的意见》中，居家养老的重要地位得以确立。"十四五"规划中提出要推动养老事业和养老产业协同发展，健全基本养老服务体系，发展普惠型养老服务和互助性养老，支持家庭承担养老功能，培育养老新业态，构建居家社区机构相协调、医养康养相结合的养老服务体系。从中可以看出，我国养老政策以多元主体的社会力量参与为特色，而非福利国家施行的政府统揽导向。其中机构养老、社区居家养老与医养结合是我国目前最主要的

第二章　政策演进：老年健康责任主体的社会化

三种养老模式，每种模式的背后都体现出一定的制度特色，但也同时呈现出不同的现实困境。基于此，下面将以 G 市的养老模式现状为例，从当前养老模式存在的问题为切入点探究老年群体未被满足的养老需求。

一　机构式养老：负面印象

20 世纪 80 年代，我国首次成立关于解决老龄人口问题的委员会，由此确立政府在养老事业中的主体作用。改革开放后，机构养老作为应对人口老龄化的重要路径在我国本土落地开花，全国各地均建立起公立或私立的养老机构以缓解家庭养老的负担。然而近年来，老年群体对机构养老产生了较多的负面印象，影响该养老模式对养老需求的满足。

目前公办养老机构普遍呈现出条件较差的特征，而私立养老机构良莠不齐，条件好的多价格昂贵，床位预定困难。在 G 市，老人们对机构养老的期待远远小于社区居家养老的方式。访谈中子女不在本地的陈奶奶（FC0813，女，70 岁）与周奶奶（FZ1023，女，73 岁）都表现出对机构养老的排斥以及对当前社区居家养老服务的不满。几乎所有老年人提到养老院都是诸如"失去自由""饭菜不好""护理员殴打老人"等负面评价。

> 实际上，机构养老与我国传统文化中的"孝"相背离。"一般人都不会轻易将父母送去养老院的，都是那些子女不孝顺的、不管父母的，才把人丢去养老院，现在有的年轻人明明有钱把父母送进好的养老院，他们都不愿意，宁可花钱请保姆在家里服侍老人。这也是个面子的问题……越有条件的可能越不会去，都是实在没办法了，才进去。我们这里是小地方，不像有的大城市那种有很好条件的养老院，像电视里放的那样，还带老人做各种活动什么的。"（Z0817，女，35 岁，JSY 保健品公司主管经理）

> 在很多老年人的眼中，住进养老院形同"坐牢"。那里不仅生活条件一般，还会限制自由，这是他们最不能接受的。"你人一进去，大门一锁，就不让出去了。"（FL1022，女，79 岁）

除此之外，近几年国内各地频繁出现养老院护工虐待老人的新闻，连英国、澳大利亚的养老院虐老事件也被曝光。由于养老院较为封闭式的管理，那些与子女联系较少、缺乏与外界联系能力的老年人一旦进入养老院便处于失联状态，难以公开自己的实际遭遇，其受到迫害的风险性较大。"我反正不想去养老院的。你头脑好，去养老院还好点，要是头脑不好，有的养老院会打人。老年痴呆的去很可怜，那些人很坏的。我有一次去养老院看朋友，那些老人就像傻子一样，一起坐在那里，不给出来，也不讲话。我就想着，我绝对不去这种地方。"（FW0729，女，74岁）"值班的人晚上会打你。表现不好，不听话都打。特别是老年痴呆的。有那种塞饭的，还有掐她的。女儿来，她都眼泪汪汪，又不会说话。女儿走的时候，就看着她笑不出来。公办、私人养老院都会这样的，他们不耐烦去伺候你的，精神病院也是这样。"（FL0919，女，80岁）这种对养老院的负面印象严重降低了老年人对机构养老模式的信任程度，养老院从原本的福利性机构逐渐转化为"最后的选择"。

机构养老存在诸多争议，目前仅作为我国养老体系中的补充角色。老龄化程度的进一步加深使得养老需求只增不减，养老院存在供不应求、人员缺口、资金投入不够等问题。对于多数人来说，他们的养老金最多也只能承担公立养老院的花费，然而那里的条件远远无法满足他们对晚年生活的想象。

二 社区居家式养老：量大于质

从养老保险政策的实施到养老保障体系的完善，我国的养老政策进一步保障了老年群体的晚年生活，有利于应对老龄化趋势不断加深的现状。《关于加快实现社会福利社会化的意见》推动社会力量加入养老事业，而《关于开展养老服务社会化示范活动的通知》确立了以国家、集体投入为主导，以居家养老为基础，以社区老年福利服务为依托的老年福利服务体系。

居家社区养老是我国目前重点发展的养老模式，也更符合我国老年人的需要。但目前除一线城市外，大多中小型城市的社区养老服务可操作性差，实际在基层难以真正推开。其原因包括当前政府扶持力度有限、养老服务产业发展不完善、缺乏活力与积极性以及老年人不习惯对社区提供的服务付费等。国家意识形态决定了养老模式的制定，譬如社区照顾模式的背后隐含国家试图将政府责任分摊至社会主体的转向（赵一红，2015）。社会能否承担起养老的职能还未可知，至少从目前G市的发展状况而言，居家养老服务的实际开展与预想蓝图还相差甚远。

G市是2017年入列全国居家和社区养老服务改革的试点地区，也是其中仅有的五个非省会城市之一。该市的社区居家养老服务主要以政府购买养老服务为主，同时也包括为困难老年人购买居家养老和安全应急服务、主动关爱社区高龄空巢老人以及养老服务公益创投项目等内容。然而在如G市这样的小型城市中，居家养老服务看似繁荣发展，数字之下却是虚无的泡沫。被访老人皆反映了目前他们对社区居家养老服务的不满和质疑，下面将具体从家庭养老能力弱化与社区养老服务存在的缺漏两方面进行分析。

（一）家庭结构变迁下赡养能力的弱化

在改革开放之前，家庭并没有受到国家的重视，国家权力越过家庭渗透到个体生活的方方面面，通过单位制为个体提供福利。改革开放后，随着单位制的瓦解，社会福利社会化的倾向使得减轻国家负担成为主要导向。家庭则在此社会变革中被推至风险面前承担起原先由国家负责兜底的职能，俨然发挥着工具作用。但与此同时，随着国家给予家庭的支持力度减弱，风险社会的到来也进一步加剧家庭的脆弱性，包括对养老职能的承担。在国家无法提供充足的养老资源时，家庭没有退路，必须承担起养老责任。

当前家庭结构的变迁使得家庭成员之间的互助性减弱。随着家庭结构的改变，子女成家后多独自居住，核心或联合家庭逐渐转向夫妻家庭、空巢家庭或是独居家庭，整体家庭规模趋向小型化。有研究认为，这种家庭结构的转变削弱了家庭的养老能力，降低了老年人在家庭中的权威（朱冠楠，2007）。但也有研究认为与子女同住对老年人的健康存在负面效应，而在父母附近分而不离的居住模式相较于与子女同住对老年人的健康更为有利（陈英姿，2020）。

实际家庭结构的变迁不仅仅因为同居人数的多少以及子女居住地距离的远近而影响个体的赡养与健康状况,老人与子女的亲疏关系以及子女所处的实际生活环境都需要被纳入考量。被访者中的多数人都与子女生活在同城,即至少有一个孩子在本地居住,他们面临的养老困境主要有以下几种情形:一是子女工作较忙且有自己的家庭生活。"女儿偶尔回来,但是她单位事情多,我那个外孙女学习不好,又皮,她要管孩子。"(FC1031,男,80岁)二是子女身体或经济条件差,仍需要老人帮助。"我儿子身体不太好,有脂肪肝,胆囊拿了还有胰腺炎,我每天要烧饭给他吃。养老就我先自己这么过着,走一步算一步。"(FJ0924,女,77岁)三是无子女或和子女的关系不好。"他们都和我不来往了,反对我吃保健品,嫌我没把钱给他们!"(FJ1031,女,79岁)"我有一个孩子,他从小不在我身边长大,在姑妈家长大。二十多岁就去英国了,现在定居英国,也不回来,和我也没什么联系。"(FZ1023,女,73岁)

另外,家庭空巢化带来情感缺失。研究对象为城市老年人,该群体一般有稳定的养老金和社会保障金,因而此处所说的赡养能力更侧重子女对老人的陪伴作用。老人的社会角色会因为退休或失业而发生转变,即失去其原有职务和地位等状况,这将对老人的身心健康产生冲击,并使他们对未来的晚年生活产生不安全感与不确定感,对日后的家庭生活适应也面临困难,需寻求外界的协助(许玉长,2013)。退休是个体漫长工作生涯中的一种具有转折意义的生命事件,在改变其经济状况、社会地位与角色的同时也对身心造成巨大冲击(孟苏,2012)。

老年群体退出工作岗位后,社会活动相应地减少,极容易因闲暇时间的增多而产生孤独感,对社交活动和情感维持存在诉求。从以上对当前养老困境的分析可知,家庭成员对于老年群体的情感联结作用正在逐步衰退。与此同时随着城市的空间区隔与信息化的高速发展,人际之间逐渐变得冷漠和疏离,进一步加剧老年群体对情感的渴望。家庭结构的改变使得老年人大多独自居住,情感缺失是当前养老困境中突出的问题。有研究显示,成年子女赡养父母的概率低于两成,而身心健全的成年子女依靠年迈双亲过活的比率已过四成,俗称"啃老族",此类人群通过寄生在父母家中节省生活费过活，拒绝负担家庭主要经济责任甚至赡养老人的责任，可能会从根本上腐蚀社会经济安全体系的基础，不利于老年人晚年的生活状况（许玉长，2013）。很多老人都提到在中国的传统文化习惯中，家庭多以子辈为中心，老人容易遭到忽视并面临赡养困境。"中国人就这个观念传统，一代一代地往下传。想让下面的人服侍上面的人，要万里挑一，很少，但是反过来的，大家都为了下面的人考虑。"（FG0816，女，74岁）被访者几乎都对子女的赡养能力表现出"不抱希望"和"不信任"的态度。

从家庭关系平等化对老年人权威削弱的角度出发，受我国传统文化和家庭模式的影响，多代同堂的家族观念至今犹存。传统家庭制度以孝道和人伦纲常为基础，成为家庭承担赡养责任的保障。然而经济体制的变革也使得文化观念发生个体化转向，子辈更加关注自己的生活，追求自由、独立与快乐，无形之中淡化了孝道伦理。家庭结构的小型化也削弱了家庭的赡养能力，当下越来越多的老年人无法从家庭获取支持与帮助，相较于物质层面他们更缺乏精神慰藉。与此同时，老年人以往依托传统文化和纲常伦理建立起的天然权威也遭到弱化，他们不再是家庭中最具有话语权的人群。伴随着退休而来的社会角色退出，老年人的权能感也被进一步削弱。他们在家庭中的受重视程度以及其权威的确立与否都会引发其主观层面上对家庭赡养能力弱化的感知。

（二）社区养老服务的缺漏

第一，社区老人的需求与服务站点提供的服务不对称带来有效服务供给不足的问题。譬如在G市，社区服务站并没有预先做需求评估，他们提供的服务与老年人的需求缺乏精准对接，其试点社区也不是老龄化程度最高或者需求最大的地域，因而无法真实覆盖目标人群。

对于社区在养老中发挥的作用，老人们也怨言颇多。尤其是对于那些搬入新小区的老人而言，社区的配套服务无法与老年人的需求相匹配。"以前小区的主任就在我楼上，要办什么活动都会及时通知我。现在我搬过来几年了，除了填表格，搞选举，用到我了才会过来，平常社区就一点作用没有的。"（FH1023，男，78岁），"这边的社区真差劲，根本不管我们这些老年人，像新闻里那个，独居老人没有人问，死在家里干了臭了，没人知道。"（FJ1031，女，79岁）社区在为老服务中的缺位是G市的普遍现象，这与研究对象多为一般性老年群体有关，社区更多关注的是那些国家重点帮扶的特殊老年群体。

"十四五"规划提出要发展普惠型养老服务，社区在完成兜底工作外应兼顾更多老人对养老服务的需求。针对目前保健品公司开展的丰富多样的活动，社区更多只是完成日常行政性工作，并没有精力和积极性去设计专门的活动。"满足老年人精神需求的主要责任在家庭，政府对一般老人的确顾及不到，我们主要做兜底。社区网格员工作任务太重了，根本没有办法深入了解所有住户，人手这块一直都是缺的。"（W0925，男，54岁，G市民政局老年福利科主任）。由此可知，一般老年群体的养老需求并没有得到重视与满足。

第二，老人尚未形成对社区提供的养老服务付费的观念。对于经历过计划经济时代以及单位制时代的老年群体而言，他们已然习惯了政府统筹下的公费福利性服务及产品。"如果社区给老人服务，老人对政府期望特别高，政府去收费，他们会觉得不科学。老年人宁愿去公司买产品，也不愿意把钱给社区，还是一种观念上的东西。公家就是免费，政府就等同于公益。"（Z0904，男，35岁，G市卫健委健康产业促进科科长）老年人宁愿通过自己的渠道去满足需求，也不愿以付费的形式购买社区居家养老服务。除消费观念的影响外，政府对养老服务的宣传尚有进步空间，仅仅靠张贴海报的文字宣传并不能让老年人切实感受到服务的真实内容与效果，因而很多被访者谈起居家养老服务都会摇头说"不清楚""不了解"，如此便更不会购买服务。

第三，养老服务项目的人力、资金投入无保障，项目的持久性堪忧。以G市目前建设的三级养老服务中心为例，目前虽然该项目的覆盖率已达到63%，2020年全市也建成了75家中心，但建成后的运营管理尚无稳定的投入机制，一年只有两万元的补给，难以维持其正常的运营。尤其在受到疫情影响后，贴补中断并最终被取消，这些中心由此成为空壳，既浪费资源又无法满足老人的需求。市场与政府在运营管理层面的衔接不畅也使得老人对很多市面上已有的居家养老服务的知晓度和利用率较低。政府的主要宣传在兜底工作，市场化服务的发展始终欠缺影响力。这主要是由居家养老服务品牌体系尚未形成所导致的，很多第三方企业觉得服务老人风险大而利润空间较少，政府的资金投入也有限。仅靠市场的逐利逻辑无法支撑养老服务行业的发展，也难以扩大服务供给。目前G市民政局依托三级中心站点给老人提供文娱活动，但实际开展活动的社区较少，很多地方在缺乏规划和管理后沦为功能单一的棋牌室，无法满足老年人多样化的需求。

第四，服务难以建立熟人关系，老人接纳度较低且无法形成情感联结。目前G市引入上海的安康通公司，承接线上与线下联通的智慧养老项目。老年人可以通过拨打服务热线获取上门服务，具体包括助餐、助浴、助行等服务。但实际该热线的使用率较低，老年人觉得临时上门的服务人员没有亲切感，他们需要建立熟人关系以保证彼此的沟通与信任度。"就凭一个电话让陌生人进门，别说老年人了，年轻人可能也会有防备心。毕竟社会变了，人与人之间的信任程度肯定没有以前高。"（D0904，女，45岁，G市卫健委老龄办主任）。老年人晚年对养老服务的需求不仅体现在生活帮扶上，也体现在情感诉求上，这也是当前很多大学生志愿者入户陪伴独居老人的原因。在目前G市提供的养老服务中，服务人员尚无法提供情感支持，这是在服务标准制定时就未将其纳入的结果。与其他需要情感劳动或提供情感服务的行业相比，养老服务的情感特征还没有得到社会的认可，未来养老服务应对此进行完善。

三 医养结合式养老：高门槛准入

从访谈中可知，自2015年开始全国推行的医养结合型养老模式无论从客观需求还是老年人的主观需要出发都最符合老年群体对晚年生活的规划。这种融合模式也有利于解决医疗与照护间分割供给的矛盾。对于老年群体而言，维护健康是养老规划中的关键。

老年人的慢性病多发问题是导致医养结合需求上升的主要因素。个体进入老年期，身体机能进入退行阶段，不少老年人都身患多种慢性疾病。根据《2020年世界卫生统计》，2016年世界因癌症、心血管疾病、慢性呼吸系统疾病、糖尿病四大类慢性疾病过早死亡的人口占18%，而中国则占17%。有研究表明人类在第三阶段的死因为慢性疾病与生理机能退化（Omran，2005），而我国目前正处于该阶段，老年群体患慢性病者居多。

对于那些经历过艰苦生活环境的老人来说，个体的健康状况与社会经济水平和医疗卫生事业的发展状况相关。经历过较差的物质生活条件与医疗卫生条件的老年人难以拥有良好的身体状况（Fogel，2003），尤其经历过自然灾害的个体容易提高其晚年患慢性疾病的风险（Li，2010）。个体经历影响我国健康转变的进程，这些自然或社会事件将对老年人的健康状况产生影响（夏翠翠，2018）。"人的身体就像一台机器，时间长了，用久了，当然会慢慢不太灵光，最后完全坏掉，走不动了。"（FG0807，女，73岁）"老年人得慢性病的得有一半以上吧，年纪越大，身体机能都会出现障碍，所以老年人对健康这方面的需求就更迫切。"（Z0904，男，35岁，G市卫健委健康产业促进科科长）

从当下医养服务的现状出发，G市于2016年开始计划在全市范围内进行医养结合的试点建设，主要包括四类服务模式：合作办、医院办、社会办及居家医养。2017年全市市区（不包含郊区）已有五家医养结合的养老中心，一半以上背靠医院，一家属于社会承办。在政策扶持方面，G市在政府出台的《关于推进医疗卫生与养老服务相结合实施意见》的基础上充分发挥地域特色，由民政部门牵头对"三无"、低保、计生特扶家庭购买医疗养老服务，并设置养老护理员教育培训专项基金，具体的保障措施包括：建立有力的监督考核机制以保证医养结合在法制化、规范化、科学化的轨道上运行；加强专业护理员队伍建设，提高人员素质并减少人员流失；发挥中医药在健康养老中的作用，注重将"治未病"与养生保健的理念注入养老工作；加强健康养生和应急救护知识宣传与普及，从知识层面提升老年人的安全自护意识，并通过健康教育的方式树立老年人的健康养老理念；加快推进医养结合信息化进程，引入电子化与信息化技术以提升养老服务的质量与效率，进一步适应老年群体的需求等。

尽管G市近年来十分重视医养结合模式的发展，且有已发展较为成熟、受到老年人青睐的医养结合机构，但其中仍存在问题。

第一，医养结合模式的投入较大，专业的医疗条件抬高了技术成本，普通收入的老年人难以入住，因而医养结合的养老方式覆盖的老年群体较少。"现在住那儿（医养结合的养老机构）的人，大部分都是离休干部或者县级干部。一般人都住不起。"（FJ0924，女，77岁）由于大多医养结合机构都是由医院出资成立的，在空间足够的情况下，即便床位空置也不会降低价格，目前G市的医养结合型养老机构的入住率一般只有50%到60%。

> 现在社区嵌入式的养老机构属于低端品类，只能满足日常养老需求，入住率较高。中高端的是那种在医院基础上发展起来的养老机构，工作人员以护士为主，专业化程度比较高，会承担一部分护理工作，尤其对那些久病卧床的，有压疮、褥疮的老人，这种就比较合适。还有慢病管理的问题，有的高血压、糖尿病的老人在家里不能正常服药，会有遗忘，吃药的时间也会错乱，但去这种医养结合的机构，就有专人负责提醒服药。只是这种价位比较高，能负担的老人很少。（W0925，男，54岁，G市民政局老年福利科主任）

在经济条件的限制下，医养结合逐渐成为养老模式中的金字塔尖，进一步加剧了老年群体晚年生活的差距。面对困境，老年人宁可提前从预防的角度出发，努力提升自己的健康水平，从而缓解对未来养老生活的担忧与焦虑。

第二，医养结合模式的发展中呈现出各自为政的局面，需要多主体合作。新一轮机构改革后，G市老龄办由民政局划入卫计委，可以窥见国家对形成医养结合路径的决心。但目前公立医院的医保报销有限额，而基层卫生机构依然只是以公共卫生和家庭卫生服务项目为主，没有发挥诊疗职能。顶层设计需要依靠具体职能部门的部署和实施，理论与实践的脱节只会让真正的难点出现在基层，这将进一步加剧基层人才的流失。目前G市的大多医养结构都是以医疗机构在养老机构内设立与规模相适应的卫生保健站的形式为主，这种模式的费用相对较低，但服务人员的能力、素质与数量也远不能与医院自办的医养机构相比。

医养结合与健康促进：城市老年人健康消费行为研究

医养结合的养老机构里有收费高低的问题，医院形式存在的机构就是收费高。因为在这种养老机构内设的卫生站配一个医生、两个护士就行了，但医院的医疗资源力量要强得多，它整体配备的医生啊护士啊和他们自己医院并不会差很多，很多时候也是资源与人才共享的这样一种情况，价格高是必然的。床位空着，它就可以少安排医生过来，本身并不会亏本。（W0925，男，54岁，G市民政局老年福利科主任）

第三，老年人医养问题的背后实则涉及医保局、民政局和卫计委三个部门的融合。医保局涉及老年人医疗保障即医疗费用报销等问题，是经济保障和医养的前提。而医疗机构隶属卫计委，在其中发挥直接作用，是老年群体满足医疗需求的第一责任主体。民政局则更多倾向于养老层面，侧重老年群体中的特殊弱势群体。然而目前这三个责任主体在医与养的领域中缺乏融合，如同"三驾马车各自为政"（D0904，女，45岁，G市卫健委老龄办主任），并没有形成合力。基层社区、医院与社区医疗卫生服务中心之间也同样存在无法融合、各自分立的局面。通过对G市医疗卫生服务中心的访谈可知，以上三者能够达成通力合作的社区较少，但能明显看出共同发展带来的好处。部门之间各自为政的做法只会进一步阻碍政策的落实与推行。

第四，居家医养模式的延展空间有限，造成实际服务推广中的断层与空壳化。居家医养模式主要通过基层卫生服务机构与居民签约，为老年人提供上门服务，实现家护、巡护的模式。其中家庭医生签约计划是重点内容，而目前基层资源浪费是上下级之间缺乏连贯性与沟通的弊端之一。譬如医院与社区基层医疗服务中心无法数据共享造成老年人重复体检，甚至引发社区强行让老年人来做体检或是直接以数据造假的方式来应对等情形，这种做法完全背离国家为老年人提供免费体检的初衷。

即便数据共享，他们拿到了医院的数据，但如果不做体检我们基层就拿不到钱，要是能将这笔重复体检的费用节省下来用在其他医疗项目的开发上才是真正让这些钱发挥作用。（L0922，女，45

岁，WSZ社区医疗卫生服务中心主任）

除基层诊疗能力难以提升外，转诊过程尚未良好衔接和形成闭环，上级医院的不重视也使得下级转诊单位的医疗卫生服务中心更难完成转诊工作。人才激励措施的不完善也使得基层医务人才流失率较高，从根本上遏制了居家医养服务的发展。正是由于背靠医院的医养结合模式具有高门槛的特征，完全依赖此模式并不利于医养服务扩大覆盖范围，解决当前居家医养服务中存在的问题是发展医养结合模式的关键。

四 多种养老模式推动养老需求的形成

（一）养老模式的不确定性引发养老焦虑，需延迟衰老

随着家庭赡养能力的衰弱，家庭之外的养老模式成为老年人晚年生活的保障。然而从上文可知，当前主要的三种养老模式都存在弊端，无法满足老年人的养老需求。

养老机构普遍存在的限制自由、服务质量差、虐老等问题让老年人对其丧失信任。社区居家养老服务同时对家庭赡养和社区养老设施与资源提出要求。但就目前G市的实际情况而言，对于诸如本研究中的一般性老年群体的需求与当下提供的居家养老服务并不适配，老年主体与市场主体都没有促进该类服务的落地与完善。政府的托底任务使得他们更侧重那些没有自理能力的特殊老人。社会范围内尚未营造出高质量养老服务的氛围，政府的立场也更倾向于养老的社会化。基于我国的意识形态与制度特征，养老模式的选择并非自下而上的方式可以推动。最受老年人欢迎的医养结合目前存在高准入标准的局限，一般的老年人并没有能力入住，因而其养老需求也无法得到妥善解决。

以上养老模式存在的桎梏无形中造成了老年人对未来设想的不确定性，他们容易滋生焦虑情绪。

养老院我是肯定不会去的，你说的社区居家养老，现在我们这里根本和大城市没法比，解决不了实际问题。走一步算一步吧，我现在还能动，身体还能撑着，就想着吃点保健品尽量搞得好一点，

以后生活能自理，待在家里是最好的。（FL1022，女，79岁）

老年人将这种对未来养老生活的担忧和焦虑投射在其对保健品的热情中，以进一步延缓自己的老化进程，努力维持自理能力。"靠不上别人，还不如靠自己，自己身体好就行。"（FC0816，男，80岁）撇开保健品是否真能满足老年人的健康诉求不谈，这是老年人自身为满足需求而作出的努力。正如益阳老人因养老机构"暴雷"而被骗尽养老存款后跳江事件的背后，也折射出我国现行的养老模式和服务提供无法满足老年人需求的现实，以及家庭赡养能力衰弱带来的"子女指望不上"的无奈境况。

老年人消费保健品的主要目的在于延缓自己的衰老速度，他们希望提前调养身体以尽可能保证自己在后续生活中的自理能力。健康观的变迁提升了老年人对生活品质的需求，当下老年人对于长寿的界定已经从单纯的延长时间转向对生命质量的追求，老人们更在意活着时的生命状态。如果能保持自理能力，他们并不需要太多的养老服务，自给自足是老年人最大的愿望。"我们这辈人，苦日子过惯了，也不习惯别人伺候着或者管着，自己能顾好自己到走的那一天，是最理想的。"（FJ0924，女，77岁）

根据 Nutbeam D（1992）在世界卫生组织发布的调查报告，健康包括健康的观念和健康的生活方式，健康观念将直接影响健康行为。在这种健康观的影响下，保健品主打的预防效果迎合了老年人的需求。正如保健品公司负责人所说："我们的产品从不以治病为目的，医生无法解决的问题我们也解决不了。产品的真正目的是让老年人的身体状况比原来的好一点，让疾病来得晚一点，在这个过程中我们是以提升老年人自身抵御疾病的能力为主的。"（X1023，男，35岁，ALQS保健品公司主管经理）

自理能力的高低是影响老年人晚年生活的重要标准，很多被访者都会提及身边晚年失去自理能力的案例，并以此为反面教材警惕自己不重蹈覆辙。"现在的人，不是说买保健品为了长寿，主要是为了健康。卖保健品的人讲课也是这样的，希望我们不要在死之前是躺着不能动的样子。"(FL0919，女，80岁)在这些案例的叙述中，可以窥探老年人内心的担忧。同时，老年人对自理能力的重视表达了对不想增加子女负担的诉求。面对家庭养老功能的衰弱，老年人曾经习惯的"家长式权威"逐渐内化为对独立生活的自尊感。他们不希望自己在年老时给子女添麻烦，对自理能力的焦虑也是对养老境遇的担忧，这也成为他们热衷保健品的原动力。从老年人的角度出发，当前养老现状存在的赡养困境带给他们危机感，反向推动着他们提高健康意识和健康水平。实际这种消费心理与行为也是对当前养老服务的不满和应对策略。

(二) 对情感诉求的忽视使养老服务缺少人情味，需情感服务

当前养老模式所提供的养老服务存在与老年人需求不匹配的问题，而情感服务是在原有服务基础之上的进一步充实与优化。G市的养老服务尚停留在基础服务的供给阶段，无法顾及情感的注入。这种情感服务对服务人员有较高的要求，其关键不仅在于对工作人员的培训，还包括社会公众对为老服务中的情感注入本身的接受与认可，否则很容易陷入伦理矛盾。

> 情感消费在我们看来就是一种诈骗术，和那些接线员一样有固定的话术和套路。他们那些人就算准了老年人想要什么，他们对症下药给他们洗脑，通过这个方式把老人吃得死死的，那些老人养老的钱就是这么给他们骗走的。(C0904，男，36岁，G市卫健委健康产业促进科科长)

从情感与经济本身的争议出发，在情感服务不与工作报酬或奖励相挂钩的前提下，如何对工作人员提出情感服务需求以及对方的遵从意愿都难以得到切实保证。目前市场上提供居家养老服务的机构主要以政府购买的形式运营，因而服务本身与政府相关联，情感服务面临的争议和引发的风险容易影响政府对服务的购买。

> 你说这种情感服务怎么合法化？你怎么把握情感服务和情感诈骗的这个度？而且在我们国家的这种传统文化里，感情是不能和钱

扯上关系的，一旦这两个搭在一起，目的就不纯粹了。我想老年人也不是为了花钱要一种虚假的感情吧？老年人比年轻人还要在意真诚和诚实的。（W0925，男，54岁，G市民政局老年福利科主任）

正是由于目前为老服务对情感注入的诸多限制，情感消费本身在我国本土化语境中也未取得合法性地位，包括具体的服务标准、报酬与伦理规范等结构性管理，只是依托产品成为一种衍生的象征意义。这种处境与地位的微妙也同样出现在保健品消费市场中，但因其属于纯粹的市场行为，情感被归类于营销策略，在污名化的同时也得到了某种程度的正常化。

服务行业都会有情感营销的吧？毕竟人不是机器人，情感是人的正常反应，你总不会工作一天都面无表情的。就像那个高速收费站的人，还有空姐，他们的工作要求里就有要对顾客面带微笑的。（X1023，男，35岁，ALQS保健品公司主管经理）
我们这种情感服务就被很多人曲解、鄙视，因为我们是直接卖东西，不像其他服务行业，没那么直接，这可能给人的感觉就不一样。（H1031，女，40岁，HXT保健品公司主管经理）

从保健品公司的逐利目标出发，他们实际更有积极性和动力去关注老年人的实际需求。访谈中有很多质疑和反对保健品行业的人都曾表示保健品公司之所以博得老年人的欢心是因为他们能投其所好。但与此同时这些人也表示目前无论社区还是很多养老机构都无法做到这些，很多子女更是连基本的陪伴都满足不了。

我们现在在做一件事，希望不止我们做老年生活评估，基层也应该做一些老年评估，这样基本上能全面掌握老人的身体状况和基本现状，有助于动态观察和随访。也希望基层把家庭环境、社会支持这些纳入评估系统。（Y0925，男，60岁，G市人民医院老年医学科主任）

第二章 政策演进：老年健康责任主体的社会化

G市三甲医院老年医学科主任曾提及老年人群作为患者的特殊性，情绪和心态是影响老年人健康状况的重要因素。养老是一种综合性服务，不仅需要对老年人的基本生活提供支持，心理层面的精神慰藉和情感支持也是重要方面。

（三）社工缺位使得文娱活动流于形式，需功能性集体活动

目前G市的养老服务中心已经按照规定配备了具有行业资格证的社会工作者，但真正专业的社会工作为老服务并没有在实际工作中得以实现。主要在于两方面的原因：一是这些社会工作者具有更强的行政职能，以完成指标和规定任务为主。在没有特定要求或激励机制的背景下，他们并不会注重从需求层面为老年人设计康乐活动；二是这些社会工作者虽然拥有职业资格证，但大多非科班出身，没有接受过专业的社会工作训练，因而也并不具备开展专业社会工作实务的能力和经验。研究者通过对保健品公司负责人的访谈发现这些商业化的从业者反而更注重需求导向，从一开始就已经站在老年人的立场为他们着想。

> 我之前对我的公司定位是健康养老服务，对那些老人进行健康科学指导，包括饮食、运动、心态等，还有陪同娱乐。其实社区啊医院啊什么的，更多是国家层面的政策，那些文件在实际中很难执行落地，因为各地政府的主要任务是经济发展社会稳定，养老服务这块排在后面，公务员也是铁饭碗，在这方面做的好与坏对自己的收入及仕途发展没啥影响，所以他们也只是每天上班完成自己的工作而已。我们就不一样了，顾客是上帝，我们又很注重市场的需求调研，所以老年人到底在想什么，需要什么，我们可能比那些公务员更清楚。当然了，也许他们也清楚，谁家还没个老人了？但是清楚归清楚，都懒得去做，没动力的。（X1023，男，35岁，ALQS保健品公司主管经理）

目前以数据指标判断养老项目推行实效的情形较多，但实际被覆盖的老年群体、服务的具体递送效果却未可知。伴随着社会工作专业化与职业化进程的推进，社会工作者也渗透入社会各领域，量化指标几乎成

为评判社会工作发展水平的唯一标准。

> 在我们社会化运营的站点里，团队有社工，都是持证的。本身社区养老服务站如果是社区自主运营的，是有社工参与的，活动到底有没有开展或者说能否常态化开展，以及开展效果如何……这点我也很难说，没很好地去研究。（W0925，男，54岁，G市民政局老年福利科主任）

在访谈中，无论政府部门还是基层工作者都提出资金投入的重要性，但与此同时应值得反思的是如何最大程度利用原有的资源营造为老服务的环境。社会工作实际是助力养老政策落地的关键，毕竟行政化工作的执行难以兼顾个体的个性化需求。然而社工专业人才的流失也将带来一线工作者的空缺，即便持证人员补位，也因其无专业学科背景而无法开展专业化的为老活动。从工作积极性的角度出发，他们更多完成的只是行政工作，并不会费时费力地去依据老年人的需求设计专门的活动。

从政府自身的角度出发，他们已然认识到诸如保健品公司一样的推销人员获得老年人青睐的原因，但这些为老年人专门设计的活动被认为是无法在社区或是养老服务中心实现的，工作人员都有畏难情绪。诸如G市这样的养老示范性城市的养老服务现状，究竟距离"十四五"规划倡导的养老蓝图有多远？很多时候兜底工作既是政府的门面工程，也成了其逃避责任的挡箭牌。

> 搞推销产品的人有很多策划方案的，老人时间很多，精神空虚，需要有地方放松。有心里话不能和家人、朋友说，还不如和陌生人说。社区肯定不能满足这方面的需求，他们的活动不一定对老人胃口，家庭温情亲切感不够，很机械式的，不够人性化，也很单调。很多时候你们策划活动了，老人也未必感兴趣。还有那种氛围也不一样，搞推销产品的场所活动氛围很好的，教你唱红歌，让你忆往事，让你谈心，搞什么故事分享，活动很多，这样的话社区没

第二章 政策演进：老年健康责任主体的社会化

办法满足老人的不同需求，也达不到他们（保健品公司）的那种效果。(C0904，男，36岁，G市卫健委健康产业促进科科长)

目前不少保健品公司都有和养老机构的合作推广，也有国营制药企业专门开辟"大健康"部门（W0902，男，29岁，HRSJ制药集团数字化营销经理）以专门应对老年人群对保健品的需求，他们也通过和当地养老院合作以打造满足老年人各项需求的综合性服务项目。保健品是服务开展的基础，但根据老年人的需求而打造的特色衍生服务才是项目设立的关键。这种社会化的养老服务提供模式具有一定的市场风险，如何降低老年人在市场中的脆弱性值得社会的关注。

（四）医养结合的高门槛带来服务落差，需替代性方案

两极分化是目前G市医养服务供给的现状。医养结合的高起点和高成本带来高昂的费用，寻常老年人负担不起。但与此同时，这里的服务更能符合老年群体对养老和健康的双重需求，即便老人们无法入住这样的机构，他们也希望能找到具有替代性功能的场所。

> 看病的地方养不了老，养老的地方看不了病。哪个老年人身上没点毛病？现在上医院都不怎么方便，咱们这里算很方便的了，但我还是不喜欢去，人太多。楼上楼下的跑，坐电梯都要等好久，折腾人啊。那个市立医院办的养老中心就不一样了，直接就住在像医院一样的地方，有什么毛病医生马上就来了，我们其实最适合这种养老方式。(FW0919，男，71岁)

消费的背后是需求，保健品消费的背后是对健康和养老的综合性需求。实际老年群体对医养结合的向往也促进了保健品消费市场的发展。在医疗诉求方面，保健品并不是唯一被提供的健康产品，保健品公司平常都会通过专家会诊、健康知识讲座、定期体检等形式帮助老年人维持和提升健康水平。

> 这些医生都是公司从北京请来的老中医，很多都是医生世家。

他们都很了解我们老年人常见的慢性病，态度也特别好，人也有耐心。不像我们在医院里，很多医生是没有耐心的，一下子就给你把病看完了。我也不是要怪他们，病人太多了，医生也好辛苦的。（FH1023，男，70岁）

在养老诉求方面，老年人主要对集体性活动有需求。譬如有老人提及早年间社区还经常组织老人出去旅游，现在几乎没有任何集体性活动。"他们都怕担风险，懒得搞，搞这些又没什么好处，还累。"（FZ0925，女，78岁）除旅游外，社区也很少组织老年人的康乐活动，正如上文政府工作人员所说，社区办的活动多行政性较强且形式死板，并不符合老年人的喜好。但保健品公司不同，他们会花心思了解老年人的喜好和需求，并引入市面上流行的老年康乐类活动。

我不否认我们有营销目的，谁也不是搞慈善的。老年人心情好呢，他们才会消费，我们的员工很多都是年轻人，有很多大学生。他们就在网上搜集那些香港、台湾的养老院会搞的一些活动，或者就是抖音上也会有，什么好玩的手指操啊，或者适合老年人的活动，像什么音乐治疗、美术治疗什么的，带着老年人听音乐，讲讲过去的故事，画画，包饺子，做手工……这些活动可能养老院都未必搞。（H1031，女，40岁，HXT保健品公司主管经理）

很多老年人实际上已经形成了定期去保健品公司参加活动的习惯，购买产品只是一部分目的，他们更多喜欢去那里上课、社交和娱乐。与社区相比，他们觉得保健品公司的服务人员更热情、有礼貌。"那里很有人情味的，全是和你差不多大的，还有比你小的，就像我孙女那么大。你一进门就围着你喊，给你端茶倒水的。我孙女都对我没这么亲，时间长了，我当然愿意去那儿多坐坐。"（FC1023，女，78岁）实际上，当前养老模式存在的缺漏使得老年群体需要寻找新的途径以满足自身的健康及养老需求。保健品公司成为老年群体寻找替代品的场域，尤其在他们对老年群体需求的精准把握与费心迎合下，老年人更容易被吸引。

与上一节中健康责任主体的变更类似，我国的养老模式实际也存在主体社会化的趋势。无论是老年人的健康还是养老问题都需要广泛社会力量的介入和支持，其中也包含市场主体的作用。社会资本对健康有显著影响（薛新东、刘国恩，2012），由此进一步论证了健康的综合性特征。社会资本作为一种实际或潜在的资源能够为社会网络中的成员提供多种支持，老年人可获得的社会资源或社会支持的状况都与其健康和晚年生活水平紧密相关。从该角度出发，社会工作对于链接资源的优势将有利于老年群体对社会资源和支持的获取。

第三节　优化与补缺：保健品消费对需求的补偿

上文以我国医疗卫生政策的历史沿革以及当前养老模式的阐述为基础，对老年人保健品消费背后的医疗与养老需求进行了剖析。下文将从保健品消费的角度出发探讨其对需求进行补偿的过程。

一　治未病：优化医疗卫生服务

个体进入老年期后，身体机能也随之进入退行阶段，不少老年人都身患多种慢性疾病，传统医疗实际难以应对老年慢性病率的增长。从缓解症状的角度出发，由于目前疾病谱的改变，慢性病增多是影响老年群体晚年健康的桎梏。"这么大年纪，一点毛病没有不可能。好多健康的人，发病都是突然的，这就是规律。病来如山倒，去医院抢救。"（FG0816，女，74岁）"老年人一般都不是患有某种单一疾病，很多老人来医院要挂好多个科，因为他们自己也不知道涉及哪些疾病。"（Y0925，男，60岁，G市人民医院老年医学科主任）同时，以西医为主的干预手段无法在短时间内缓解老年群体被各种慢性病缠身的痛苦，甚至会直接告知老年人疾病无法治愈的实情。

老年群体对预防的重视是当下进行健康决策的重要导向，西医的救火式干预并不能从根本上解决老年人的健康问题。国家对中医药的扶持以及中医文化在老年人群中的信誉度在主客观层面都推动了老年群体从西药转向中药。基于医学在面对各种老年疾病时的局限，老年群体对维持健康的强烈动机就与实际情形产生了矛盾，由此容易产生对医院的负面评价。

在对健康的强烈愿望下，老年人群体多呈现出侥幸心理，他们抱着试一试的心态花费远高于他们平常生活用度的金钱购买保健品，只为争取微小的希望。"吃这个总比吃药好吧，吃药伤肝伤胃，是药三分毒嘛。吃保健品好，对身体有好处，那就吃呗，就买呗，万一有效果呢？"（FJ0924，女，77岁）由于研究无法从科学层面证明保健品的真实疗效，但从访谈中可以发现，尽管多数老人都谈及保健品的"神奇"，他们也同时会提到保健品的安慰剂作用。在对医疗从业者的访谈中，研究者发现专家们都对保健品的医疗作用持否定态度，他们坚决抵制以保健品替代药品的做法。很多老年疾病是常年累积以及自然衰退、老化的结果，呈现出不可逆的特征。因而老年人迫切地需要获得某种"希望"以度过余生。研究认为，尽管老年群体是出于对医疗干预的替代目的消费保健品，但实际得到的心理安慰作用远高于治疗效果。保健品对于他们的补偿效应存在间接性和临时性，并不能永久解决老年群体的问题。

另外，随着年龄的增长，人体机能的自然衰退不仅体现在生理层面，也会从身体蔓延到心理层面。目前医院的高负荷、医疗资源的分配不均使得医生无法兼顾病人的心理状态，这也是当前在医院建立专门的老年医学科的必要性之一。在对医院的负面评价中，对医生态度的不满意占据主导。"排队一小时，看诊五分钟"几乎成了当下患者的口头禅。在老年人的视角中，医生的看诊时间与尊重程度相关。"他们不跟我们讲病情，也没耐心听我们说，看不了一会儿就完了，也不和我们解释。"（FC1023，女，78岁）此外，医生诊病时的"草率"也引发老年患者质疑与不满。"现在动不动就让你住院。只要不是三甲医院，都能住进去，床位都空着。这哪里是看病，他们只想赚钱。"（FG0807，女，73岁）"如果不是大病，比如那种支架，不能赚到钱的，医生都随便打发我们。"（FH1023，男，70岁）不被尊重、没有尊严是老年人对公立医院的相似感受，由此可见老年群体对医院的期待不仅体现在生理层面，更需要在心理甚至情感方面得到反馈。尤其在慢性病存在治疗壁垒的前提下，老年群体更希望在其他层面获得补偿。

保健品公司恰恰能补偿老年群体在医疗服务中渴望得到的尊重和认同，他们请来的专家有充足的时间与老年人面对面沟通，他们耐心倾听老年人对疾病和疾痛的描述，能够完全从老年人的立场出发探讨他们当下的烦恼，在认同的基础上为他们提供建议，并为老年人讲授健康知识。"那些专家态度都很好，他们其实是和我们年纪差不多的，也很理解我们老年人，有的老年人口齿不是很清楚，他们也不会有什么不耐烦的，还给我们讲很多平常怎么保养的小知识。"（FC0813，女，70岁）

在这个过程中，不仅那些医学专家参与医疗过程，销售人员、周围的同龄群体以及老年人自己都在诊疗过程中发挥了作用。保健品公司通过链接资源并提供场地，形成具有一定替代功能的健康场域。这里虽然不能进行现代医疗干预，但对于大多患有慢性病、调养需求多于治疗的老年人而言，良好的诊疗态度、对病人的共情与同理心以及对健康知识的讲解等更为其所需。

二 人情味：填补养老模式缺漏

随着家庭结构的变迁，老年群体独居的情形越来越多，削弱了家庭的养老功能。子女无法时刻陪伴在老人身边，也可能存在经济能力较弱反而需要老年人补给的情况。甚至在文化交融的冲击之下，代际之间的矛盾也增添了家庭养老的阻碍。除传统家庭养老功能衰弱外，机构养老、社区居家养老以及医养结合等养老模式都存在弊端。

首先，保健品消费可以缓解老年人对不确定养老方式的焦虑，协助老年人提前做准备。对于老年人而言，踏实、求稳是他们的处事原则。当前主要的几种养老模式都因各种问题而存在缺陷，无法让老年人安心度日。在访谈中，很多老人都表达出对未来养老生活的迷茫，他们只能尽量着眼当下，希望尽可能延缓衰老以保证自理能力。既然未来是不确定的，老年人唯一能把握的只有眼前自己的身体。比起药物治疗等传统医疗干预手段，中医提倡的预防和养生理念更符合他们的需求。"想把身体调理得好一点，这样哪怕以后更老了，也能自己顾自己，不会完全

瘫在床上不能动。"（FW0729，女，74岁）

其次，保健品消费中蕴含着当下养老服务缺乏的"人情味"，能满足老年人的情感需求。老年群体在退出工作后，其社会活动的减少会带来一定的心理落差。而空巢与丧偶等情形也会增加他们的孤独程度。家庭结构的小型化削弱了传统大家庭模式下亲人之间的互助与情感慰藉，因而老年人对情感层面的补偿尤为看重。

> 老年人就是需要子女多陪他，但子女结婚之后都不一定愿意和老人在一起住，生活习惯不同嘛。这就造成了老年人自己住，逢年过节，子女来看一看，但也无法缓解他的孤独。但是他们到我们这里后，可以认识好多人，不仅有同龄人的陪伴，还有我们的员工，他们都是和你差不多年纪的年轻人，也会陪他们打发时间。老年人的心理就是想要多接触年轻的孩子，像那个养老院为什么好多人不愿意去啊，就感觉是所有人傻傻地坐在那里等死，看不到一点生活的希望。（Z0817，女，35岁，JSY保健品公司主管经理）

为此，保健品公司有意识地提供情感服务迎合老年人晚年的情感缺失。尽管这种情感建立在商业目的之上，引发了社会舆论的质疑与抨击，但很多老年消费者却对这种情感服务持接纳的态度。

> 他们是想卖东西，这也没什么错，不是说你给钱就一定能买到尊重的。比方说，我生病的时候，一个电话过去他们就上门了，平常也带点水果来看看你，降温了就打电话让你加衣裳。人和人之间是有感情的。有的老年人还真就是冲着这个去的，那也不奇怪啊，他自己花钱自己开心，有什么不对呢？（FY1013，女，79岁）

再次，保健品公司充分迎合了老年人对集体性活动的向往。目前在关于老年人保健品消费的研究中，无论是质性还是量化研究中都论证了孤独感对老年群体迈向保健品消费的重要推动作用（李涛，2018；于文洁、郑中玉，2018）。对于退休后的老年人而言，如何有意义地度过

第二章 政策演进：老年健康责任主体的社会化

闲暇时光是老年人在维持健康的同时最关心的事。近年来国家大力发展体育事业以满足人民群众的健身需求，广场舞也成为城市中老年人的主流运动形式，但这些仍无法完全满足老年人对于日常文娱活动的需求。

> 忙碌了大半辈子，退休了一下子没事情做。跳广场舞的都是比我们年纪小的，我也不爱跳，不是人人都去的。那剩下的人干吗呢？就公园里、小区里散散步，聊聊天，打打牌……这不就给他们（保健品公司的推销员）盯上了嘛？（FZ0925，女，78岁）

> 老年人退休了没事干，精神空虚，去保健品公司有人陪他们玩，人前人后的"叔叔""阿姨"的叫，换我我也开心啊。我妈都说，骗子比我对她好。（Z0904，男，35岁，G市卫健委健康产业促进科科长）

从被访情况来看，有近一半的老年人都是因为在居住地附近"偶遇"了保健品公司的推销员从而开始接触保健品的。退休改变了个体原有的社会生活，而社区并没有很好地承接老年人的社会性需求。尤其是居住地的更换更容易带来陌生感和隔阂感，削弱了老年群体的社会融入程度。保健品公司打着购买健康的旗帜将原本素不相识的老年群体聚集在一起，提供场地以满足他们的社交与文娱需求，诸如旅游、茶话会、小组活动、手工课等各色各样的活动受到老年群体的欢迎与支持。这些活动比起社区为完成指标任务而组织的刻板化活动更贴合老年人的需求。

最后，保健品消费搭建了融合医疗与养老的健康消费场域，满足老年人对医养结合养老模式的需求。从老年人对医养结合的向往出发，保健品公司正是基于这样一种具有对医疗、养老等需求具有补偿功能的替代性场域，通过提供保健品的形式让老年人聚集在这里，无形之中达到对其多种需求的满足。如果老年人只是为满足某种单一性质的目的，保健品公司未必是最合适的地方。譬如老年人对中药更为偏爱且侧重预防与保养，他们可以选择专门的中医机构或者中医养生馆等。又譬如老年人如果只是想要参与集体性活动，也可以通过旅游、老年大学、棋牌室等满足需求。然而，究竟是什么原因让他们不约而同地走向保健品公司？研究认为结构性因素使得原本应该满足老年人需求的主体出现了一定程度的失灵，市场力量的推动作用也不可或缺。当健康与情感逐渐完成商品化转向，才能真正为老年群体的需求满足创造出一个综合性的健康场域，使得保健品消费的补偿性作用得以发挥。

第三章 市场推动：健康身体与情感联结的建构

在政府结构性力量与市场经济体制的推动下，健康逐渐成为可以被贩卖的商品，然而健康本身即代表无止境的欲望，它并没有统一的衡量标准。厂商为老年人建构起庞大的健康想象，通过各种方式制造出各色保健品推销给老年群体，其中无不展现出市场的力量。情感在传统文化中原本与经济关系相分离，但随着现代社会情感沙漠化现象的加剧，个体不得不通过市场获取情感服务以满足需求。在保健品消费的过程中，老年群体同时满足健康与情感的多元需求。本章便是通过健康与情感的商品化这两条脉络探究需求的形成过程，之后在此基础上探讨老年群体在保健品消费中补偿其需求的过程。

第一节 健康商品化过程中的健康消费需求

本节将从保健概念的演变入手探讨健康商品化的形成过程，并通过对保健品行业发展的回溯探究其对健康欲望的生产。正是由于健康成为被贩卖的商品，才使得老年群体拥有购买健康产品的途径。

一 保健概念的演变：从广义到狭义

保健在我国最初源于卫生习惯的养成，而后在融入中医文化后转向养生理念。从远古时期的神话传说到夏商周时代的文学艺术发展，人类为维持与促进健康的惯习一直根植于我国传统文化中。譬如火的发明使得人类的可食用材料从生食走向熟食，提升了食物中可获取的营养以及个体的健康水平。又譬如历史留存的《史记·扁鹊仓公列传》和《山海经》等医学典籍，其中可窥探古人与疾病的斗争历史以及人类与自然环境的博弈与适应。随着人类文明的进步与发展，中医文化促进了古人对养生的重视，如《庄子内篇·养生主》对养生之道的阐释中提及顺应自然的核心要义，这也是保健的前身——养生观念的雏形。

"保健"一词真正传入我国是在鸦片战争后。当时我国进入半封建半殖民地社会，传染病的肆虐严重损害了人民的健康。现代医学的传入既冲击我国本土的中医文化，也对国民健康的提升有促进作用。保健的概念也随之在我国本土语境中生根发芽，具体是指采取医药预防和卫生防疫等现代技术手段保护人体，并使其处于健康状态，免受疾病困扰（赵新华，2003）。这是保健刚传入我国时的广泛定义，包含了所有与健康相关的医疗卫生干预措施。

在旧中国的发展历程中，可以从制度层面的机构设置考察保健在国家卫生体制中的重要地位。受当时社会经济发展水平的限制，保健以防疫和维持人的基本生命存续为重，属于"大健康"与"大卫生"的范畴。当时全国卫生工作的行政机构为清政府下设的卫生科，后改制隶属民政部。辛亥革命后国家设卫生司，1928年改为卫生部，其中下设的五个司内包含专门的保健司。至1931年，机构调整后五司变为三科，其中保健科仍占有一席之地，足见其重要性。

至新民主主义革命时期，医院建设的重要性得到进一步强调，国家确立了"预防第一"的卫生工作方针，并提出中西医团结协作的方向。抗日战争时期，中国共产党在革命根据地开展以预防为主、卫生工作与群众运动相结合的工作方法，大力推动新中国卫生事业的发展。然而由于全国农村卫生机构的稀缺，抗日战争期间又受到摧残，条件设施简陋且巫医盛行，影响了科学卫生保健运动的开展，党中央一直在根据地进行反迷信斗争。1938年，边区政府民政厅创办保健药社，因为创办人是中医出身，该药社实则是中医中药机构，具有广泛的群众基础（陈海锋，1993）。

在这一时期，国家强调的保健是一种低水平的、侧重预防的基础性卫生保障。

第三章　市场推动：健康身体与情感联结的建构

在我国本土语境与历史发展中，保健虽是"舶来品"，但与传统中医文化紧密相关，并逐渐与中医的养生理念相融合。新中国成立后，保健在我国医疗卫生体系中始终处于核心地位，且与卫生事业相关，二者并没有明确区分。国家公共卫生以防疫为主，强调预防多于医疗。这与我国当时社会整体医疗水平、医疗资源配置、医疗人才储备的局限性有关。随着经济水平的提高，医疗资源与人才条件都较新中国成立前有了大幅度改善，我国进入全面卫生保健事业的发展期，保健在我国更倾向于卫生领域而非医疗，防疫事业是保健工作的核心。

整体而言，新中国成立前我国多处于战乱中，物质资源极度匮乏且医疗条件较差，保健概念更多具有"大健康""大卫生"的广义意涵，国家层面对医疗卫生事业十分重视。而在新中国成立后，保健对处于该时期的个体而言只是基本的生命存续。计划经济时期国家为特殊工种提供保健品，相当于目前西方的膳食补充剂。此外，在身份分层的背景下，处于上层的个体有更多接触保健品的机会，这一时期的保健产品因而具有特权色彩。保健的意涵也从童年期基本生存的广义概念逐渐具象化至提升个体营养水平的更高层次。

经济体制改革后，物质的丰富以及国外保健品的传入也使得国内保健行业在市场化的土壤中萌芽。这为个体接触保健品提供物质基础，也开始了保健逐渐被商品化的进程。保健品的意涵进一步聚焦为特定企业、品牌塑造的商品，在市场各环节的包装与推动下更加成熟。随着健康老龄化在我国的正式提出，医疗保健成为老龄工作的核心。保健在此阶段进一步被细化为混有预防与治疗功效的食品或用品，从而完成了概念层面上，从大健康概念至商品化的转向。

就保健的定义来说，被商品化后的保健概念也从广义的医疗卫生界定逐渐缩小至日常健康维持与疾病预防的范围，与真正的医疗干预相区别。尤其在我国传统文化背景的语境下，保健基于西方现代医学的基础融入中医的养生理念。这也造成保健品药食同源的矛盾性，为市场监管与行业发展留下争议与隐患。

二 行业发展的推动：健康欲望的生产

医学化进程的加快也强化了医疗健康服务的商品化特征，而医学化本身也是在消费主义浪潮下受到医生、大型药企、生物技术和各种消费者组织等多主体合力推动的结果。新自由主义全球化下的经济支配使得商品关系被无限扩展，与健康相关的政策与改革也在促使健康遵循逐利逻辑而变得商品化（萧易忻，2014）。从上文可知，保健的概念逐步从广义转向狭义，其背后也反映出健康的商品化过程。保健逐步成为与医疗并驾齐驱的独立领域，从而具有研发保健品并进一步开拓市场的前提。

（一）保健品行业的发展是欲望生产的前提

研究旨在深入了解保健品消费现象及其背后的推动因素，因而需考察其行业背后的发展脉络。保健品行业在我国起步较晚，当时恰逢改革开放之际，社会经济的迅猛发展以及人民生活水平的提高奠定了消费的物质基础。传统行业在稳步提升的同时，一批新兴产业也应运而生，其中便包括保健品。我国保健品行业至今已发展三十余年，其间发展呈现波折上升的态势（具体见表3-1）。

20世纪80年代末至90年代初，杭州保灵、太阳神、飞龙和盛极一时的三株等品牌相继诞生，保健品行业迎来全盛时代。保健品实际上只是中国大陆的一种通用称呼，1997年国家技术监督局颁布的《保健（功能）食品通用标准》（GB16740-97）对保健食品的定义为食品的一个种类，具有一般食品的共性，能调节人体的机能，适用于特定人群食用，但不以治疗疾病为目的。

表3-1　　　　　　　　　　我国保健品行业发展阶段概览

时期	阶段特征	关键事件
20世纪80年代初	兴起	改革开放之际，保健行业迅速萌芽
1984—1994年	高速发展	中国保健食品协会成立 保健品市场的营业额突破100亿元
1995—1997年	低迷衰落	《食品卫生法》《保健食品管理办法》颁布，规范管理趋势加强

续表

时期	阶段特征	关键事件
1998—2000 年	复兴	行业生态优化、外资进入，年产值超过 500 亿元
2001—2005 年	管制与规范	《保健食品注册管理办法》《保健食品广告审查暂行规定》颁布，国外品牌冲击本土市场
2006—2016 年	繁荣发展	品牌差异化战略，销售额达到 4500 亿元
2017 年至今	信任重建	"权健事件"与"百日行动"整治市场乱象

然而由于我国的中医药文化与食用药膳传统始终根植于健康文化中，此定义并不能从根本上区分保健食品和药品，反而埋下后续市场乱象的种子。随着《食品卫生法》和《保健食品管理办法》的相继颁布，国家对保健食品加大规范力度，保健食品被纳入法制管理。在历经产业结构的重新调整后，身处低迷期的本土保健品产业在外资的大批投入后又重新焕发生机（李文跃，2007）。至21世纪初，保健品恢复生产，企业的数量和年产值都达到历史最高点。我国的保健食品行业在几经波折后逐渐成熟起来，消费市场在政策法规的完善下也趋于理性。《保健食品注册管理办法》和《保健食品广告审查暂行规定》的出台对注册和广告行为进行规范，在监管法律法规的完善下保健品行业朝着健康的方向逐步发展。

在繁荣的背景下同时存在市场乱象与国家的整顿。目前我国的保健品行业发展正处于信任重建阶段。2019年伊始，针对保健品市场的"百日行动"在全国各省市开始力度空前的整顿工作。在历经高速繁荣期后，保健品行业又面临着新一轮洗牌。随着社会进步和经济发展，人类对自身健康的关注与重视程度逐步提高，由此也催生出对健康的强烈欲望。

马克思曾在《资本论》中提到劳动产品一旦被作为商品来生产，就带上了拜物教（the fetishism of commodity）的性质。健康与疾病原本只是生物学意义上的身体现象，随着社会学视角的深入，其逐渐被赋予社会文化的意涵，完成了从个人问题向社会议题的转向。商品经济的发展推动着与健康有关的商品与服务被纳入消费逻辑，即以追求经济效益和利润为主且变得更加具象化。

(二) 欲望生产背后的推动因素

个体消费的前提受到消费观念和心理的推动作用，只有商品被认为具有满足需求的功能才会引起个人的消费冲动。因而在保健品的商品化过程中，无论是作为产品链上游的生产厂家还是下游的销售公司，甚至是在大众传媒作用下的整个社会文化环境，都在塑造一种对健康身体的想象。

在救亡图存的民族危机背景下，身体国家化是一种历史印象，其中体现出深刻的政治烙印（邵晓军，2014）。在国家的社会主义建设时期，这种政治属性得到传承与强化。个体在集体主义思想的驱动下遵循利他主义的行为原则，因而无论是身体还是健康都尚未完全获得自主性。随着经济体制改革，国家权威与价值理念逐渐被市场经济和工具理性的逻辑所代替，身体也由此进入大众的日常生活空间与视野（赵方杜，2010），它与传统社会的制度逐渐脱钩，并受到消费文化的操纵，成为消费欲望的重要载体（特纳，2000）。由于身体是健康的载体，健康的意义也随之更迭，进入市场经济语境。老年人对健康的欲望体现在消费行为中，其背后的推动因素可概括为以下几点。

1. 老年人对传统医疗失去信心，需要找寻满足健康需求的新路径

疾病谱的改变使得慢性病侵入老年人的生活，而在西医话语中，慢性病是难以被完全根治的，几乎是不可逆的过程。由此身患多种慢性病的老年人逐渐对以西医为主导的公立医疗机构失去信心，转而寻求中医乃至更多民间土方。多年来国家一直提倡的中西医交融理念，即便是中医院也已经与老年人记忆中的印象有所出入。譬如因在西医的误诊下加重病情而只得寻求中医帮助的被访者所说："现在什么中医、西医啊，只要是医院我都深恶痛绝，他们就是名字不一样，但对病人都不那么上心。"（FG0807，女，73岁）

市场化下的传统医疗机构正面临信任危机，飞涨的医疗费用与疾病谱改变之下医疗的局限性形成鲜明对比。且因为当时资源分配不均，人们的就医难度逐渐攀升。西医走下神坛，暴露出他们在疾病面前的无能为力，老年患者不得不将这种失望与不知所措投射到新的保健途径中。也正是在这个阶段，保健品闯入大众视野，与根植于本土文化的中医养

第三章 市场推动：健康身体与情感联结的建构

生理念不谋而合。

> 大家手里都有点钱了，不像过去苦得要命，就这么过了大半辈子。吃饱穿暖是基本，满足了这个基本当然会想要更好的。那你想要过好日子，身体是必需的吧？"安利"当时很火，火到走在路上到处都是推销员，有的人一边自己吃保健品一边去卖。这就体现了我们老百姓的一种心理，想活长一点，享享福。（FW0919，男，71岁）

为进一步促进发展和降低社会问题带来的群体性困扰，健康产业及产品在某种程度上也成为税收增加的催化剂，老年群体对当前医疗体制乃至养老体系的不满都转化为对保健品的狂热。在这个过程中，无论是政策还是市场力量都将老年群体推向保健品消费市场。当他们在制定更多健康准则与倡导相关的健康理念时，将会使那些因为偏离规范而引发的健康问题归咎于个体自身。

2. 大众传媒的推波助澜加剧健康的商品化过程与健康欲望的制造

目前"人人皆医生"的态势愈演愈烈，各种来路不明的养生知识在老年人的微信群和朋友圈中随处可见，甚至各大媒体平台投放的宣传广告也都在不遗余力地宣传着健康。如同那些看不见的手一般，这些健康知识将老年群体变成销售对象，让他们逐渐养成既定的生活习惯以关注自身的身体状态。媒体传递出一种示范效应，即个人如果按照他们宣传的那样做便能获得健康和长寿。

在市场逻辑的入侵下，传统医疗对健康的生产发生新转向，健康的标准受到整个市场环境的界定。大众传媒的发展作为推动欲望产生的工具，协助保健行业投放大量广告以使保健概念深入人心，精准迎合不同人群的需求。保健品最初从农村发展起来，当时我国正处于城市化发展阶段，大批农民进城务工，常年不能在父母身边尽孝。每逢回村时，他们便会尽力补偿父母。然而老年群体与年轻人的需求、喜好与消费观存在差异，这种在吃穿用度上的补偿并不能完全合乎老年人的心意。也就是在这时，某风靡一时的保健品牌打出"送礼不如送健康"的广告，由此引发保健消费的热潮。

117

> 脑白金的那个创始人，就是疯狂扩张，资金链断裂，几进几退，走的是农村包围城市的策略，打出来的广告是"外出务工的人回乡，给长辈送什么？送健康啊"，他们就是从县级广告一路去了央视做广告，这个就是抓住社会痛点。（C0904，男，36岁，G市卫健委健康产业促进科科长）

相比农村，城市老年人更容易受到消费文化的裹挟。他们并非需要通过他人送礼的方式接触保健，而是以更主动的态度及形式加入到消费过程中。传媒的力量实际在无形中协助保健品行业塑造出一种"健康的身体"。健康的责任主体被进一步推向个人，每个人都有义务提升健康水平，衰老与疾病都成为健康的对立面。目前保健食品的广告投放已成为各大媒体平台的主要广告来源之一，作为流行的媒介传播方式，这些广告有效地降低了厂商的信息费用和交易成本，同时也带有一定的强制性消费诱导，增强了消费者对身体的关注以及对新的生活方式的追求（蒋建国，2007）。保健品广告主要是通过强调产品的预期附加价值以诱导消费者，譬如对美好身体的幻想以及对幸福生活的向往等，其中隐含对健康标准的建构和对健康身体的想象。

3. 健康焦虑的制造进一步推动欲望的生产

受到消费文化建构的影响，消费者必须跟随市场的诱惑以满足自己被勾出的欲望（鲍曼，2002）。个体很容易产生对健康以及身体的焦虑感，这种焦虑也在社会风险性增强的背景下愈演愈烈。年轻人应对焦虑是通过各种方式的健身和塑形，但对于多数老年人而言，他们没有锻炼的体能与运动条件，服用保健品成为老年群体寻求健康的最佳途径。

访谈中，老年人在谈及购买保健品的原因时会普遍反映当前社会中存在的食品安全问题。访谈中还有中年女性表示自己之所以会服用保健品，甚至让孩子一同服用的原因便是整体食品环境的恶劣，原本可以摄取营养成分的瓜果蔬菜和鱼类的品质受到影响，她只能通过保健品补偿。这种焦虑不仅体现在老年人对疾病和死亡的恐惧中，也使得对健康的恐惧进一步向年轻群体蔓延。对此，政府工作人员则持否认态度。

第三章　市场推动：健康身体与情感联结的建构

> 我们国家政府工作做得不好，新闻总是喜欢宣扬不好的东西，负面消息更吸引眼球。整个市场宣传舆论给别人的感觉是很不安全的。这些不良事件怎么发生的，我们怎么处理的，包括奶粉。其实对我们的成就宣传太少，合格了算什么新闻呢？我们以前是有这个问题，但现在其实很好了。如果我们政府没有能力，会发现这些不安全吗？会改进吗？肯定不会。其实都在——纠正的路上，可自我宣扬的不够，很多部门不愿意做这个。其实有个民生工程做抽检，在生产和销售过程中会对所有农产品进行采样，这个都做了十年了。现在都不和老百姓说，不合格的都处理掉了。年年都检测，但老百姓从来都不知道。（Z0904，男，35岁，G市卫健委健康产业促进科科长）

传媒的逐利和猎奇属性容易选择性地向公众输出信息，使得公众陷入对我国食品安全隐患的不安和焦虑中，由此进一步增强大众通过购买保健产品补偿营养摄入不足的动机。在此背景下，保健品行业迎来繁荣发展期，并在社会范围内引发"保健热"。由此，行业内部更加注重差异化，以消费者的需求为出发点。整体而言，我国保健品市场依然存在诸多乱象，不仅有恶性竞争的情形，行业规范与监督体系也尚未建成。然而人们对保健的欲望只增不减，并努力将这种欲望变成现实。膨胀的欲望之下也催生超出商业的逐利本质，越来越多的保健品被推入市场。"镜像的身体"被用于说明消费对欲望生产的重要推动作用（萧易忻，2017）。当保健品因为相较于药品更宽松的审批制度而受到市场青睐时，便成为使老年人满足对健康身体的想象途径，与健康相关的保健品实际上也借此完成商品化转向。经济全球化带来的社会风险增大使得国家开始加大对个体健康的管控，商品化也逐渐入侵社会生活的方方面面，与健康相关的药品和食品受市场竞争规则的影响而蓬勃发展，这一切都带来健康身体的想象与欲望的生产。

（三）行业监管的灰色空间

监管环节是影响行业发展的重要因素，保健品消费在监管层面处于灰色地带，这是由其自身的矛盾与监管疏漏共同导致的。长此以往将严重损伤其行业的信誉度，也容易导致消费者的行为受到质疑与批评。研究认为形成这种灰色空间的原因有如下几点。

1. 药食同源带来身份模糊

我国对保健品的明确规定是将其排除在药品之外，严禁对医疗用途进行宣传，绝不能替代药品。然而这项规定并不能从根本上杜绝保健品的治疗功能，一方面，商家在产品上写明"本产品绝不能替代药物"，但在实际讲座和课程中依然宣传保健品的治病功效。"调节身体和治病……差不多啊，像我们这些老年人哪里懂得这么多，就认为能治病。吃了眼睛就能好，这不就是治病吗？这种话两个意思，一方面给你起保健作用，但是讲的时候，你吃了这个就会变好，糖尿病吃了就不用吃药打针了，那不就是治病了？"（FW0729，女，74岁）另一方面，即便商家不刻意宣传，很多保健品因以中医药为基础而确实存在治疗功效，且老年人对中药的了解程度远高于西药。"保健品是没有功效，但中药有这个功效。"（H1031，女，40岁，HXT保健品公司主管经理）"黄芪可以泡茶，陈皮晒干了泡水，可以治疗咳嗽，消食，助消化。黄芪补气，气血虚，老年人爱出汗，可以喝。药食同源这个，很多药材没给批它应有的作用，只能免疫调节，调节血脂。那顾客吃了发现对别的地方也起作用，以后就会一直吃。"（X1023，男，35岁，ALQS保健品公司主管经理）

相较于西药，中药因其效果具有不确定性，更增加了保健品的"神秘感"，难以用科学数据进行精确地验证。保健品模棱两可的治疗功效成为目前其最具争议的地方。无论是老年人的家属还是从事医疗行业的医生群体都对保健品深恶痛绝。不遵医嘱、擅自停药将给老年群体的健康带来风险，且这种风险在很多时候并不是即时的。一旦出现问题，他们很难向保健品公司追责。而大多数老年消费者都不会只服用一种保健品，由此更难确定责任方。保健品和其他产业并无区别，都是市场经济中的一部分。但因其与个体健康息息相关，出现了医疗领域与食品领域的交叉与重叠，模糊不清的身份与随之产生的监管灰色地带给了不良商家投机倒把的机会，严重扰乱保健行业的正常发展。

> 去年有个卖辅助药品的人送女儿去念哈佛。在国际上没辅助用药这个说法，是我们中国的特色。要么是药品，要么是食品。但在我们国家现行体制下，就不该出现这个词。保健食品该出现吗？就叫食品不行吗？这个是中国文化传统的问题，也是人们对健康的渴求，其次也是我国特有管理体制和渠道塑造出来的，说是怪胎，正果也罢。总之出现了。（Z0904，男，35 岁，G 市卫健委健康产业促进科科长）

2020 年 7 月，国家卫健委发布的《关于印发第一批国家重点监控合理用药药品目录（化药及生物制品）的通知》试图对那些依靠营销驱动的服用药品进行结构性调整，由此进一步规范辅助用药的目录，市场上俗称"围剿中华神药"。从该角度出发，可以窥探国家对中医药尤其是民间"神药"的管控力度。虽然目前市场上大多保健品并不在医保目录中，辅助用药仍是不少保健品公司用以宣传的幌子，以此从国家层面入手获取老年消费者的信任。在这些模棱两可的定义之下，保健品的身份仍旧模糊。这不仅为不法商家创造了机会，也为市场监管带来阻碍。它更成为无形的推手，将那些不知道该如何满足健康需求的老年人推入灰色空间。

2. 法律疏漏降低犯罪成本

法律的漏洞使得行业监管缺少可依照的专门法律。在美国，保健品被称为膳食补充剂（Dietary supplements）。其监管措施以法律为基础，具体包括《联邦食品、药品和化妆品法》《膳食补充剂健康与教育法》《膳食补充剂和非处方药消费者保护法》《食品安全现代化法》《营养标签和教育法》五部法律。这些法律自出台后不断修订，对保健品的生产、包装、标签、储存、销售和使用等全部环节作出明确规定。我国对保健品行业的监管政策自 20 世纪 80 年代以来进行过多次调整与探索（具体政策见附录二），对保健品监管政策的出台也逐步完善，但至今缺乏专门法律，仅从属于《食品安全法》。

保健品在我国因传统中医药文化的加持，具有药食同源的特征。单从归类上强行将其与药品区分并不能彻底划清药品与食品的界限，反而因这种归类使未经过药品程序性检测的保健品承担了部分医疗职能。单纯向老百姓发出"保健品是食品"的信号并不能从根源上解决保健品性质模糊的问题。原国家食品药品监督管理总局曾在2017年发布《关于进一步加强保健食品监管工作的意见（征求意见稿）》（下文简称《意见》），明确保健食品为一种特殊食品的基本定位，区别于药品和普通食品，并提出监管方式向以备案为主、注册审批为辅转变的改革方向。同时《意见》将加强保健食品的原料、功能、标签和广告宣传等方面的监管力度，但至今没有得到通过。

基于中美保健品市场监管政策的对比，我国在政策出台环节有以下几点疏漏：一是责任主体几经更迭，导致各监管部门的职权不清和责任不明。从保健品行业的监管政策沿革可知，我国保健品监管主体随着机构改革多次变更，极容易造成权责混淆的后果。二是对保健品成分标注透明化不足，容易给不法企业钻空子的机会。譬如混淆概念使重要药材成分含量缩水，容易带来送审样品与实际销售品存在差异以及商家偷工减料或是加入其他违规成分的风险。监管部门和医生都在访谈中表明很多老人之所以认为保健品有效果，是因为其中含有镇静剂、止痛剂等药品成分。三是违法成本低于非法盈利，不法商家有恃无恐。"成本很低。国家一搞，我钱赚了就拍屁股走人。反正你政府部门去抓吧，我搞十次，你抓九次，我弄到一次我就赚了，这就是我说政府和有关部门不作为的原因。"（C0904，男，36岁，G市卫健委健康产业促进科科长）目前我国对保健品虚假宣传的惩罚是处以广告费10倍或者200万元以下的罚款，比起此类违法产品对老年消费者造成的伤害以及为不法商家带来的利润而言，该惩罚力度较轻，降低了违法成本。四是在实际监督过程中存在取证与举证较难的问题，这也给了商家钻空子的机会。如商家的不实宣传仅以口述的方式出现在会场和大讲堂中，消费者若自身无防范意识与举证意识，事后追究难以形成完整的证据链，由此增加政府对市场监管的难度。

3. 营销方式介于违规与合规之间，难以精准判定

传销属于违法行为，且通常以非常低劣的产品作为幌子，它的目的不在于推销产品，只是单纯牟利。而直销具有门店，譬如保健品公司作

第三章 市场推动：健康身体与情感联结的建构

为中间商，使产品完成从工厂到门店的销售流程。保健品本身属于商品范畴，但它同时又借用传销手段。"你打击它，它又不是传销，我不是没有东西卖，我确实是保健品，厂家也有的。"（L1010，男，55岁，G市工商局副局长）从合规性的角度来说，保健品的销售介于合规与违规之间。

很多保健品首先通过会销宣传老年人感兴趣的健康知识，再通过一定的方式对人群进行健康检查和评定，告知其身体存在的问题和缺乏的元素。由于鉴定人员的真实性和专业性有待考证，老年人在此言论下被诱导消费。另一方面，目前G市的保健品公司多以门店形式进行营销，有正规营业门面，其本质也是通过拉人头的方式给销售者返利，基本介于直销和传销之间，并在其中构建出一个灰色地带。

G市工商局的相关工作人员在访谈中表示目前对保健品的监管存在较大的难度。保健品公司都会采取各种不同的形式满足老年消费者的需求，譬如有公司会在过年时带老年人去北京"吃国宴"，也有公司带老年人去周边进行"健康旅游"，不仅丰富了老年人的晚年生活，也让消费者尝到甜头，对公司和产品更加死心塌地。而在这一过程中，公司会采用多种方式推销产品，甚至出现"偶遇"另一家公司的情形。很多老年人在不知不觉中就走入保健品公司的圈套，加大了监管部门的难度。"这些人打着一些合法的幌子，有门店、营业执照、食品经营许可证啊，你去查，他都满足条件。在老年人去旅游的过程中销售，就是一种欺骗的形式，但是我们没有办法给他定罪，没有依据。"（L1010，男，55岁，G市工商局副局长）

4. 保健品服用效果难辨别

从保健品本身的监管出发，目前由于保健品归属食品行列，与药品的检测手段不同，难以从检测报告中论证其服用效果与广告宣传的一致性。"中西医各有机理。保健品到底有没有功效，他们其实是让老年人通过自己的身体去进行论证，本应该是生产厂商去论证效果。现在保健品却是因人而异的，它是食物不是药，就不需要论证。"（Z0904，男，35岁，G市卫健委健康产业促进科科长）同时保健品类别众多，大都采用五花八门的原料和形式，这也给监管部门的工作带来挑战。职能部门自身的畏难情绪在无形中将检测的责任转嫁给消费者，这种责任推诿也将买到假冒伪劣产品的责任归结于老年人自身的辨别意识不强。老年人只有亲自尝试每一种产品，才有可能知道它是否有效果。对老年人而言，这不仅造成了钱财的损失，也会带来健康隐患，并不能从根本上为银发市场营造安全的消费环境。从生产和销售保健品的企业自身出发，他们一边抱怨社会对其污名化，斥责同行的不法经营，但一边也因受到利益诱惑难以坚守自我，趁机享受潜规则带来的红利，并对周遭的劣币保持沉默，这种缺乏社会责任心的企业也会妨碍行业生态的恢复和良性发展。

对产品真假的判断不应完全依赖老年人自身的判断能力，而是应该增强政府帮助民众规避风险的能力。譬如有很多老人提到，希望政府能公布可信赖的保健品品牌的名单，让老年人在此范围进行挑选。但是研究者在访谈相关职能部门工作人员时，对方反映当前保健品处于灰色地带的原因之一就是作为食品，保健品的检测方式与药品不同，其保养功效都需要以一定的数量和时间作为检验标准，且该时间效应因人而异，并不具有推广性和复制性。通俗地说，只要保健品没有伤害个体健康且确实包含其所承诺的原材料，就难以被认定为不合格的产品，即便它没有多少实际功效。因而政府自身也无法判定保健品公司的优劣，更无法承担向公众推荐的职责。同时负责人也提到，保健品行业最大的问题在于不透明化，他们只标明所含的药材名称却无准确数量，这也成为监管部门查验和审批时的漏洞。

综上可知，当前保健品行业的发展存在乱象与监管的灰色空间。从长远角度出发，该趋势并不利于全行业的发展。但矛盾的是，保健品模棱两可的界定也正是其吸引老年消费者的重要原因。对医疗作用的承担强化了产品功效，成为老年人在应对传统医疗局限性时的希望与安慰。这种灰色空间也使得保健品具有不同于西方的本土特色，模糊的定位在一定程度上有利于健康欲望的生产。

三 健康商品化推动健康需求的形成

（一）健康商品化将健康标准内化于行为

在医疗领域，健康的标准是与疾病相对的，即消灭疾病与维持生命

第三章　市场推动：健康身体与情感联结的建构

体征。在世界卫生组织对健康的定义中，健康不仅仅是身体的无疾病状态，且同时具有生理、心理与社会三个层面的内容。它是随着社会发展而不断深化和变迁的动态过程，从个体化归因层面转向社会性并成为一种社会现象。健康在界定层面的丰富与延展使得判断个体健康程度的标准从医疗领域流入社会。而在经济体制改革的进程中，标准的界定权已然被让渡给市场。

"健康身体"的界定成为一种由多主体参与而共同建构的健康标准，譬如曾经热播的广告，"自打吃了盖中盖，腰不酸了腿不疼了，走路也有劲了，一口气上五楼，不费劲儿"。此类广告词无形中传达出对老年人群的健康想象与标准界定。在访谈中，某保健品行业从业者就透露电视广告投放是其向老年人宣传产品的主要渠道，而广告中宣扬的观点便是服用产品后的老年人会呈现的身体状态，多具有夸大效应。老年人经常接收这类信息，久而久之也形成了自己的健康标准。

> 也不是说老年人就可以和年轻人一样身体好，但是至少不会特别差。我看广告啊、新闻啊，里面很多都说时代不同了，我们也可以保养好身体，那些百岁老人还下地种田呢。我们六七十岁的时候就开始吃点保健品，保持好的生活方式，就也可以和他们差不多了，事在人为嘛。（FG0807，女，73岁）
>
> 我觉得健康就是少生病，心情好。你生病了再吃药，那不是健康。你平常注重保健就可以不生病。生病了也不需要去医院，自己免疫力提高了病自然就好了。（FC1023，女，78岁）。

从访谈中可以发现，当前老年人都将生病次数、去医院的次数、免疫能力等作为衡量健康的标准，然而标准的制定依据大多来源于广告、保健品公司的专家以及各类转发于各个微信群的养生文章，这更加印证了老年人保健品消费背后的形塑力量。老年人逐渐将这种标准内化为自己的消费行为，他们通过购买保健品的方式以及规范自己的生活方式以达成标准。

当研究者询问老年人在消费保健品的过程中能否获得健康以及能获

得多少的问题时,他们的回答主要集中在两个层面:首先是保健品消费能换来部分健康。在确保保健品的生产来源是正规以及自身的吸收功能正常的前提下,长期且规律地服食保健品必然能起到滋补身体的功效。其中保健品的选择以及服用时长将产生重要影响。其次是保健品消费更多是一种心理安慰。有老年人表明自己并不十分清楚服用的保健品是否有效果,但因为自己在努力达到健康标准的过程中有所作为,这将从心理上给他们带来安慰,也能在一定程度上缓解老化带来的恐惧与焦虑。从这个角度出发,健康的商品化并不完全遵从消费主义下的经济逻辑,健康无法作为被严格量化并实现等价交换的商品。因而选择购买保健品的老年消费者容易对商品的象征意义买单,而非产品本身。这也是当下保健品消费遭受质疑与批评的地方。

(二)健康商品化强化老年人维护健康的权力意识

第一,消费带来的平等性使老年消费者有获取健康的可能。保健品成为可以购买的商品,原本的特权色彩被削弱。老人们普遍经历过计划经济时期,资源的高度集中与统筹限制个体行为的自由程度。单位制的推行以及城乡资源的分配不均也带来社会分层与身份区隔,从而影响个体在获取资源时的公平性。在这种以身份分层为特征的制度体系中,身份的不同将影响所获资源的差异,无形之中也将个体获取维持健康资源的机会与社会分层挂钩。分属不同单位、甚至处在同单位不同职位的个体都将因此而无法获得同等的健康资源,特权色彩是这个时代的独特印记。

> 在不在单位里,在什么样的单位,这个待遇是大不一样的,能决定你后半辈子的生活。只要进了体制里就不用愁吃穿,但也别想过多好,大家生活水平都差不多。后来搞改革开放了,就有很多人狠心从体制里跑出去做生意,穷的、富的,差距一下就很大了。(FY1013,女,79岁)

经济体制的变革带来市场流通的自由,原本被固化的身份区隔逐渐淡化,经济逻辑之下的金钱与效率取代了原本的社会分层,也加强了经

第三章　市场推动：健康身体与情感联结的建构

济行为的平等性。譬如很多老年人提及在计划经济年代只有干部才能享受较好的医疗条件，其中就包括保健药。而随着市场经济改革的深化，曾经可望而不可即的特供保健品在经济许可的条件下就可以通过消费行为获取，由此补偿老年人曾经无法满足的需求。"那些领导人吃的东西，在过去有很多是特供产品，普通人吃不到，只是听说。现在领导人把这些配方公开，让大家都能吃上，这是一件好事。"（FC1031，男，80岁）宽松的消费环境以及便利的消费渠道都增强了老年群体的消费意愿。

第二，消费带来的平等性激发出老年人维护健康的权力意识。老年人在计划经济的社会背景下普遍缺乏主体性，他们很少用个体化视角看待健康与消费行为，因而也忽视了维护健康是个体享有的权利。在消费社会的背景下，个体通过消费满足自身需求成为一种普遍现象。而健康在商品化的过程中使个体对身体的关注得到增强，也使得主动维护健康成为常态。

在医学话语体系中，疾病被界定为需要通过医疗手段干预的对象，而健康作为疾病的共生概念也被框定于医学化的范畴中，限制个体追求健康的途径与方式。"我从小就不喜欢去医院，老了以后更不愿意去，医院不是什么好地方，他们也治不好我的病。"（FC0813，女，70岁）市场化本身是伴随着物的丰盛而出现的，经济逻辑与竞争原则使得满足需求的途径更加多元化。消费者在决策过程中也拥有更多的自主性与选择的权力，譬如保健品作为一种非传统医疗方式成为当下老年人满足健康需求的重要途径，其中也反映健康在商品化之后对消费者主体能动性的提升，由此进一步通过欲望驱使其进行消费。

（三）健康商品化催生健康焦虑以生成健康需求

第一，健康在商品化的过程中放大了衰老、疾病与死亡对老年群体的负面影响，尤其是对个体的威胁感。影响老年群体产生补偿动机的主因便包括死亡威胁，消费者在消费过程中需要获得对威胁的补偿，从而达到心态的平和（柳武妹，2014）。健康在商品化的过程中需要通过强调不购买健康类产品可能带来的消极后果。"我不是很喜欢有的保健品公司为了推销产品就故意讲一些很可怕的东西，会放个图片啊什么的说那些很惨的人,就是没有买保健品,身体才变坏了……"(FG0807,女,73岁)"有的公众号文章的标题,为了吸引人都会故意搞噱头博人眼球,什么如果你不这么做就会怎么怎么样,完全是吓唬老年人。本来他们就很容易相信这些东西,不懂得辨别真假,这一看立刻信以为真,被那些人牵着鼻子走。"(C0904,男,36岁,G市卫健委健康产业促进科科长)

　　正是由于健康的责任主体以及话语权逐渐从医疗领域流入社会,"人人皆医生"的趋势带来各种健康信息的爆炸式传播。尤其是那些有威胁作用的信息在传递过程中制造老年人的焦虑,从而推动他们的消费行为。有研究提出消费者在应对威胁时的两种消费行为:先行性补偿与反抗性补偿。前者主要是一种预见式的消费行为,消费者会提前预防可能出现的威胁;还有一种是事后应对,以减轻威胁产生后的负面影响(Kim & Rucker,2012)。实则在老年人保健品消费中,这种威胁同时会产生以上两种补偿消费心理。老年人会通过购买和服用保健品的方式提前对可能到来的身体机能衰退、疾病恶化等情形做准备,以尽量延缓其发生的时间和减弱其发生的程度。"我们吃保健(品)主要就是为了预防,不希望再过几年瘫在床上不能动,要不就是三天两头地往医院跑,那种生活是没有质量的。"(FJ0924,女,77岁)另外,那些身体已然出现各种问题的老年人也会通过保健品消费达成一种对当下不良身体状态的补偿,此类老年人对保健品的医疗效果有所期待。"以前我看东西很模糊,鼻子眼睛都看不清,后来吃蓝莓,把眼睛吃好了,现在看的好清楚,也不模糊了。"(FC0813,女,70岁)

　　第二,健康的商品化使得维持和促进健康成为社会常态,健康的责任主体从国家流向个体,个体的健康焦虑由此增加。风险社会的到来使得传统的结构性支持被削弱,个体与家庭的负担以及应对风险的不确定性都随之提升,个体不得不时刻关注自己的健康状况以降低风险。对外在环境掌控性的减弱也使得个体自身的动机得到强化,即个人成为最后还能对生活施加影响的主体,保持其健康水平是提高控制感与控制权的基础。譬如当下老年群体对疾病暴发的焦虑便成为其进行保健品消费的重要原因。"医院没病也能查出病来,毕竟到年纪了,毛病自然而然地就找上门来啦。医生没办法,我们更没办法,只能吃点保健品调养调养

喽。"(FH1023,男,70岁)

因为疾病具有高度的不可控性,医学的局限使得人们无法预知疾病暴发的可能性、时间与程度,人们只能在疾病到来前有意识地提升自身的免疫力与身体素质。又譬如老年人对未来养老的不确定性也容易形成对生活的不可控感。"不是说他们不孝顺,他们也有自己的家庭,年纪也会变大。我们老年人的心理是这样的,能靠自己就靠自己。"(FZ0925,女,78岁)健康的商品化为老年人缓解焦虑提供途径,老年群体将维持健康的责任作为自己应对生活不可控的方式,因而进一步促进保健品消费。

第三,老年人将对健康的焦虑投射到消费行为中,以表达对健康的强烈愿望。消费行为本身也是对健康焦虑的体现,同时具有对焦虑的强化作用。譬如老年群体在保健品消费中有跟风、从众等倾向,他们很容易受到同龄人与身边好友的鼓动而加入到保健消费的行列中。"好多同志都在吃嘛,朋友之间,他们吃了就告诉我,讲怎么好怎么好。别人买了,我也不能不买啊。"(FL0919,女,80岁)

老年消费者在消费过程中体现出的从众心理实际是对焦虑的现实反映,这种从众行为的形成是以健康的商品化为前提的。无论是保健品的生产厂商、销售者、大众传媒以及老年人自身都加入到健康贩卖所带来的焦虑中。他们一边在焦虑的驱使下消费,一边也将这种焦虑传递给身边的人,从而引起老年人群内部的共同性焦虑,这恰恰是保健品行业的营销目的和发展的基础。

第二节 情感商品化过程中的情感消费需求

情感与健康一样经历了商品化的过程。当个体的情感需求通过市场来满足时,情感的商品化便发生了。本节将通过剖析情感在保健品消费场域中被商品化的过程,由此阐述老年群体在消费中获得的情感需求补偿。

一　物的象征意义：保健品的情感建构

消费文化强调对物的象征意义的消费，即消费过程中并不侧重物的使用价值，而是更多关注消费在日常世界中被赋予的意义。由此，消费是用以理解社会生活的交流系统（迈克·费瑟斯通，2000：123）。随着健康消费需求成为市场经济的新增长点，保健品行业进一步得到扩张，业内竞争激烈。广告投放是其提升产品形象与竞争力的重要商业手段，同时也是完成商品符号化的重要推手，在不少保健品广告中都能看到诸如养老、孝顺、健康等关键词。当这些符号与商品相关联，消费者便会在不自觉中建立某种观念与习惯，从而激发消费欲。

保健品与我国"孝"文化的关联始于上文提及的农民工给长辈送礼的例子。在这个过程中，广告将保健品与子女对长辈尽孝的传统文化情结以及他们对常年不在家中的愧疚心理紧密相连，由此完成对商业化产品的情感植入，进一步提升产品的附加值，也激发了消费者的购买欲望。广告作为营销沟通的重要工具，可以借助情感因素达到与消费者情感沟通的目的。为引起消费者的情感反应，保健品公司会充分了解当前老年人的内心诉求。譬如在众多保健品广告、集会与大讲堂中，他们一方面会通过强化不健康的老人在晚年时的痛苦与无助，另一方面也会渲染当下子女因反对保健品对老年人的"不孝形象"，由此营造老年群体对凄惨晚年境遇的恐惧与共鸣感，煽动老年群体奋起抗争的愤怒情绪以促进他们的购买欲。在传递信息的过程中，情感与产品的联结被逐渐建立起来。老年人将自己对晚年生活的美好想象寄托于保健品之上，这正是诸多保健品公司的营销目的——建立保健品的情感联结。

对于保健品这种与生命相关联的产品，保健品公司利用了老年人群对衰老与死亡的天然恐惧和焦虑来提升产品的吸引力，无形之中达到促进老年群体提升健康意识、关注身体的效果。老年人也由此将当下的生活体验与情绪投射到产品之上，进一步促进保健品的情感建构。"身体是自己的，我们不给自己花钱，不为自己着想，谁会管我们？别等到被人家嫌弃就来不及了！"（FC0816，男，80岁）很多老人都存在对晚年生活境况的忧虑，他们将自己对慢性病缠身的无助、对家庭赡养职能削

第三章 市场推动：健康身体与情感联结的建构

弱后的无奈以及对当前医疗服务与养老服务的失望等一系列复杂的心理情感寄托于保健品之上，渴望获得情感上的慰藉。

此外，保健品公司会运用营销策略调动老年人参与保健的积极性。研究者在调查中发现部分保健品公司会以激励的方式做广告宣传，譬如他们会设置"红花榜"，将老年人的姓名写在榜单上，以他们参加大讲堂的出勤率、发言次数、表现情况等作为奖励小红花数量的依据。最终公司会在固定时间间隔内对老年人的最终红花数量进行评定，并给予物质奖励。"老年人和小孩是一样的，他们的积极性需要你靠外力刺激去调动。而且他们退休之后很少有机会再体会到这种集体活动中的竞争感，我们就给他们提供这样的场合和机会。"（Z0817，女，35岁，JSY保健品公司主管经理）这样的广告形式比单纯对产品的宣传更容易激发老年人的参与热情。实则保健品消费采用的是一种物质与情感并存的营销模式，既避免单一情感输出的空洞，也赋予消费品以附加价值。

虽然在既有研究以及大众印象中，当下空巢老人的增多以及陌生社会的到来使得老年群体面临情感枯竭的现实困境，他们不得不依赖市场化渠道获取情感支持。因而老年人在保健品消费的过程中存在情感消费的现象，老人们希望通过消费的方式得到对情感的补偿。研究者在访谈中却发现老年人不会直接承认自己在消费过程中的情感补偿目的，即表明自己是去"购买"情感的。他们更倾向于在叙述细节中提及销售者的热情服务、悉心照顾与耐心陪伴，以及其在消费过程中收获的情感体验。这些都从侧面印证了老年人在保健品消费情境中的情感消费事实。

在我国传统文化中，情感与金钱不具有等价关系，情感是区别于金钱而存在的精神内容。老年人对情感补偿的否认是由他们的价值观与自我概念所决定的，在他们的认知中，情感不能直接与经济活动挂钩，且老年人也并非情感中的弱势方，不是以消费为借口换取情感。这种单纯以情感界定其消费的行为实则是对老年人的不尊重，也否定了其消费角色，更减损其情感的价值。老年人的自尊感也不接受社会为其树立孤独与无助的形象，如他们在访谈伊始并不愿主动袒露子女的漠视，只有在多次访谈后才会透露实情。"我儿子在外地，一年也回不来几次，回来了也待不了几天。"（FC0813，女，70岁）从中可知，老年人对情感的需求并非如媒体报道或既有文献描述的那样具有直接性，反而呈现出一定的隐秘化。因而保健品公司在建立情感与产品的联结时是以产品为依托的，这种方式更容易受到老年人的青睐。

二 商品的衍生价值：情感服务的注入

（一）服务态度：来自陌生人的慰藉与尊重

从物本身的情感联结层面出发，保健品实现了象征化意义的过程并体现出物与情感的联结。除物本身的情感意义外，消费过程中因为包含人与人之间的互动，服务过程中的情感注入也有利于商品的衍生价值的生成，由此进一步推动情感的商品化。从情感社会学的角度来看，情感本身具有社会性和社会存在方式，并不完全局限于个体的心理状态，而是产生于个体与社会的互动与沟通过程中。消费是一个追逐快乐、满足自身需求的过程，情感本身就是消费的动机之一。在消费的过程中，情感也经由市场化走向付费产品与服务的形式。消费享乐主义便是在国家、传媒和消费者的合作中形成的，而现代社会中普遍的人际关系弱化和情感淡化也使得越来越多的人将情感投射于作为产品的服务中（王宁，2011）。

以G市的实际情况为例，这里大多中年人都与父母住在同城。然而家庭结构的缩小使得老年人单代独居的情形有所增加。在此背景下，保健品公司的销售服务中体现出浓厚的情感特征，这是由作为消费者的老年人自身对情感的需要以及作为产品提供者的商家为追求利润迎合消费者需求所共同建构的。

> 你有什么需要啦，不舒服啦，都可以叫小王（保健品销售者）过来。如果我住院，他知道的话就会来看，他们的服务态度是非常好的。身体不大舒服就可以喊他上门，他们都有医学背景的，我们都是些老毛病了，他们一看就知道。真要去医院了，可能也没什么好办法，但是他们用一些中医的疗法，针灸啊、拔罐啊，人就能舒服很多。（FJ0924，女，77岁）

> 这些年轻人都很热情，对我们好。天冷了，让我们多穿点衣

第三章　市场推动：健康身体与情感联结的建构

服。来听课，左一句上车小心，右一句走好了，路上不要摔着、碰着，就是很客气的，比我家孙女还好。到公司的话，都是人前人后地关照我们，面带笑容的。(FL0919，女，80岁)

情感支持通常来自个体与他人之间的互动，包括获得情感安慰和自尊认同的过程，老年人将此统称为"服务态度"，甚至以此作为其挑选产品的标准。"像有的地方还要看他们的脸色，我气都气饱了，病都搞出来了。服务态度不好，再好的产品我也不吃。"(FJ1031，女，79岁)有保健品公司的负责人表示，他们在招聘员工时十分注重其社交能力和天然的亲和力，也会考察其对当下老年群体内心诉求的了解程度。在传统社会中，老年群体可以因年龄和资历而获得的权威与尊重已逐渐瓦解，取而代之的是以金钱、权力与地位所构筑的社会层级。个体退出工作后的社会价值随之降低，因而无法获得与在职时同等的尊重与认同。保健品公司的销售者不仅通过这种热情又周到的服务态度给予老年人情感上的补偿，也给予老年人曾经拥有的关注度、认同度以及尊重度。

在这个保健品行业里边，有人更愿意去重视他，给他一些关怀，或者说更多地去服务，老人心理上就会有很大的满足感。像这个 VIP 客户吧，咱们坐飞机呀，不都有这个贵宾室么，或者是这个坐火车呀坐飞机呀，他都有头等舱啊或一等座啥的，就是给人一种被重视的感觉，因为人嘛，他都有这种心理的。(X1023，男，35岁，ALQS 保健品公司主管经理)

很多老人在谈及自己是某保健品公司的会员时，脸上会露出隐隐的骄傲。由于会员的等级与他们受到的重视以及享受的优惠及服务相关，老年人十分在意自己作为会员能否享受到比其他普通消费者更优渥的待遇。

（二）情感共鸣：老年人的反向情感满足

从上文可知，服务态度是老年群体购买保健品的重要标准。而老年群体对服务态度的倾向也基于销售者自身的专业能力,研究发现大部分从事保健品行业的人都有一定的医学背景,而并非全是大众认知中的江湖骗子。实际这些人大都来自于专科医学院校,在市场中不具有竞争力,更没有过硬的背景和关系,属于被公立医疗机构所淘汰的医学生,最后不得已才进入保健品行业。

在和老年人的访谈中,研究者发现很多老人对销售者十分了解,熟知其学历背景和家庭状况等私人信息。"她家里条件不好,还有个精神不正常的哥哥要养,没有母亲,好不容易找了个对象,家里条件也差,到现在都没条件要孩子。"(FY1013,女,79岁)"不是人人家里都那么好,给你把工作安排得好好的,我们小时候也没什么人依靠,都是年纪轻轻就去闯社会,到处碰钉子,我看他们真挺不容易的。你看那个丫头,怀孕了大着个肚子,三伏天还在外面见客户呢。"(FW0729,女,74岁)

在消费过程中,老年人对于作为销售环节中的销售者产生了情感共鸣与同理心,甚至有移情效应。他们不仅是将那些工作人员作为自己的孩子看待,也将这些年轻人看作自己曾经同样无依无靠、在社会上艰难过活的缩影。出于同情等情感因素,他们愿意购买产品以支持他们的工作。甚至在明知道他们的服务是以推销产品为目的,老年人依然自愿消费。

"谁愿意跟我们这些老头老太太在一起玩?年轻人有几个能做到?我们说多了他们都嫌烦。这些年轻人也需要业绩啊,也要讨生活啊。"(FG0816,女,74岁)这种在老年消费者中体现出来的情感植入,也折射出其在亲缘关系圈内无法被满足的情感需求。在很多新闻报道中,年轻人都对销售者为推销产品而各种迎合和讨好的现象嗤之以鼻,也埋怨老年人将销售者当作自己亲生孩子是上当的愚蠢行为。究竟是老年人无事生非,硬要挑儿女的刺?还是子女在对老人的情感支持上有所缺漏?保健品行业及其销售者是在钻情感的空子吗?还是以营利的方式替子女尽孝心?

社会的现代性发展呈现出人情沙漠化的现象,单向度的情感表达与传播进一步加剧情感枯竭的危机。而情感本身因其社会性而具有互动沟通的属性,对于老年消费者而言,曾经的熟人社会和集体生活让大多数老人都养成了双向情感传递的习惯。他们对保健品销售者的同等关心与共情并不符合市场规则中的消费逻辑，本应向老年人提供情感服务的消费环节却反过来让老年群体进行反向的情感输出，即从消费者的角度为该消费过程植入情感。实际上，老年人在消费保健品时也在通过输出情感的方式获得一种反向情感满足，这份对陌生人的善意于老年人而言能带来更多的情感满足。正如研究对情感消费的界定，老年群体不仅消费由销售者提供的情感，其本身的情感也被整个市场环境所消费。以往社会大众多以情感营销对保健品行业进行批判与质疑，但他们并没有关注这种情感服务达成的双向互动特征。

三　情感商品化推动情感需求的形成

（一）情感商品化为消费赋予象征意义

消费并不是单纯的对物的使用价值进行交换，物本身所具有的符号意义是对消费社会性的体现，其背后蕴含着社会环境与历史文化的变迁。既有的情感消费理论重点关注对年轻群体消费行为的解读，鲜少考虑老年群体在情感消费领域的特殊性。由于消费具有较强的娱乐特性，而老年群体因为身体、消费观等主客观因素无法和年轻人一样追求刺激与新鲜感。消费对于老年人而言，其情感需求相较情感宣泄的可能性更高。因而在保健品消费中，老年人对消费过程有特殊的情感期待和需求。这种期待和需求得以实现的前提便是情感的商品化，当情感成为商品或商品的衍生价值便使商品本身拥有符号特质以成为差异体系中的一种意义对象。

有老年人将保健品作为"最后一根救命稻草"（FZ1023，女，73岁），保健品由此区别于其他满足健康需求的方式。尤其在面对当下传统医疗的局限性与无能为力时，老年群体更需要得到精神层面的宽慰。"去医院，他就讲我这个是治不好的。后来我遇到这个公司，人家就说只要我坚持吃下去就会有帮助，我心情一下就好了。我们老了，也不知道还能活多少年，就想有点希望地去活着。"（FL0919，女，80岁）科学与严谨的诊疗方式是医学工作的职业规范，而作为患者，他们除了要求诊疗外更希望获得情感层面的安慰。正如美国医生特鲁多墓志铭上的那句话："有时去治愈，常常去帮助，总是去安慰。"就保健品公司的推销手段而言，他们在推销过程中表达出来的同理心、鼓励等积极的情绪，赋予保健品消费以特殊的象征意义。

实际情感的商品化包含两个层面，首先是一种人为制造的情感。即销售者有意识地为老年人提供他们需要的情感，这要建立在双方的信任和足够密切的交流基础上才能达成。譬如对于子女常年不在身边的老年人，销售者会尽力扮演子女的角色。"和老年人接触的时间长了，他们会和你谈心，把平常生活中的烦恼都告诉工作人员。那些孩子家里也有老人，也很同情他们的遭遇，就会尽量补偿老年人的遗憾。就算别人觉得他们是虚情假意，但我觉得里面也是有真情的，人心都是肉长的，他们交流久了也会像朋友一样。"（Z0817，女，35岁，JSY保健品公司主管经理）"那些小年轻的嘴巴一个比一个甜，恨不得做你的亲孙子。一般亲生的孩子可能都做不到他们那样，因为他们是有目的的，有意识地去讨好顾客。"（B0922，男，63岁，WSZ社区医疗卫生服务中心医生）销售者们无论是在见面时与老人热情打招呼还是在日常生活中对老人嘘寒问暖，都表现出对老人的关心。其次是缓解负面情绪。被访者中有老年人因个体经历中的不公平遭遇而耿耿于怀，每每谈及过往都容易情绪激动，她将对生活的所有消极情绪都投射在保健品与消费过程中并获得安慰。"是保健品救了我的命。"（FJ1031，女，79岁）基于情感的商品化，保健品消费的象征意义得到进一步丰富，而保健品本身具有的情感联结也增强了它的独特性，由此老年群体对保健品的信任度与品牌忠诚度也得以提升。

（二）情感商品化强化了需求的个体化特征

在我国本土语境中，结构性因素对情感的规训与操控具有一定的时代特征，情感由此经历从集体到个人的转向。譬如在战争时期，对国家、集体与家庭的情感是被提倡和宣扬的，个人的情感具有一定的隐秘性，时常被掩藏于心中，受到集体的压制。

随着经济体制改革与消费社会的到来，情感的商品化进一步深化消费的个体化倾向，鼓励个人通过消费的方式满足自己的需求。在该阶段，个体化的欲望是被允许和认同的。与情感的表演体制类似，原本情感的理性与理智正在历经祛魅的过程,逐渐从公共空间进入个体的私人领域。而情感消费正是情感与消费双双落脚于微观生活情境的体现,情感的商品化使得保健品消费的个体化特征得以增强,个人可以在消费过程中充分满足自己的需求。这一切也得到某种程度上的合理化,尽管它也不得不因此面临公众的批评与争议。

研究中的老年人在早年生活中长期受到集体主义、利他主义以及传统家庭观念的影响,消费的集体性特征更强,个人的欲望时常受到压制。"小的时候根本就没有什么钱,东西也少。后来搞计划经济,买什么东西都是有限制的,我们二十来岁的时候就要养一大家子人,要买点什么都得顾着长辈和小孩,自己反倒随便,能保证所有人不饿肚子就行。"(FY1013,女,79岁)这种对欲望压制的习惯逐渐延续到晚年,个体满足需求的通道被阻塞。情感的商品化为个体化消费提供前提,这是伴随着情感的私密化趋势而出现的。尤其当老年人面临退休后的落差、子女不在身边的孤单以及对传统医疗的失望时,他们可以主动寻求满足需求的方式。

(三)情感商品化催生互动式体验模式

在传统的经济逻辑下,对消费的研究更多侧重其交换过程中的金钱关系而非人与人之间的互动关系。伴随着情感的商品化,情感服务已然成为现代化进程中的新兴产物。关注个体在消费过程中的交互过程也将增强对消费情境性的解读,从消费场域出发,消费者与销售人员在消费过程中都参与对情感服务的建构,其本身是一个双向互动的动态过程。这种消费体验比起单纯的物的交换更容易让消费者产生沉浸式体验,从而带来超出消费品本身的情感反馈,促使消费者产生购物动机。

> 老年人实际是很敏感的群体,因为他们这一代人是经历过社会变革的,所以比起我们年轻人,他们以前和现在生活的环境差别特别大,而且他们的认知能力、学习新东西的能力其实是在退化的,那么时间长了就容易产生对这个社会的不适应,还容易有被社会淘汰、抛弃的那种落差感。就比如在买东西的时候,他们很在乎和人之间的交流,当然了,这也是他们为什么容易被骗的原因,感性多

于理性。(D0904，女，45岁，G市卫健委老龄办主任)

对外部环境与人际交往的敏感也为情感的商品化创造了发展空间。在消费过程中，老年人更关注消费环境是否让其舒心和信任，以及销售者的态度是否让他们感受到尊重与认同。出于这种情感层面的需求，商家会努力迎合老年人的想法，为其创造适宜的情感消费环境，为产品本身增值。

从老年人对集体生活空间的向往和需求出发，当下社区功能的弱化以及家庭结构的小型化已无法满足老年人对集体环境的需要。退休后的老年人脱离集体生活，他们的社交机会比起在职期间有所减少。消费活动本身具有社交功能，而人际互动关系的形成需要情感的注入，由此形成的情感服务同时能满足互动双方的需求。从销售者的角度出发，他们实际在该过程中提供情感劳动，需要进行表层或深层扮演以满足工作需求。在访谈中，从业人员将这些销售者的情感劳动定义为一种混合真情与假意的特殊形式。

> 这种工作也不是做一天两天，长期搞假的那一套的人做不长。我这里很多老员工，他们平常生活里就是很热情阳光的，或者有从小跟老年人生活的经历，在面对老年人的时候自然而然就能产生一些真实的情感，敬老、爱老本来就是我们从小课本上学的东西，肯定这种价值观也会有影响。(H1031，女，40岁，HXT保健品公司主管经理)

霍克希尔(Arlie Hochschild，1983)所提出的情感整饰便包含表层与深层扮演，这两者实际也会产生融合，并非绝对的割裂。销售者虽出于工作要求与老年人进行情感互动，但他们自己也可以在这个过程中获得情感满足。而从老年消费者的角度出发，他们通过这种消费的互动模式也获得对情感、人际交往等方面的社会性需求的满足。在这个过程中，保健品消费公司为老年群体的多元需求提供了综合性空间并建构起一个具有替代性质的虚拟社区，这也是对当前社区情感职能弱化的补偿。

第三节　链接与建构：保健品消费对需求的补偿

前两节对健康与情感的商品化路径进行了剖析，以展现需求的生成过程。本节将在此基础上，进一步阐释当市场成为满足健康与情感需求的途径时，老年群体走向保健品的原因，即保健品消费场域对需求的补偿过程。

一　一站式：链接综合性医疗服务

一站式服务是指个体可以在某个场域能同时满足所有问题，遵循系统销售服务的理念。在市场经济体制下，实际医疗也是一种市场化服务，患者进入医院便成为医疗服务的消费者。然而医学的专业权威与壁垒使得医患之间的关系难以对等，信息的不对称让患者时常处于弱势地位，这也是当下医患关系恶化的根源。访谈中不少老人都谈及自己在医院的负面经历，诊疗手续繁琐、医院环境拥挤、医生态度差等都影响他们的就医意愿。而保健品公司通过链接资源的方式为老年群体提供一站式医疗服务，对于那些以调养身体而非急性病的人群来说，老年人可以在最短的时间里以最方便的形式完成诊疗的全过程。且因为保健品公司充分从便利老年人的角度出发，因而在形式和内容的设计上更能迎合其需求。

在传统的医疗机构中，患者需要在挂号后看诊，医生开具化验单后前往其他地方检查，之后再重新找医生看诊并拿到诊疗方案。从当下医院的患者流量与环境出发，去医院看病意味着时间、金钱甚至耐心的多重消耗。

> 现在大医院都搞什么一卡通，一张卡挂号啊看病啊买药啊付钱啊，我们哪会这些？（人工）窗口开的少，排队的都是我们这些老年人。每次去医院，半天算时间少的，但是看病都看不了几分钟。"（FG1023，女，79岁）

而在保健品消费的过程中，公司邀请中医专家以及相关的专业体检人员为老年消费者提供体检服务与诊疗服务，之后针对老年人的病症为其推荐适合的保健产品以及相关的服用方法与注意事项等，全程都在同一个地方完成。这种诊疗方式对于不需要做高精密度检查的老年人而言更为方便，且服务过程更人性化。"我们在那边体检，有人会陪着我们做检查，服务态度也好。完了医生就会给你讲病情，都是老中医，人很随和。他们会推荐你买什么药，你也可以选择不买，但是大部分人都会买点的，买少一些也可以。"（FY1013，女，79岁）保健品公司实际不具有医疗职能，研究对其提供服务的专业性持中立态度，在这里主要想探讨其提供服务的方式、内容，以及这种服务方式是如何受到老年群体的欢迎并起到补偿作用的。

医疗服务不仅包含常规的诊疗过程，还包括老年人的健康生活方式以及一系列在饮食、作息等日常生活的养生小知识。虽然很多老年人已经能够使用智能手机等电子设备，微信公众号、朋友圈、微信群等都是他们接收知识的渠道。但由于这些信息来源混杂，可信度有限，老年人对权威的信任使得他们更容易相信"专家"的言论。从知识的传授形式出发，很多老年人在童年期有辍学经历，他们对类似校园课堂的知识传播方式更为青睐，具体包括固定的听课时间、群体互动的课堂氛围、课后辅导等元素。不少被访者都在访谈中展示他们做的笔记，有的图文并茂，有的详细厚实，足见其听课的认真程度。

> 市面上的"健康大讲堂"都是借着上课的名头宣传他们自己的产品，但是我家小区里面那些老头老太太特别喜欢这种方式，一个个大清早起来带着本子和笔过去，不管文化程度有多少，哪怕写不了多少字，都会记点什么带回来，和小孩子去上学一样认真。（D0722，女，38岁，TPY保险公司健康保险业务经理）

研究者曾进入会场与老年人一起听课，在观察时发现受邀前来做讲座的"专家"都十分注重现场的互动性。不管是真人还是在视频中，他们都会时不时地抛出问题与现场的老年人交流。在四十多分钟至一小时的课程里，老年人都聚精会神地听讲和做笔记，并积极参与到课堂教

第三章 市场推动：健康身体与情感联结的建构

学中。对于老年人现场提出的问题，专家们会耐心作答，并擅长用举例的方式加深老人对问题的理解。笔者就这一经历曾询问政府相关部门以及医疗行业的从业者，他们都表示传统医疗机构的医生平日接诊量大，根本无法照顾不同患者的诉求，而保健品公司作为纯粹的商业机构，反而有时间和精力去迎合消费者的需求，强烈的逐利目的也是他们完善服务的动力。

医疗服务还包括医疗人员对患者疾痛的关注。患病的个体本身就处于"缺失状态"，不仅体现在生理上，也包括心理以及社会层面。通过对G市三甲医院老年医学科创始人的访谈可知，老年患者的疾病在很多时候都是对其生活中负面经历与情绪的投射。因而在患者前来求医时，医生不应只看到其生理层面的疾病表征，还应通过询问与沟通探寻其病理背后的心理与社会成因。但很多医生并没有时间、精力以及意愿这样做。

> 老年医学科是最冷门的一个科室，因为老年人一般都同时有很多病，很多时候根本是治不好的，经济效益也不高，年轻医生根本不会来这里。对老年人和小孩子一样要特别有耐心，很多年轻医生也做不到的。（Y0925，男，60岁，G市人民医院老年医学科主任）

从医疗的专业职能出发，保健品公司提供的医疗设施和条件都与医院有较大差距，因而情感是他们在服务输出中更为重视的层面。老人们在访谈中都表示在保健品公司遇到的医生更具有亲和力，也更懂老年人的心理，对于他们的问题能够耐心回答。在这个过程中，医生们为老年患者提供情感上的支持与鼓励，尤其对老人在面对疾病、衰老时产生的恐惧和担忧表示认同与理解。"谁不怕死呢？医院里的年轻人（医生）说病治不了是正常的，年纪大了都会这样。他们（保健品公司）那边的医生呢，年纪很多和我们一样大，也有比我们还大的，自己也是老年人，和我们有很多感觉、想法都是差不多的。相同意思的话，说的方式不一样，听话的人感觉也不一样。"（FG1023，女，79岁）

此外，公司将老年人汇集在一起，促使这些有类似疾病与遭遇的群体形成"病友交流小组"，这种互助式的知识与情感交流方式比起单一的填鸭式教学更能引发老年人的共鸣，从情感层面能使老年人获得更多的慰藉。目前有关病友交流小组式的互助群体也成为医务社会工作在临床实践中开展服务的形式，包括线下和线上的小组。当患者在描述自己的病情以及内心的困扰时，本身也是一种治疗和舒缓的过程。作为同质性较高的群体，他们容易在内部形成情感联结与较高的认同感。

二 沉浸式：建构互动性社区空间

首先，家庭结构趋于小型化削弱了家庭的赡养能力，也改变了老年人的生活环境。在受访者中，大多数老年人都来自空巢家庭，他们与子女虽相隔不远，但往来并不频繁，多是周末时等着子女来探望，其余大多数时间需要自己度过。很多既有研究或是与老年人保健品消费相关的新闻中都会放大子女对老人的不孝顺，并将此作为导致老年人走向保健品的主因，但实际并非完全如此。

被访老年人中有很多与子女关系融洽的，由于家庭结构与生活方式的改变，子女有自己的独立生活，他们对老年人的陪伴时间有限，并不能完全补偿老年人在情感上的缺失。离开工作岗位后，老年人的集体生活减少，如果家庭成员无法补偿空缺将引发老年人的孤独感。"去那边（保健品公司）也不是非要买什么东西，就每天出去转转，去和他们聊聊天。他们态度好，我愿意去，不像我那个孙子，吃饭都在看手机，不怎么讲话的。"（FC0816，男，80岁）

同时，由于个体退休后的主要活动地点在家庭住所，老年人的居住环境是衡量与评价为老服务体系的重要标准。城市老年人的住宅多为20世纪80年代至90年代所建的旧楼，不仅建筑本身用材陈旧，所在社区也存在基础设施落后的情形。个体进入晚年后，体能与四肢的灵敏度会随之下降，尤其对于经历过困难年代的老人而言，身体多有后遗症。若还要负重爬楼，将影响老年人的日常生活。

2020年7月，国务院办公厅发布《关于全面推进城镇老旧小区改造工作的指导意见》，其中针对老小区加装电梯有详细规划和部署，但政策完全落实需要时间。在这之前，很多老年人已经将老房子换成有电梯的高层住宅。新居住环境的更换，对老年人的生活带来新的冲击，他

第三章 市场推动：健康身体与情感联结的建构

们需要适应新的环境以及逐渐冷漠化的邻里关系。因为城市老旧小区多以老年人为主，新建的高层住宅年轻住户居多。"这个小区都是年轻人多，见面都板着脸。邻居在电梯里见了也当作不认识，我跟他们打招呼，人家还嫌我烦。"（FY1013，女，79岁）有研究显示，社区内的社会资本和社会凝聚力能够提高老年人的健康水平，而老年人的福祉也可以通过改善邻里服务的质量得到改善（Cramm，2012）。当下邻里之间的冷漠增强了老年人的孤独感以及对情感的诉求。

其次，老年人在离开工作岗位后，充足的闲暇时间与人际交往圈层的淡化使其对集体归属感的需求有所提升。老年人自幼所处的社会环境有较强的集体性特征，尤其是单位制下的集体生活影响老年人的生活习惯。而时代的发展与科学技术的进步破坏以往个体间生活的共同空间，生活的碎片化与情感的沙漠化使人际之间的陌生感得以强化。以网络为工具的虚拟社交虽然有利于对空间阻断的缓和，但与此同时也让情感的单向化沟通模式得以强化。保健品公司为老年人的互动提供场所，销售者的热情服务与沟通技巧能够帮助老年人尽快融入环境。

> 现在的人都习惯在网上聊天，隔着屏幕你也感受不到别人的情绪，年轻人喜欢是因为他们出生的时候就在网络发达的时代，他们很适应。但是对我们中年人或者老年人来说，这种互动模式有它便利的地方，但永远不可能替代面对面的沟通，因为人是有感情的，和机器人不一样。（X1023，男，35岁，ALQS保健品公司主管经理）

当前社区更多承担行政职能，没有从老年人的日常生活出发以满足他们对社会活动和人际交往的需求。老年人普遍表达了对社区"冷漠式"和"工具式"工作的不满，这也是当下社区居家养老在G市的实质性进展较慢的原因。社区在单位制解体后并没有承担起社会职能，繁重的行政工作之下是对老年群体社会与精神层面的忽视。很多老年人在购买保健品的过程中结交朋友，购买保健品是他们的共同目的，这种目的有利于增强他们的同质性以及对彼此的共情。也因为这种目的，老人们在保健品公司提供的消费空间中相遇，他们了解彼此的境遇以及当下的身体状况，互相分享健康知识以及讨论新闻，由此形成紧密的联结。

最后，老年人在退出工作后需要从其他领域获取认同感与自尊感。社会中普遍存在的年龄歧视削弱了老年人的自我价值，而家庭结构与观念的转变也使得老年人的权威被减损，他们不再受到家庭成员乃至社会的重视。保健品公司为老年群体提供的公共空间给老年人情感宣泄与获得安慰提供了机会，也使他们形成以保健为核心的社会网络，在消费的过程中获得社会认同。

> 我们会办一些知识竞答活动，还有包饺子啊、做手工的，有的老年人就很擅长这些，他们可以在活动里表现自己，别人的夸奖和认可对老年人来说比较难得，因为他们平常在生活里可能没有这样的机会。现在是年轻人的天下，老年人都觉得自己是被社会淘汰的，要给他们发挥余热的机会，不是只喊喊口号就行。（Z0817，女，35岁，JSY保健品公司主管经理）

与此同时，销售者们也会通过对老人的"一对一服务"给予他们充分的尊重和重视。只要老年人进入保健品消费场域，他们就会热情地陪伴在老人身边。平常他们也会保持和老年人的联络和沟通，让老年人感受到他们的关心。无论是保健品公司、销售者还是老年消费者自身，他们都在互动的过程中共同建构出一个类同社区的公共社交空间。老年人参与其中获得沉浸式的消费体验与情感服务，从而补偿他们在健康与情感层面的需求。

在包括政策与市场在内的结构性力量之外，实则老年消费者作为消费过程中的主体，本身也参与其中，尤其在健康与情感的商品化过程中可以窥见老年群体的能动作用。基于社会发展的历时性视角，个体经历与价值观将影响老年群体当下的观念与行为，因而下文将从老年人保健品消费背后的主体性力量出发，进一步阐释行为背后的形塑力量。

第四章　历史烙印：苦难记忆下叙事与意义形成

社会学视域下的消费研究逐渐转向消费者本身的能动性，若想了解老年人消费保健品的背后成因，除结构性因素外还应考察主体性力量对消费行为的影响。老年人有诉说自身经历的习惯，从生命历程的视角出发，早年经历将对晚年的行为产生影响。基于历史叙事，个体逐渐形成了对消费意义的建构。本章通过对老年群体早年经历的回溯，在总结特征的基础上探讨保健品消费对老年群体在生理和心理层面的健康需求进行补偿的过程。

第一节　老年人保健品消费者的个体经历特征

一　匮乏与苦难：需求不满足

（一）生活资源匮乏

当需求远远高于控制潜力和现实情况，或境遇的变化明显地使人们控制后果的能力降低时便容易出现危机（埃尔德，2002）。社会动荡与物资匮乏便是这样一种危机，会影响个体控制生活的能力以及早年成长的身心发育。"那个时候几年都买不了衣服穿，过年能做上一件，还是我母亲的衣服改的，我和妹妹轮着穿。"（FL0919，女，80岁）"体质弱的原因要从小时候说起，又冻又饿，手小脚小，四肢发育不全……从小就营养不良，长期造成的，没残废就不错了。反正老早那种生活，你们都没体会过，我就经历过的。"（FJ0924，女，77岁）

新中国成立初我国刚历经战乱,社会各项事业尚处恢复期,并未做好经济建设与发展的准备。解放战争结束后,国内经济秩序混乱,整体经济水平低下,政府印发大量人民币救济百姓以致物价飞涨,人民生活必需品紧缺。不少被访者尚未出生时就跟着父母四处奔走,母亲孕期因颠簸和营养不良造成母体积弱,不良的生产条件更加剧对子代身体的负面影响。早年的先天不足损害体质,会削弱个体应对疾病风险的能力。

国家为应对经济发展危机和推动后续各产业建设而实施计划经济,把有限的资源集中到重点建设上。20世纪50年代至60年代,政府进行大规模的城市工商业社会主义改造和农村土地集体化以及社会改革。到1956年,中国基本建立了社会主义制度,进入社会主义初级阶段。之后的"大跃进"时期片面追求经济发展速度,不仅忽视客观经济规律还打乱了国民经济秩序,致使大量人力物力被浪费,国民经济比例严重失调。与此同时,自然环境遭到破坏,由于重工业轻农业而导致的粮食短缺加剧了饥荒,三年自然灾害使得国民生产力迅速倒退,并造成全国范围内的粮食和生活用品短缺,大大降低了人民的生活水平。

"没东西吃,每天都能听到有人饿死……家里小孩子多的,卖小孩换吃的,多得很。每天天一亮,家家户户都在为吃的发愁。就那个生活条件,你们是想象不到的。"(FY1013,女,79岁)已有学者证明儿童早期的健康状况对其成年后的人力资本发展和劳动就业表现均有显著影响(Case,2005)。子女的健康将受到家庭收入、父母受教育程度等家庭社会经济状况的影响,其中提高家庭收入将有利于子女自评健康水平的提高,父母若学历较高对抚育子女将更有帮助,譬如他们有更高的健康意识和充分利用医疗资源的能力以帮助子女满足医疗需求(Currie & Stabile,2003)。在此过程中,儿童的健康观念与获取健康的行为方式都将受到影响。

困苦的生活条件塑造了当代老年人共有的苦难记忆,也在他们的身体上留下社会印记。在被访者中,几乎所有人在提到他们的个体经历时都会用"吃不饱、穿不暖"来形容。

(二)负面医疗经历

1949年至1957年为我国第一个生育高峰,人口处于高速增长期。

第四章　历史烙印：苦难记忆下叙事与意义形成

不仅生活条件差，传染病、医疗卫生条件差也使得人口死亡率居高不下。当时医疗资源匮乏以及医学人才培养体系尚未健全，医疗体系的诊疗能力受到削弱。被访者谈起童年时对医生的印象，多为"没听说过""不知道医生是什么""没概念"此类表述。长辈的健康意识与观念也对子辈的健康状况造成影响，被访者童年时得病后无法得到及时有效的诊疗，只能自己忍着或是用一些土方子，易留病根和后遗症。如有被访者提到儿时被家人弄胡椒面涂在伤口上，发烧后诱发中耳炎，至今反复发作，造成间歇性耳聋。

> 我身上烂了，身上都是疮，在家里爬来爬去，谁也不睬你。两个耳朵也是，没人理的。农村人谁管你？哭闹狠了，给你弄点明矾水搞搞差不多了。还有我这肚子，被隔壁干妈家的狗咬了一个洞，只给我弄辣椒面按按，几个月都好不了，现在都有这么大一个疤。（FY1013，女，79岁）

> 我妹妹长了红斑狼疮，从白天哭到晚上，后来一路烂到脊背，如果伤口连成一圈，就死了。现在脱掉衣服，她浑身都是疤。那时候哪有医生看？没有的。哪里有钱看病？那时候死就死了。（FL0919，女，80岁）

基于当时的医疗条件，除缺乏科学根据的诊疗方法会带来二次伤害外，个体还容易遭遇负面医疗经历，从而产生恐惧和不信任的心理。"我从什么时候知道医院呢？是我妈生我小弟的时候，1954年，因为难产连夜送到市里的第三人民医院……我夜里趴在那个长板凳上睡着了，醒来的时候才知道弟弟没了，也没人告诉我怎么没的。我当时很害怕，也年纪小，什么都不懂，就感觉是这个'地方'（医院）把弟弟'害死'的。后来很长时间我都不愿意进医院，也不敢进。"（FL0919，女，80岁）

当时城市的现代医学并没有覆盖到广大农村地区，在单位制背景下，医疗资源集中于城市和劳动力，且因体制内外有所差异。公费医疗时代的诊疗水平整体不高，能治疗的病种有限。60年代后，我国的医疗中心转向农村，赤脚医生的兴起使公共卫生的预防职能增强，但与此同时也加强了传统中医文化及思想在社会中的传播和渗透，老年人更相信经验主义之下的土方子，这也为后期以中药为主体的保健品奠定了群众基础。家庭社会经济条件的改善将有利于提升子女的健康水平（Liu，2014），反之则会降低其健康水平。被访者都出生于多子女家庭，社会整体资源的匮乏使得家庭可供分配的资源有限，长辈因忙于生计只能保证家庭成员的基本生活，在面对疾病时多表现出消极倾向。"家里穷，下面还有弟弟妹妹，有什么病也不会去医院，大医院是没办法的，朋友介绍了几个土办法，可能还有点作用。"（FH1023，男，70岁）

生活资源与医疗资源的匮乏使得不少被访者有负面生育经历。除孕期和产后的营养供应外，生产过程的顺利与否也将影响其后续对医疗的态度和就医行为。当时医疗条件差，且在老一辈传统思想中，女子生育应在家中进行，而不是由"穿着白大褂、戴着口罩的男医生"接生（FG0807，女，73岁）。有被访者产子时因胎位不正而经历难产，幸得有经验的产婆相助才死里逃生，这次痛苦的生产经历在被访者心中留下了阴影。

男性虽然不承担生育职责，但仍是重要关系人，妻子的生育过程也会对配偶产生影响。某被访者的原生家庭条件较好，双亲皆为大学老师，他和哥哥都是工程师，妻子也在事业单位中任职，全家人工作稳定。然而妻子生产时去了市里最好的医院，因为医护人员操作不当而造成产妇软产道和内部脏器损伤。尽管事后医院给予赔偿并辞退涉事医生，但被访者对医院始终抱有负面印象。"医生不把病人当人，如果躺在病床上的是他自己的亲人，恐怕会好一些。"（FH1023，男，78岁）此印象导致其对医疗体系的不信任，甚至有抵触情绪。因负面医疗经历而产生对传统医疗系统的排斥成为个体晚年走向保健品的重要推动因素。

（三）教育机会缺失与体力劳动消耗

在旧中国，劳动人民没有接受文化教育的权利。新中国成立初期，我国文盲率高达80%。被访者大都来自农村家庭，父母是文盲的比例较高，一定程度上影响对子女教育的重视。尤其在中国传统文化观念

第四章　历史烙印：苦难记忆下叙事与意义形成

中，重男轻女是普遍现象，这对农村的育儿观念影响较大。且农村以务农为主，对文化知识没有硬性需求，很多孩子从小就跟着父母在田里劳作，重复上一代人的生活已经成为习惯。研究中有女性被访者提及其儿时为上学与家人作抗争的经历。"我从小就喜欢读书，成绩也好，但家里穷啊，为学费在家里撒泼打滚还绝食。"（FY1013，女，79岁）

并非所有人都有机会继续读书，很多人经历过辍学，譬如男性被访者中有多位因家庭经济状况不好中断学业后参军入伍的。"我在海岛上待了十几年，条件非常艰苦，住在洞里，天气热了里面有水，它还渗水……所以我关节就很有问题。那个地方太潮湿了，我蹲下去，如果不借助外力就站不起来。到了换季什么的，春季，两个膝盖都是肿的。"（FH1023，男，70岁）在当时的生活条件下，如果个体在体力劳动过度消耗身体的同时无法保证营养供应便容易造成过劳，影响其后续生命阶段的健康水平。过早离开熟悉的家庭环境、严苛的部队生活也会对个体的身心造成影响。

除参军外，经历辍学的人便会早早地进城务工，多从事低端体力工作。"那时候做学徒，什么事都做。肠胃一直不太好，可能是老吃冷馒头啊、冷饭弄的。"（FJ0924，女，77岁）辍学对于当时的被访者而言并没有强烈的落差感，这是由他们童年所处的社会环境形塑的。"百无一用是书生"在记忆中是其父辈甚至祖辈时常挂在嘴边的话。但这种落差感会随着时间的推移逐渐生根，一方面是社会范围内形成的对教育的重视，尤其是全国扫盲学校的开设、高考的恢复以及全国义务教育的普及；另一方面便是教育不公平引发的劣势累积，既包括身体层面的消耗，也包括心理、脑力等层面的落差。"做电工时间长了，年纪轻轻的眼睛就不好。厂里来了大学生，其实年龄没差多少，但看着就和我们不一样。读书还是好的，可我们以前也的确是没条件，没办法。"（FC0807，男，73岁）

受教育程度是健康状况的决定因素之一，教育对健康有一定的累积效应，且受教育水平低的人有较差的健康认知，这将不利于健康生活方式与习惯的养成（李晓敏、姜全保，2020）。受教育水平的提高不仅使得个体能够学习和获得更多的健康知识，还能获得掌控个人生活的能力,这都有利于个体的健康(张建国,2012)。从被访者童年的受教育经历以及其父辈的受教育情况出发,父辈、母辈受教育程度低,使得他们自身对健康的意识与态度都相对薄弱和消极,这种观念延续到子辈,表现为对儿童健康状况的漠视与不负责任。被访者中有很多人都提到他们童年时对医疗卫生没有概念,即便后来他们进入单位、有条件就医后也很少主动获取医疗服务。这种态度影响他们后续的健康状况,进一步造成健康层面的劣势累积。

(四)家庭责任繁重

改革开放后,社会经历剧烈变革,被访者正处于家庭的"夹心层",即"中间一代"。无论整体家庭结构还是家庭成员个人的脆弱性都进一步加剧,他们面临着相互竞争的代际需求。既要承受来自长辈的养老压力,也要负担对子代的抚育责任,因而他们面临沉重的生活负担。在分配稀缺的经济和情感资源时,"中间一代"可能不得不作出令人不安的选择(Hutchison,2019)——顾上顾下却顾不了自己。

当个体处于上有长辈要供养、下有子辈要抚育的"夹心层"阶段,时常面临经济体制改革带来的工作变动、单位制瓦解后福利保障的脱节、医疗体制改革后医患关系的失衡等诸多现实情境。不仅经济状况会限制个体健康消费的能力,所有不可预知的危机与风险也会造成个体的心理创伤。

> 八九十年代啊,生活水平是提高了,但我们实际到手的工资并没有涨多少,都是那些下海的做生意的拿钱多,我们这种企业的根本比不上人家。我婆婆没工作,把她从乡下接到市里,要给她养老,家里孩子大了要娶亲,这些都要花钱,我先生在医院治病也花了一大笔钱。我好不容易把这些债务都还清了,也就剩我一个人了,还不能搞点保健,为自己?!以前哪里有条件呢?没钱、没精力。(FJ0924,女,77岁)

该时期的特征是让女性回归家庭的分工模式。随着单位制的瓦解,家庭作为个人与国家之间的桥梁,在改革开放后承担起越来越多的社会

第四章 历史烙印：苦难记忆下叙事与意义形成

角色和职能。而在家庭中，性别分工始终是无法规避的现实议题。在传统社会，"男耕女织""男主外女主内"等是约定俗成的性别分工理念。随着社会变迁，这种文化观念并没有立时发生改变，反而沿袭了传统文化中让女性回归家庭的导向。"找领导帮忙给我太太在单位里安排了个文职，不很忙，接送小孩这些都是她搞，我要加班出差的，没办法。"（FH1023，男，78岁）

"二保一"是改革开放初期流行的家庭分工模式，即让女性牺牲原有工作成为配偶的贤内助，同时肩负照顾老人、丈夫和孩子的职责，以丈夫和孩子的成功为成功，这是由当时我国经济水平较差、生产力水平较低、家务劳动机械化和社会化程度较低所决定的（谭琳，2001：2）。女性回归家庭后面临家务劳动的压力，与此同时男性也需要承担更重的经济负担。在夫妻双方共同工作的家庭中便是两人共担职责，其压力总值并没有降低。

随着经济体制的变革，国家将个体福利保障的责任转嫁给家庭，单位制的解体促使个体与家庭不得不独自应对生活负担。"坐月子的时候，公婆在外面欠债，我月子都没坐好，留下不少后遗症。后来公公死了，债务都留给我们。一大家子人要吃饭，除了我们家的，还有个婆婆要养，小姑子也在家里住，这么小的房子，所有人都挤在一起。"（FJ0924，女，77岁）

这一时期由于我国处于剧烈的社会变革阶段，经济发展较快，无论是物质供给还是个体消费能力都比早年有所提升。然而国家社会保障体系尚未完善，仅靠社会经济水平的提升并不能完全帮助个体应对生活压力。除此之外，重要亲属的健康状况也会对个体的健康产生影响。在孝文化的主导下，长辈的寿命与其孝顺程度相关，个体会以长辈的身体为重。子代对个体的依赖，也会进一步加重其负担。长期处于"夹心层"状态下的被访者在晚年时大多已对父母和子女尽责，卸下重担的他们更容易有强烈满足需求的愿望以补偿早年生活经历的苦。

二　变革与风险：不确定的生活

（一）工作变故

工作对家庭过渡以及生活轨迹有重大影响（George，1993）。对处于工作阶段的个体而言,工作变迁是生命历程中重要的转折点,尤其非自愿状态下更换或离开工作岗位会给个体造成身心创伤。

某被访者年轻时曾经作过援藏医生,但因分配问题减少了收入。后来她来到G市,原本担任校医一职,却因领导安插亲戚顶替她的岗位而被迫离职,经历过一段失业期,这件事对她后半生都带来深远持久的影响。

>我是无锡人,读了卫校,后来全国分配去支援边疆。本来分到青海,结果给我们分到内蒙古的一个医院上班。如果我在青海,我现在可以拿6000多元每个月。后来我到这边(G市)来,我在中学校医务室上班,结果上班上得好好的给人家挤掉了。我们学校以前是XX公司管的,那个XX公司卫生所所长的老婆是理疗科的,看中了我中学校医的位置。我在那儿明明干得蛮好的啊,还经常参加会议。我离职的时候还带个宝宝,生活都没着落。那件事情对我精神上打击不晓得多重!有好多事不合理的……(FJ1031,女,79岁)

该被访者拥有较坎坷的工作经历,先后有过援藏医生、内蒙古分配医生、G市校医以及被迫离职后找的幼儿园教师等工作。访谈中研究者发现她对工作中的种种"不公平"颇有怨言,包括20世纪70年代女性在分房子时的劣势、工龄计算有误、工资与职位不匹配等。正是因为这些不公平,她才会在后来的生活中对保健品深信不疑,"保健品救了我的命!"她不止一次这样说道。

此外,另一个被访者也有过类似经历。大学期间她经历"文化大革命",险些遇害,幸得老师相助,毕业后被分配到G市工商局上班,由于看不惯领导的不良作风还和领导闹了不愉快。"我这个人就是这种个性,看不惯那些乌七八糟的,那时候年轻啊,有脾气,直接就跑到领导办公室拍桌子,和他们对着干!那时候他们还笑我说,读书人就是比他们脾气大。"(FY1013,女,79岁)从该被访者的前期生命经历来看,她在童年期为求学可以通过绝食的方式抗争,因而其中年期工作时的行为可被视为一种性格上的延续。正处于升职关口的她与领导不和后被调

第四章 历史烙印：苦难记忆下叙事与意义形成

去档案局工作，福利待遇较之前的岗位有落差。这件事甚至造成被访者在家休息多日后下楼扭伤脚等连带危机。

由于该阶段包括十年动荡期，除个体自身的工作变迁外，家庭成员受到创伤也会造成整个家庭的生活失衡。某被访者的父亲原本是知识分子，但因为在"文化大革命"期间遭到打压，如被"戴高帽"等，一家人都因此受到牵连，这也使被访者的工作受到影响。"我父亲被弄成'臭老九'，他精神受刺激。后来我工作嘛，就说我家成分不好什么的，反正受了很大委屈，工作找的不好，吃了很多苦。"（FG0816，女，74岁）

这种非常态的工作变迁会带来身份的改变。对于那位被迫离开中学校医岗位的被访者而言，她从体制内到体制外，也经历过失业期，在那段时间里没有得到任何生活保障。在她看来，自己不仅身体上留下后遗症，心理层面也存有被迫失去工作岗位的愤恨、不甘和落差。而另一位有大学学历的受访者在离开工商局后调入档案局。虽然她保留了干部身份，但即便是同类型的身份中也有等级差别。因为在市场经济体制改革前，我国是一种计划经济体制下的"官本位"收入分配制度，以工资为主要收入来源，而工资是以年功即资历为标准的（李强，1999：60）。工作变动极容易带来年功的计算误差，以上两位被访者都在待遇上遭受损失。尤其对于父辈因为政治事件受到迫害，被访者自己的工作也受到波及，影响其一生。这些不可预计的工作变故对个体后期的身心状态带来不良影响，让她们意识到提前预防风险的重要性。

（二）意外伤害与丧亲

早年时期城市安全防护设施的条件有限，工人随时有受伤的风险。被访者在工作时期缺少应对突发性事故的能力，其产生的负面影响也具有延续性。"工作的时候从楼上摔下来，腿和手都断了，缝了几十针，后来身体一直不好，头会眩晕，因为供血不足，骨关节疼痛，脑神经痛……这些，一直很折磨我。"（FG0807，女，73岁）我国的工伤保险制度始于1951年颁布的《中华人民共和国劳动保险条例》，这是第一部将工伤囊括在内的全国性社会保障法规。然而这部条例在"文化大革命"期间被中止，影响了其法规效力。譬如被访者在"文化大革命"期间受的伤并没有被鉴定为工伤，其花费只报销了一部分。她曾为此抗争过，但最终依旧没有得到妥善解决。几十年过去，她提及此事时仍耿耿于怀。

  没读过什么书，工作不好找，靠关系找了个厂里的，做工人。我过去上了二十多年的三班倒，都没睡过好觉。退休后就是很明显的神经衰弱，两三个小时睡不着，时间长了，心脏到了一定年龄，血管就老化，供血不足，这就要出毛病了。（FJ0924，女，77岁）

  我做了35年的电焊工，那个对眼睛刺激很大，我再老一点，不能动了，眼睛看不到了，哪个来牵我？当然得买点蓝莓，那个对眼睛真的有好处。（FG0816，女，74岁）

  除工作中可能发生的意外，丧亲也是个体日常生活中的突发性事故。亲人的死亡不只是躯体的消失，对丧亲者而言那是一个世界的逝去，也是一种生活方式的结束，更是另一种生活的开始（Brice，1991）。如果依照常态生活轨迹与国民平均寿命，童年期丧亲属于非预期的突发性变故，极易破坏原有的家庭结构和家庭关系，影响家庭的经济状况和生活条件，无法恢复家庭原本的运作节奏与模式。若家中承担主要经济来源的家庭成员离世，对家庭的打击更为严重。有几位访谈者提及童年被送养的经历，皆是因为遭遇丧亲变故。留在原有家庭中的被访者也要面临对新家庭结构的适应，尤其在既有的家庭分工改变后需要帮助家长分担诸如抚育、烹饪、洗衣、打扫等家务，年长一些的孩童承担的责任更多。而当父亲去世后，便会出现母担父职的情形，原本由母亲承担的职责落在年长的孩童身上。家庭本身就是一个变动发展的实体，受到成员彼此在不同时空改变下相互且持续的影响，之后不断地发展、改变以维持生活运作模式与互动的稳定。这种家庭分工的变动也是家庭自身应对丧亲危机的策略，但心理情绪层面的应对是被忽视的，儿童受到的影响将伴随一生。

  被访者中有一半以上是家中长子，在回忆起童年时期的生活轨迹时都不约而同地提及少年当家的经历。从人格形塑的角度而言，过早承担家庭责任会加速未成年人的成长进程，使他们具有早熟的心理特征，并

第四章　历史烙印：苦难记忆下叙事与意义形成

将"去儿童化"外显于行为，最典型的便是对苦难生活的忍耐。而在社会新流动中，政治性资源与权利、身份和出身仍旧对个体的选择产生重要的作用，更会直接影响个体所能获取的医疗资源。教育程度也将影响个体在市场中的地位以及社会整体收入增长。总体来看，我国改革开放之后，原本完全由国家和企事业单位所包揽的福利责任开始发生向社会和个体转移的趋势。

处于中年期的个体仍有面临家庭成员突然离世的风险。按照社会标准时间，中年期子代和配偶去世会对个体造成较大打击，并使家庭结构失衡。从客观影响出发，个体丧失重要亲密关系人会削弱家庭资本，尤其对中年丧子的老人而言，会降低赡养条件，冲击养儿防老的观念。而从主观影响出发，由于配偶和子女是个体的直系亲属，通常存在强烈的依恋关系，关系的断裂会使个体产生严重的负面情绪，甚至导致创伤后的应激反应。轻者可随时间自愈，而严重的会在个人生命历程中留下阴影，影响其心理健康。

> 我大儿子是掉进水里淹死的，我们说白发人送黑发人。捞上来的时候脸都泡得不成样子，我不相信那是我儿子。因为当时他和我们闹了点不愉快，想换工作，他爸不干，父子俩就吵了架。那时候夏天比现在还热，不是每家都有空调。生气就火气大，又年轻还三十岁不到，跑去水库玩，结果就出事了。我算坚强的，还好有个小儿子，不然挺不过来。就是我后来一直见不得那种小孩淹死的事，一想到就喘不过气。（FJ0924，女，77岁）

中年期丧偶也会破坏家庭结构，尤其在个体处于忙碌工作的状态中时，存在无暇处理哀伤情绪的情形。既有量化研究已经证明突发性意外死亡与疾病致死给个体带来的伤害程度有所差异（叶盈，2018），前者的伤害高于后者。因而这种无法预期的丧亲会给个体带来严重的心灵损伤。丧亲还会对个体起警示作用，使其在日后生活中更关注健康且更珍惜生命。亲身经历丧亲变故或是亲眼目睹身边他人有类似经历的人将提升其对健康的重视程度，因而会更青睐保健品。

若亲属死于疾病，个体通常会经历漫长的陪诊过程。就医过程的顺利程度、就医疗效及结果等都会影响其后续对医疗机构、健康乃至生命的态度。随着个体年龄的增长，身体出现问题的概率也随之上升，个体与医院的联结又逐渐变得紧密。医改后，医院需要自负盈亏并积极创收，医疗费用疯涨，看病难、看病贵成为时代特征。除丧亲可能带来负面医疗体验外，仅仅是治疗过程也有同样的风险。譬如被访者的妻子和儿子都遭遇医疗事故，这些不可预计的伤害在他的心中留下阴影。"很多事情你根本想不到的，你只能在事情发生之前，把你能做的都做了，那后面如果还是不好，谁也没办法。"（FC0816，男，80岁）在这种心态的影响下，被访者十分重视预防的作用以应对生活中随时可能出现的风险。

（三）婚姻问题

婚姻作为个体生命历程中的关键节点，将对个体的人生历程产生重要的影响。有关婚姻的市场理论将经济学中的效用学说应用于婚姻行为，并认为婚姻带给个人的效用大于单身，是对夫妻双方都有益的选择，会对健康起到一定的促进作用（李晓敏、姜全保，2020）。尤其在困苦的生活中，如果夫妻双方有良好的感情互动，便能给予对方生理层面的照顾和心理层面的安慰。

> 我从楼上摔下来后，调养了很久，那时候多亏有他（配偶）陪着，他很会照顾人。家里当时除了我，他还要照顾婆婆公公，下班回来就烧饭、打扫、洗衣服，一点怨言都没有。后来我慢慢调理，身体虽然有很多后遗症，但已经比一开始好很多了，多亏了他。（FG1023，女，79岁）

婚姻对个体生活的促进作用体现出个体对亲密关系的诉求。如果婚姻关系发生变动，如离异、丧偶等会导致不健康行为的发生（Umberson，1992；Lee et al.，2005；Reczek et al.，2016），诸如抽烟、喝酒、熬夜等。婚姻变故也会对个体的福利有持久性负面影响，结婚两次以上的人会在老年时期处于较差的健康状况中，甚至有更大的风险成为失能

第四章 历史烙印：苦难记忆下叙事与意义形成

老人（Grundy & Holt，2000）。而个体在有离婚经历后的健康自评结果会更差、慢性病发病率以及活动受限制的发生率更高（Hughes & Waite，2009），离婚者的自杀率也有增高的可能性（李迎生，1997）。

> 小时候家境还可以，但后来出了点事情，家里情况就不太好。我结婚不算晚，父母安排的人家，我和他性格处不来，后来就离婚了。我带着女儿，那段时间情绪不好，家里人也不理解我，觉得日子过不下去了，每天脑袋都是钝的，人迷迷糊糊还忧郁。现在心脏也不太好，就和那个时候有关。你心情不好，其他地方都能感受得到，也会出毛病。（FL1022，女，79岁）

除离婚会给个体健康带来负面影响外，个体步入婚姻的年龄若晚于社会标准时间，也将承受负面压力。如被访者结婚时近三十岁，是其同辈群体中结婚最晚的。婚姻问题引发了她与原生家庭之间的矛盾，导致其多年不与家人来往。"那个年代，女孩子十几岁结婚生子的多得是，但我当时就不想结婚，没遇到合适的人也是有可能的……压力大，身边朋友也都笑我是'老姑娘'，嫁不出去。整晚整晚睡不着觉，还以为要成仙了。年轻时不觉得有什么，到老了毛病全都找上门来了。"（FZ1023，女，73岁）因而在晚年时期，该被访者看重身体的变化状况，很早就开始服用保健品，有十年以上的购买经历。急剧变革的社会加剧日常生活的不确定性，早年在面对危机与风险时，如果个体难以从社会中获取应对的资源，便倾向于以预防风险作为个体晚年时期的处事原则。

三 集体与牺牲：被压抑的欲望

（一）为家庭奉献

20世纪60年代时家庭结构以联合家庭为主，多子女家庭面临物资紧缺的问题更加严重。个体处于青年时期若为家中长子或长女，则在自身工作之外，还需养老、育儿甚至照顾弟妹，经济负担较重。我国于1950年颁布的《婚姻法》实质上造成家庭成员间的无限责任化，且当时个体几乎所有的收入来源皆来自单位的工资与福利。

没读过几年书，小学就辍学了，后来去做工人，很苦。两个人几十块钱的工资要养一大家子人，其实对身体摧残也大，欠了债没法还。班要上，孩子要带，弄点好吃的，都要紧着儿子、小姑子还有公婆吃，所以我们这一代人为什么身体都不太好？为什么要买保健品？就是这样。劳累过度需要营养，特别是生了儿子以后需要营养。我坐月子的钱被婆婆偷偷拿去给公公还债，还完债就没钱了，我吃的鸡蛋都是磕破的鸡蛋减价卖的。没过多久公公就死了，当时连给老公拍电报的钱都没有，生活就苦成那个样子！后来我们借钱给公公下葬，生产后第二年我就有病了，很惨啊。（FJ0924，女，77岁）

抚养子女、照顾兄弟姐妹和赡养父母都成为城市里的单位职工无法逃避的责任，而无单位职业收入的家庭成员也只能依靠有工作收入的家庭亲属成员的经济支持（陈映芳，2010）。在此背景下，牺牲自己成全大家的集体主义思想以及尊老爱幼的传统家庭观念削弱了个体的主体性，也使得个体压抑自身需求成为一种惯性选择。尤其对于产妇而言，营养供应对母子双方的身体都有较大的影响，当个体处于生育阶段，恶劣的生活条件及环境会对身体造成持久性伤害。

我没退休的时候，大女儿离婚了，她带着孩子搬回家里。刚回家不是和我吵就是和我家那个吵，小孩子再一哭，日子没办法过，我就辞职了。后来我生了场大病，去医院做手术，是我这个女儿前前后后照顾我，一家人说好也就好了。现在我外孙子也大了，女儿不肯再找，就和我们老两口过，我们帮着她一道养孩子，儿女债这就是。（FL1022，女，79岁）

父母的生命历程除了会影响子女的生命轨迹外，也会受到来自子女的反向代际影响。在奉献家庭的背景下，子代的婚姻与生育也会影响个体的生活。根据被访者叙述可知，他们会面临子女婚姻破裂后重新回到原生家庭、协助子女承担抚育责任、因子女/孙子女的经济花费而接受

第四章 历史烙印：苦难记忆下叙事与意义形成

返聘或者放弃提前退休等诸多情形。父母仍然需要为子女生活中的变故负责，年轻时他们为了家庭压抑自己的需求，随着子女的长大成人，他们又开始为下一代的家庭生活操心。

改革开放有利于人民的物质生活水平的提升，也带来了新思想和新观念。然而对于那些处在中年期或是工作晚期的个体而言，他们并不如年轻人享受的福利多，反而在这种个人与集体的观念碰撞中处于两难境地。在家庭观念与集体主义的双重影响下，这种与家人的依存关系使得他们在很多时候需要改变自己的社会角色和生活轨迹以维持家庭整体日常生活的稳定。"我就想为自己做一回主。"（FJ0924，女，77岁）个体不得不以利他为主要导向，优先对长辈的赡养和对晚辈的抚育负责，由此进一步造成对个人欲望的压抑。消费保健品的背后虽然也存在为家庭继续发挥余热的目的，但也是自主决策下为自己着想的行为，以此来补偿早年间的压抑。

（二）特权之下的遗憾

新中国成立后，我国社会制度发生剧烈变革，直至20世纪50年代中期才形成比较稳定的制度体系。在改革开放之前，这套体系是以身份为核心的社会分层制度，具体包括城乡分割、"干部—工人"的身份分层、干部分层体系、官本位制以及单位制背景下的身份制。身份制是一种群体之间排他性、封闭性较强且群体之间更少流动的社会分层体系（李强，1999：35-43）。这种随制度相伴而生的文化与观念得到世代沿袭，对个体的思维乃至行为习惯都有深远影响。

身份将影响个体所能获得的健康资源。由于我国自50年代建立的身份区隔包含个体的户籍、职业、居住与政治身份，是一种具有身份等级制性质的社会分层制度（陈映芳，2013）。这种社会分层制度通过限制社会各阶层的流动以达成社会范围内资源的最优配置，从而实现总体效益的最大化。个体因为身份制将面临不同的社会保障待遇，包括公共资源和生活服务等（陈映芳，2014），因而也造成各阶层之间权利的不平等，其中便包含健康资源以及获取资源的机会。

我国城市中还存在"干部—工人"的身份区隔，干部便相当于一套档案身份的管理制度，待遇远大于工人，教育是最主要的途径（李强，1999）。被访者中有中专及以上学历的在毕业之后都没有从事工人的工作，而是取得干部身份。连级以下的部队转业人员回到地方以后都复员到地方列入工人编制或是做农民。由此，这两种身份制度下的个体便拥有不同的资源与机会。就干部而言，我国在完成社会主义改造后，经济成分转向单一的国有与集体所有经济类型，工资成为城市居民的主要收入来源，加上受干部级别与工资分层标准的影响，干部的工资与福利待遇都远超普通工人，其中包括医疗福利待遇。

在"单位办社会"的思想倡导下，单位制在我国兴起，单位除工资外还提供医疗健康等保险和服务。个体的所有资源都依靠单位获取，缺乏在市场经济体制下的主体自由。不同单位存在待遇上的差异，因而也形成了不同身份制下的群体。个体能获得的医疗资源因体制内外有所差异，在身份体制中占据优势的人群也将获得更多健康资源。被访者中有多人谈及当时领导人食用保健品、配有保健医生的情形，由此可以窥探在那个物资稀缺的年代，吃饱穿暖是普通人的生活诉求，而健康长寿则带有特权主义的色彩。

"以前皇帝啊、慈禧太后啊，会想着要什么长生不老的，吃仙丹。都是一样的，做领导的也想在位时间久一点。我们这些人不一样，要求没那么多，想要也没条件。能有吃有穿就很好。"（FC0807，男，73岁）在当下社会，物质资源的丰富有利于扩大健康资源的可及性，个体对生活质量与晚年健康的重视也使得健康的意涵发生转向。"那些领导人吃的东西，在过去有很多是特供产品，普通人吃不到，只是听说。现在领导人把这些配方公开，让大家都能吃上，这是一件好事。"（FC1031，男，80岁）

在社会改革的浪潮下，社会出现新的流动与分层，尤其是职业流动带来的资源重组，个体在社会结构性力量的形塑中也同步经历着新的抉择。面对"体制外—市场"与"体制内—国家"的双重影响，个体的主动性不断发挥作用。在此背景下，个体与社会相互形塑，社会制度会对个体的生活产生影响，同时个人的主体选择也将对现有社会结构的变动发挥作用（Mayer，1988）。个人所在的单位性质与其分层体系中的位置相关，而在再分配体系和市场体系之间存在资源和机会的差异，不仅不同单位级别与国有部门间存在利益与资源的差别，不同体系内部的不同部门、机构之间的资源与机会分布也不均衡，由此不同单位中的从业人员在收入获得和福利分配中存在差别（李强，1999）。改革开放是在短时间内给社会带来剧烈变革的划时代历史事件，因而不可避免地会带来地区间、单位间、家庭间以及人群间的不均衡。这种不均衡在个体心中留下遗憾，当他们拥有可以获取资源的条件时便会产生更加强烈的欲望以补偿曾经未被满足的需求。

第二节 个体经历对老年人健康需求形成的影响

上文研究已对老年人个体经历的特征进行概括，从中可见当代老年群体曾历经的苦难生活、资源的匮乏与社会变革带来的风险是影响其早年健康状况和欲望被压抑的主因。本节将在此基础上对健康需求的形塑进行阐述，个体经历对健康需求的形成带来了以下三个层面的影响，分别是提升健康意识、丰富健康内容以及转变健康策略。

一 从忽视到重视：提升健康意识

健康意识即个体如何界定健康以及对健康的重视程度。在外部环境的限制下，个体在受到打压和挫折的同时形成对健康的忽视。

童年时期因受宏观制度的制约，无论物质资源还是医疗条件都无法满足个体的健康需求，其中包括成长过程中所必需的营养以及应对疾病与创伤的医药。在医疗资源以及诊疗条件比较匮乏的年代，很多疾病甚至死亡因缺乏科学解释而被神圣化和道德化，与因果报应说相连。受中国传统文化中的佛学、道家与儒家思想的影响，犯错与惩罚作为疾病的隐喻被长久印刻于历史中，并发挥着对世人的规训与劝诫作用。西医自近代传入中国便带有浓厚的宗教色彩，基督教神学把物质看作精神灵性的堕落，疾病则是生命放浪不羁的罪恶结果（孙雯波，2018）。由此疾病与罪恶紧密相连，自身的道德特征被加强。疾病作为形容词以描绘从社会意义和道德意义上来说不正确的事物（桑塔格，2018）。

与之相关的还有对生老病死的界定，在国家医疗卫生资源覆盖率较低、现代医疗知识与观念尚未普及时,农村地区巫医和土医盛行,生老病死被赋予相似的文化意涵。在传统文化中,生死不仅被神圣化,更被隐秘化,甚至成为一种日常语境中的"忌讳"。无论神话传说还是史料记载都依稀可见古人对"长生不老"的追捧,其背后也体现出对死亡的恐惧。无法客观面对生死,将会对个体的健康意识产生直接的影响。

健康与疾病是一组共生概念,社会对疾病的定义也将影响个体的健康观念,生老病死更是与健康密切相关。正是在这样一种对疾病和生老病死的"天命论"和"因果报应论"的界定中,健康也同样被赋予道德色彩。"吃都吃一样的,日子都苦,别人怎么好好的就我不行?我不想生病。我从小就害怕吃药,真不舒服了也忍着,不让别人知道,那个时候生病就是丢人的事。"(FC0813,女,70岁)"闹饥荒,没东西吃,得病的也多,死了就死了,那就是命。"(FL0919,女,80岁)这种顺其自然的健康意识不仅影响个体对健康的态度,也主导其应对疾病的方式,最终影响健康水平。在个体的童年期,基本生命的存续成为其健康观的核心,且整体存在消极的就医观念。很多老人表示,在孩童时期,只要还有口气、能活着就足够了。

个体进入工作阶段后,将健康作为维持其工作状态的工具,因而以抗病能力强为荣。这种工具思想在中年期得到进一步沿袭,健康条件成为维系整体家庭关系和功能发挥的前提。受以集体主义为导向的家庭观念影响,个体早年间容易在婚姻中为家庭牺牲自我,因而会以健康为代价获取家庭所需的资源。当时国家正处于大力建设与发展时期,以劳苦工作、奉献自我为荣。公费医疗不堪重荷后,国家缩减医疗开支,下层民众对政策的错误解读使其产生减少就医频率的理解,加之当时公费医疗的条件和水平有限,个体能获得的诊疗服务质量不高,甚至有产生医疗事故的情形。由于对中医的偏好依然占据主导,百姓更相信"土方子"胜过西医,该行为属于自我医疗,也并非正规中医的治疗流程,易导致病情的延误。

> 那时候我生病了,也没想过去医院,医院哪里治得好?就算能治好,我也没时间去,不能随便请假。到时候工作丢了,一家人都

第四章 历史烙印：苦难记忆下叙事与意义形成

得喝西北风去。自己搞点药吃就行了。(FY1031，女，79岁)

随着医学疾病谱的转变，除危急重症外，慢性病成为影响个体健康的主要原因。如果没有得到及时治疗，延误病情后会对健康造成劣势累积。生活的重担以及工作的压力使得当时身处青年期的被访者无暇顾及健康，沿用童年时生病时的处置方式，忽视疾病成为显著特征。健康对他们而言，只是出于维持生活的手段，带有工具性特征（姚泽麟，2010）。"哪能随便请假？小病小痛的又死不了，真请假啊，可能等你去上班，工作都被人顶了！人家不愁招不到人的，人比岗位多。生病会影响工作，没人想生病。"（FC0813，女，70岁）生活的重担使个体容易形成忽视健康、对疾病采取忍耐的健康意识，由此埋下健康隐患。

"差不多80年代初，看病很便宜的，挂号就几毛钱。我做过阑尾炎手术，花了八块多。但是那个时候资源紧张，什么都缺。以前是医院没条件，后来是医院有条件了，我们看不起病。医生只想看能赚钱的病人，对其他病人就不多关心，而且他们能力也没多好，能不去医院就不去医院，自己买点药吃都比去医院好。"（FY1013，女，79岁）自经济体制与医疗体制改革后，医疗机构的性质发生改变，创造经济效益成为其重要目标，医疗费用普遍上涨。另一方面，由于单位制的瓦解，包括医疗保障在内的社会保障体系被打破，个体和家庭成为抵御风险的责任主体，面临较大的冲击。经济负担成为个体就医的阻碍，且因为当时医患关系的恶化，医疗体系具有逐利性质，群众对医院和医生的信任度降低。

此外，被访者大多提及其负面医疗经历，金钱、人力、精力与时间的多重消耗影响个体对维护健康的成本想象。"健康就是长寿，但也要有条件的。真这么容易，就没什么长寿不长寿的了。"（FZ0925，女，78岁）。随着年龄的增长，个体的身体素质只会呈现下降趋势，对健康的需求比之前的生命阶段自然更加强烈。然而由于客观经济因素与主观对医疗体系的抗拒，老年人的就医需求被削弱。维护健康需要经济成本，而就医成本的提升使得医疗服务的可及性降低，个体经历的客观条件限制迫使个体形成对健康的忽视。因而至其晚年时期，社会保障体制的完善和整体生活水平的改善促使他们提升健康意识。老年群体晚年对保健品消费的行为体现出健康意识的提升，即从忽视到重视健康，其本身也是个体经历对健康需求产生影响的表现。

二 从身体到心理：丰富健康内容

（一）食物的药物化与药物的食物化

健康原本只被作为生理层面的身体状态，但随着健康观念的转变，个体逐渐意识到心理健康的重要性，因而产生对健康内容不断丰富和充实的需求。

在现代西医传入前，中医文化占据主导地位，影响个体注重补身的健康观念。我国自古以来便重视对身体的滋补，历史上自周代起便有专门负责饮食调理的"食医"，负责为皇室制作各种美味佳肴与保健医疗饮食工作（翁维健，2001）。不仅《后汉书·列女传》中提出药膳概念，《黄帝内经》中也有对食疗的详细论述，《本草纲目》等医药类古籍更是对药膳的地位给予肯定。

新中国成立初期，因物质资源与医疗条件较差，个体无法获得自身所需的医疗资源，但这并不妨碍其对补身的崇拜。生活条件的局限使得温饱成为百姓最关心的话题，"食文化"一直在我国传统文化中占据重要地位，也促使个体更加注重身体层面的满足。"吃什么补什么"直到今天都是广为流传的民间俗语。中国人常常需要进补，对补身的注重远远多过对心理卫生的照料。不生病也要通过补药和煲汤的形式进补，讲究预防调养，以食进补的本质是使食物"药物化"以及将药物"食物化"（孙隆基，2004）。这种以"吃"维持身体健康的理念也带来对药物的排斥，正如被访者在提及西医或西药时多持反对态度。"西药副作用多，能不吃药就不吃药。年轻人最好不要动不动跑医院，身体本身就有自愈能力。你吃那么多药，可能还不如吃水果、蔬菜效果好。"（FG0816，女，74岁）中药虽然也在药物行列，但由于其具有药食同源的特性，与药膳相关联，比起西药更能让深受传统文化影响的老年人接受。这种反对外部力量介入身体系统的观念也体现出身体的独立性，不仅受到中医整体性疗法的影响，更受到当时物质资源匮乏的限制，个

第四章 历史烙印：苦难记忆下叙事与意义形成

体无法获得足够的资源以实现医疗干预。健康状态便是能够保持身体的正常运转，被更多归因于身体层面，这种观念为后来的"保健—补身"奠定了基础。老年群体在消费保健品的过程中体现出对多元健康内容的向往，健康早已不是早年对身体的简单补给，更是以整体观为导向的综合型健康状态。

（二）心理疾病的身体化与社会化

被访者的个体经历因时代动荡与特殊发展进程而遭遇较多坎坷与波折，构成个体生命历程中无法预估的危机转折点。它们不仅在个体的生理层面造成影响，也留下心理阴影。然而由于当时我国心理医学发展尚未成熟，心理问题并未得到重视，不仅没有被作为专门的疾病看待和干预，还具有一定程度的污名效应。"要是说谁心理有问题，就和脑子有问题差不多，都不懂嘛，就现在说什么抑郁症、自闭症的，具体什么原因得的，怎么治，还是不清不楚。"（FC0816，男，80岁）心理疾病的医学化在我国起步较晚，并不能迅速被大众熟知与接受，因而个体在早年时期较少关注心理健康。那些因为坎坷经历而形成的心结虽然无法被作为心理疾病对待，但也并非完全被忽视。"吃好了睡好了心情就会好，身体有什么不痛快了，心里当然就不舒服了。"（FC1031，男，80岁）将心理问题逐渐转化为具体的身体机能故障，体现出心理疾病的身体化。

另外，国人容易将心理问题社会化、人事化以及人情化，因而会导致个体将心理危机外在化为社会关系与社会压力，如社会羞耻感或社会道德问题（孙隆基，2004）。个体在早年应对心理问题时容易将其定义为在社会交往中形成的社会性问题，问题解决的复杂与困难程度增加，长期郁结于心以至影响个体健康。"心里受打击了，也没地方说就憋着。憋久了就会出问题，比如这个怒伤肝，肝气就会郁结，心脉也会。"（FL1022，女，79岁）即便是可以与领导正面交锋的被访者最后也免不了被调离原职的结局。有被访者也曾通过各种途径为自己争取权益，但都无果。很多和她们一样在家庭、工作以及社会环境中遇到坎坷的人，都会谈及这些社会事件对其身心的影响。

在叙事过程中，个体将其内心的负面情绪积压并最终发酵为心理问题，更多以社会成因进行解释从而将问题复杂化。身份与社会资本造成的局限性也使个体难以在短时间内改变当下的境遇，最终只能遵从"小不忍则乱大谋"的处事原则。在他们看来，退一步海阔天空，忍一时之不快是为了自己和家人当下乃至未来的生活，其中也包含对健康的追求。"后来换去档案局，心里其实还是不舒服。但家里还有人张嘴等着吃饭，我也要继续生活，也只能忍忍。都说苦尽甘来，熬过去好了。"（FY1013，女，79岁）个体经历延续了个体侧重身体健康的观念，也逐渐将心理问题外化于身体层面的功能紊乱以及社会生活中的不如意，缺乏对心理疾病的正视。保健品的消费过程恰恰是同时兼顾滋补身体和宽慰心理的双重目标，当下老年群体对保健品的青睐不仅仅体现在产品本身，也是整个消费过程中对身心双重需求的满足。

（三）身心融合的趋势——综合型健康场域的需求

个体在青年时期因年龄优势较少关注健康状况，而随着年纪的增长，其身体机能逐渐下降，早年累积的后遗症逐渐爆发，心理问题也将作用于身体之上，直接以个体的健康状况呈现。"年轻的时候没人关心什么健不健康的，没这个需求，年纪大了呢，这里酸了那里疼了，不得劲了，你想不关注到都很难。"（FW1023，男，79岁）身体状况的恶化迫使个体提升健康意识，"慢慢地生活条件好了，儿女自立，父母我们也照顾好送终了，就攒点钱给自己。"（FH1023，男，78岁）与此同时他们也开始关注心理层面的问题，如空巢老人的孤独与寂寞以及退休之后的落差与空虚等，身体与心灵层面的健康逐渐得到整合。

"我就遇到过老年人问我，到底健康是个什么定义呢？医学很多东西不是这么明确的。有人身体可能有问题，但不影响正常生活。有的人看着还好，心理有事，状态也不会好。"（Z0904，男，35岁，G市卫健委健康产业促进科科长）当个体退出工作岗位并完成对父母的赡养与子女的抚育责任后，较之前有更多的时间能够关注自身。此刻他们逐渐意识到整体健康观的重要性。自然的生理机能退化使个体难以免于疾病困扰，健康对于年纪处于增长中的人而言并非指完全的无病状态，而是如何更好地与慢性病共处，其中心理状态将发挥重要作用。这种将身体层面与心理层面的健康相统一的趋势促使其晚年产生对综合型健康场域

第四章 历史烙印：苦难记忆下叙事与意义形成

的诉求，老年人希望进一步丰富健康的内容以同时满足身心的需求。

三 从消极到积极：转变健康策略

（一）近中医，远西医

在资源匮乏与消极健康观念的代际传递之下，个体对健康容易采取消极态度。而随着健康意识的提升，个体也开始有发挥能动性以主动提升健康的需求。中医与我国传统文化和历史脉络紧密相关。中西医理念的交锋背后是传统文化与现代文化的碰撞与交融，当代老年群体比年轻人受到更多传统观念的影响。中医更多是一种间接疗法，以找寻病症的根本原因为主要方式。"我一贯是相信中医的，西医见效快但不能解决根本问题，人整体是需要一个调理的过程，中药调整得慢一点，最终起的效果是比较明显的。"（FW0729，女，74岁）中医文化与我国传统文化相契合，因而也更容易被病人接受。

如上文所说，个体在早年医疗资源与条件匮乏的年代曾将疾病与健康看作是命运的选择，疾病的归因被囿于个体自身与家庭范畴，健康责任的主体也因此受到限制。当健康被定义为个体的私事，便与陌生的医疗场域相冲突。在中国传统文化的语境中，"公"与"私"、"内"与"外"的界定会直接影响个体的行为方式。古代医患关系的和谐是受熟人社会、中医的诊疗方式和传统思想道德约束影响的（李丛，2007）。

在西医进入中国之前，中医以"一对一"的看诊格局为主。医生多居于乡间，与患者生活在同一空间。看诊时医生进入病人家中，其所有诊疗活动基本都在患者或者患者家属的视线范围内。当时的医疗条件缺乏现代医学中精密复杂的器械设备，但医生直接接触患者并通过了解其日常生活以窥探疾病背后的疾痛意义。该过程体现出医患双方建立信任的过程，其中渗透着中国本土文化语境中的人情关系与道德伦理。患者对医生诉说的过程需要建立在熟人空间及关系中，因为中国人的来往要先确定是自己人，只有在熟人面前才好开口（孙隆基，2004：59）。恰恰因为疾病被赋予道德性和负面标签，个体更不愿意轻易将病痛告知"外人"，容易出现讳疾忌医的情形。

杨念群（2006）也曾指出现代医学所构建的陌生空间与场域并不

符合中国民众素来遵从的伦理秩序,即"内外有别"。由陌生人构成的护理体系及委托制度加强了医学治疗的隐秘性,也使得医学空间变得相对封闭,患者乃至患者家属的恐惧感和不安感被加重。正如有访谈者谈及母亲生弟弟难产去医院的经历时,反复强调那次就医经历对她造成的阴影。后来这位访谈者自己生产时坚持在家中进行,也是受到这次经历的影响。"那时候比较保守,感觉女人生孩子本来就是私事,哪能弄到外面去?手术台上躺着,好丑啊。医院冷冰冰的,我反正不爱去医院。"(FL0919,女,80岁)

被访者在童年时期接触西医较少,谈及童年时期对西医的印象以"没见过""不了解""没有"这样的描述为主。当时国内客观上存在医疗资源条件以及医学人才不足的情况,西医在我国的发展历程与当代老年群体自身的成长轨迹几乎一致。在西医尚未发展成熟的阶段,人们容易因为不良医疗经历而对西医产生负面印象,由此降低民众对西医的信任度。这种在童年时期形成的对西医的疏远和对中医的亲近也一直延续到之后的生活中。伴随着西医在本土医疗体系内的扩张以及医疗体制的改革,诊疗费用不断提升。就当时国民经济的整体发展水平而言,很多普通民众难以承受医疗负担,医生在他们的眼中从救死扶伤的圣人转化为只知谋利的商人,由此进一步造成个体对西医的疏离。

(二)以抗病和忍耐为荣

抗病能力(disease resistance)指的是机体防御和抵抗疾病的能力以及保持健康的能力。从被访者的个体经历来看,个体童年期受到长辈的影响较大,因而他人对其健康观的形成有重要作用。"别身上有点不舒服就想着去看医生,很矫情,要以此感到可耻,家里大人都是这么说的。后来我自己也觉得生病了没必要去看医生,自己扛过去就好了。"(FW0919,男,71岁)这种代际之间乃至社会范围内的健康观念传递使得个体在身患疾病时不愿就医,对以陌生医疗空间为主的西医体系存在排斥的心理。"时候到了,阎王爷拿钩子一钩,你就得走。想活长一点,就是不能做坏事,不然遭报应的。"(FJ0924,女,77岁)当代老年人在童年期多缺乏对生死的现代医学解释,容易导致个体对诊疗的轻视,在患病后缺少主动就医的习惯。个体在青年期处于刚进入工作或是

第四章 历史烙印：苦难记忆下叙事与意义形成

职业上升阶段，需要尽可能保证工作时间与工作效率。健康是保持劳动能力和效率的前提，因而被赋予了工具化色彩。健康工具化的背后是身体生产能力的功利导向，也是脱离自身主体的健康关注。

民间曾经流行的话"身体是革命的本钱"，是指行动的前提条件是必须要有良好的体魄。20 世纪 50 年代至改革开放前，我国正处于十年社会主义全面建设时期，各行各业都在积极建设与发展。尤其在"文化大革命"后，国家更需要紧急恢复经济生产建设，举国上下都面临繁重的建设任务。"那几年，大家都是铆足了劲埋头做事，上面一句口号下来，所有人都像吃了兴奋剂一样，生病了也坚持做，完全不觉得累，精神上是很受鼓励的。"（FH1023，男，70 岁）这种以抗病能力为荣的导向使得个体在无形之中产生两种情形：一方面是对身体的关注，这种关注是基于身体的生产能力的功利性视角，并非是从主体自身的健康出发的；另一方面是对疾病的消极性恐惧。当疾病来临时，个体缺少承认和应对疾病的主动性与积极性，实则是对疾病的否认逃避。

病人对看病方式的选择不仅是一种有意识地进行功能区分的选择，更是将日常难以解释与处理的危机合理化的方式（杨念群，2006）。在资源匮乏的年代，人们应对疾病多采用顺其自然的方式。此处"自然"有两层涵义，一是指借用民间宗教迷信应对疾病，或是平日多积德行善，尤其作为儿童更讲究对长辈的顺从和孝顺。作为长辈也会以疾病的道德性特征约束言行，因为疾病便是灾祸，降临在子辈身上的灾祸是自身累积的业障与因果报应。基于当时国家与社会的经济水平与医疗条件，个体无法获取足够的资源治疗或治愈疾病，便只能以此获得心理安慰。二是指不主动干预，注重身体的自愈能力，对结果做两手准备。该时期社会物质资源尤其匮乏，也会降低个体获取医疗或者健康资源的积极性。当时国家更多强调公共卫生与预防，这种预防体现在普通民众层面是改善卫生习惯，体现在干部甚至领导层面则是特供医院、特殊的病房、专人照护以及保健药品，普通人获取医疗保健资源的途径遭到弱化，便只能以抗病和忍耐为荣。

（三）倾向自我医疗

消极医疗主要体现在个体减少去医院的次数。当代老年人就医意识的淡薄可以追溯至其童年时期。在恶劣的生存环境、匮乏的物质和医疗资源以及长辈自身缺乏现代医学理念的环境中，儿童容易将这种消极的就医观念沿袭到青年时期乃至后续的所有生命阶段。此处研究并非否认当代老年人在儿童期得到过治疗，只是由于客观医疗条件的限制以及主观健康意识的薄弱，他们即便有提高健康水平的意愿也无法获得足够的医疗资源。根据个体意识观念的发展过程学说，童年期是形成习惯的重要时期，若该时期无法养成对就医重要性的认知，日后在遭遇疾病侵袭时也无法作出适当的就医选择。相反，中医较强的可及性和较弱的知识壁垒使得个体更容易形成基于经验的自我医疗观念。

医疗费用的飞涨、医疗资源与患者需求无法匹配、医疗资源的不合理配置使得"看病难""看病贵"成为医疗体制改革后最突出的医疗问题。医改后群众对医疗机构的不满情绪营造了医患之间的负面舆论氛围，而世界卫生组织在20世纪70年代末提出人们应合理参与自身健康维护的过程，个体有权利也有义务管理健康。

根据1998年第二次全国卫生服务调查数据显示，与1993年相比，城市地区两周未就诊比例明显增高，未就诊原因中85.7%的人选择自我医疗，这种全国自我医疗比例逐年上升的趋势对医疗卫生服务提出严峻的挑战。根据2004年第三次全国卫生服务调查数据显示，从1993年到2013年，我国居民患病人数大幅增加，无论城乡患者去医疗机构就诊呈显著下降趋势，有47.9%的患者不到医院就诊，相较于1998年提升了22.9%，但自我药疗的比例却有所上升。"如果不是非要开刀，我不去医院的。我年轻的时候几乎不去，医院就喜欢乱开药，有的药都是卖不掉的他一起开给你，还不如我自己去药店买点。"（FC0813，女，70岁）

自我医疗的趋势既反映出个体对医疗的疏离，存在延误病情及相应的错误用药的风险，同时也体现出个体健康意识的提升，对医疗的消极倾向并不代表完全的不作为。从这里可以看出，获取与维持健康的方式并不只有在现代医学场域中的治疗与干预，尚存其他途径。正如俗语所说"久病成医"。很多被访者可以随口说出自己所患的疾病病理以及治疗方法。"像我们老年人的病都不是那么好治的，很多病都是这一辈子慢慢积累过来的，医生其实也治不好，只能不断地给你开药，他们讲的东西都差不多，我也能说出来。那些药治标不治本，有的吃了也白吃，有的吃了马上有作用了，但很快又不行了。"（FJ0924，女，77岁）老年人在医院无法满足自己的健康需求，逐渐形成对医院的排斥心理，这也是当下为何多数老年人都不愿意去医院的原因。因而老年群体有转变其健康策略的需求以满足对自我医疗的倾向。

第三节　正视与满足：保健品消费对需求的补偿

前两节研究对个体经历的特征以及健康需求的形成过程已进行阐述，可知作为一种与健康相关的行为，保健品消费行为受到老年群体早年生活经历的影响，因而产生了健康需求。本节将基于对健康需求的剖析，进一步探究保健品消费对健康需求的满足过程，具体包括以下三个方面。

一　直面疾病：积极满足需求

老年群体在早年生活中经历的资源匮乏与坎坷波折形成共有的苦难记忆，他们客观上无法获取足够的资源，主观上也无法形成良好的健康观。在面对疾病时，他们多采取消极就医的策略。晚年时期，老人们的生活环境和自身心态都开始发生转变。这种应对疾病的方式呈现出两种走向：其一是延续对医院的逃避，不到万不得已绝不主动去医院就医；其二则是提升对健康的关注程度，老人们开始正视疾病，甚至积极寻求满足其健康需求的途径。早年被压抑的欲望在晚年时期爆发，促使他们进行健康消费，其中保健品消费就是重要形式。

医疗体制改革后，由于医患关系出现恶化，进一步加剧了老百姓对医疗体系的不信任。此时也正是西方保健品传入中国的时期，外来保健观念的传入对个体在医疗领域中受到的挫折有补偿作用。随着市场经济的发展，西方自由主义思潮传入我国，逐渐对个体的健康观与保健品消费行为产生影响。个体健康意识的提高也将其推向保健品消费，人们开始在能力范围内接触保健品和保健医生。

> 就在那个村子路口,两三个男孩摆个垛子在那儿卖核酸,好几千块钱。太贵了,大部分人就是好奇,在旁边围着转转,实际买的人不多。大家都觉得新奇,后来没过多久,"安利"那种拉人头的营销模式一下子就在我们国家爆发了,大街小巷的,你都能遇到有人上来问你要不要买。(FW0919,男,71岁)

食补、食疗是传统的保健方式,且以直接食用的方式滋补身体。但是,中医的发展趋势使得其更加注重学理层面,强调养心与练气。被访者作为医师资格证的培训专家,她认为"正气是人体最需要的,可以帮助人抵御病魔"(W0816,女,27岁,ZG教育机构医师资格证讲师)。此时西方的保健理念则以补身为主,曾经在改革开放后传入我国的几大保健品牌均来自西方国家,如被访者提到的"安利"(AMWAY)与"纽崔莱"(NUTRILITE)等。伴随着改革开放进程的加快,外国产品进驻国内市场,丰富了群众的物质生活,但同时也使个体滋生出崇洋媚外的心理。"比你这里厉害的地方的东西,就会觉得它更好。物以稀为贵,我嫂子在美国,每年过年都会带很多东西回来,其他没什么,那个卵磷脂就不错,是一种营养品。"(FH1023,男,78岁)

当时盛极一时的保健品并不是以中药为主要来源的,来自西方的新鲜事物更吸引国人的关注。好景不长,无论是西方知名品牌的保健品还是本土自产的三株口服液等西式保健药市场都逐渐萎缩,取而代之的是以中药为主的保健食品,例如近几年颇受追捧的以铁皮石斛和三七等中药药材为原料的产品。

老年群体对西药的信任度较低与西药原材料的隐秘性紧密相关。中国保健疗法中常说的"以形补形"最早见于《黄帝内经·五常政大论篇》,这种"形"体现出对材料可视化的要求,而西药多为化工制品,老年人无法直接了解药品来源和制作工序。

> 西药和中药有个最大的不同,西药的制作工序很难同老年人说清楚,都是化学一类的,老年人本来文化程度就不高,你跟他们说这个东西怎么做出来的,他们未必会信。中药就不同了,我们的产

第四章　历史烙印：苦难记忆下叙事与意义形成

品里面本来就有三七提取物，三七是对身体好的啊，止血又活血，还治跌打损伤。云南白药主要成分不就有三七嘛？银杏叶、川芎，这些对心脑血管好。那个年代的人，可能对西医了解不是很多，对中医了解更多。所以他们看了这些成分就知道有效果，我们都不需要多讲。（H1031，女，40岁，HXT保健品公司主管经理）

当下保健品市场中依然同时存在西式保健品和以中药为主的保健品，但后者占据主导且更受老年人的欢迎，这与老一辈人与中医文化的历史联结密不可分。传统中医理念中的"补"原则在保健品中得到传承和沿袭，个体无法得到满足的健康需求被统一归结为身体所需的不足，因而可以通过对这些材料与资源的补给得到解决。保健品扮演的正是这样的补品角色，老年群体希望通过食补的方式补偿自己晚年身体的损耗和缺失。长寿自古以来就受到历代专制王权和统治阶级的追崇，受传统文化影响较深的老一辈人对长寿文化也有天然的诉求。譬如很多被访者提及自己选购保健品的理由和标准时，会表明该产品中的某个主要元素是其他国家或地区人民长寿或者免于某种疾病侵扰的关键。对健康和长寿的欲望推动着老年人走向保健之路。

老年人之所以在晚期较现代医院更青睐保健品的宣传功效，实际也是一种对个体经历形塑下的自我医疗观念的沿袭。从去公司上课、学习，到根据自己的逻辑判断、选择产品并在自己熟悉的环境中服用或使用，这一过程恰恰与西医的陌生治疗场域以及绝对的专业权威相反。在这个过程中，老年人曾经因为奉献家庭和工作而被压抑的主体性得到进一步彰显，他们可以自己挑选保健品，充分行使自己的消费权以满足需求。随着市场化改革的深入，健康进一步被纳入个体与家庭的私领域，成为公民的私人责任。老年群体在谈及自己消费保健品的过程时多提及对当前公共医疗健康服务的不满，他们解决问题的方式是通过个体消费渠道满足需求，由此也体现出老年人主体意识的提升。

二　提前准备：迎合预防心理

深受传统文化影响的老年群体更重视养生的作用，如庄子的养生观等。养生本就是对预防的强调，着重日常生活的积累。中医文化也强调日常的保养而非直接针对病症，很难迅速见效，倾向于舒缓类的调理。老年群体在早年生活经历中遭遇过来自生活或医疗的风险与危机，因而更加认同提前预防对健康的重要性。养生观念在历经时代变迁后以商品化的形式呈现，当下流行的大部分食用类保健品也都是以中医药为原料，多以预防保健功效为主，这样的产品具有天然的群众基础，更容易被老年群体接受。

个体经历除引导老年群体侧重预防外，也使得个体对医疗的排斥有所增加。老年人的就医意愿是将他们推向保健品的重要原因，有很多老人用保健品代替药品。在他们的眼中，以中医药为主体的保健品远胜于西药与治疗方式，减少后者对身体的干预也是改善和提升健康水平的前提。"成天吃药的不就是林黛玉？和药罐子一样。保健品可以长期吃的，我身体好的话吃这个可以维持现在的状态，药哪能经常吃？人会吃坏的。"（FY1013，女，79岁）多位被访者在访谈中表达了对西药的负面评价，如治标不治本、依赖性高、价格贵等。对老年人而言，预防并非是完全防止疾病的出现，而是尽量降低疾病的恶化速度甚至个体的衰老速度。老年人对预防的重视高于对医疗干预的期待，他们更希望在疾病发生前就将其遏制住，尽量减少服药种类以避免副作用对身体的二次伤害。这种对预防的重视促进了老年群体对保健品的热衷，保健品公司也因为深知老年群体的需求投其所好，重点对预防理念进行宣传。

个体早年间自我医疗趋势的加重为晚年期热衷保健品奠定基础，比起传统的诊疗干预，老年人更愿意自己解决健康需求。通常年轻时就对医院排斥的人到晚年也有较差的就医意愿。排除重症和急症，在老年群体中发生率较高的慢性病需要长期调养，且其中大多慢性病在西医话语中为无法治愈的疾病，因而老年群体更愿意采用调养的方式代替药品。其次，不少被访者都谈及早年不良的医疗经历，这些经历会加重他们对医院的排斥。陪床、照顾病人的情形也会起到对疾病的警示作用，由此提升个体对自身健康的预防意识。老年人一方面排斥正规医疗体系，一方面又加强对健康的关注，因而转换健康策略对他们而言是必然的选择。

第四章　历史烙印：苦难记忆下叙事与意义形成

三　关注心理：满足综合型健康诉求

在个体经历中，医疗服务仅针对身体层面的疾病，缺乏对心理层面的关注。而在社会动荡时期，个体面临诸多坎坷与波折，缺乏足够的支持网络和应对危机的心态，从而影响对事件结果的非理性认知。心理学科在我国发展的滞后性也使得个体缺乏及时与适当的干预，心理问题被个体外化为社会问题，问题的复杂程度和化解难度由此提升，这些问题容易郁结于心并造成持久性的心理阴影。

个体经历遗留的缺憾促使老年人形成补偿心理。改革开放后，大量国外保健品的入驻掀起一股保健热潮，保健品的出现为个体提供补偿的途径。从人类行为特征的角度出发，进入老年阶段的个体在心态上呈现出逆向化趋势。因为年轻时历经较为艰苦的生活，他们在晚年时对新事物有好奇心，对以往未得到满足的需求有强烈的补偿意愿。计划经济时期的身份效应和区隔使得当时社会中的大多数人无法在资源有限的条件下获得保健资源，被访者都会提及领导、干部获得的营养品是他们长寿的奥秘。

> 中南海的那些老干部都是吃保健品的，他们都能活到90多岁，都高寿。（FG0816，女，74岁）
>
> 过去有许多小道消息。说国家领导人用的东西很好。我们身边也有几个健康单位（保健品公司），响应党中央的号召，把过去的什么特供产品进行宣传然后向全国发行，这种产品不见得多么了不起，但是当时很少。（FC1031，男，80岁）

由此可知特供品在当时的社会舆论的隐秘化形塑下被进一步美化，民众只听说过却没见过，更无从获取。久而久之，那一辈人的心中便留下遗憾。改革开放后，经济体制改革提升了人民的生活水平，物质供给被极大地丰富。经济水平在一定程度上取代身份区隔成为获取保健资源的标准，这也是为什么经济条件较好的老年人会在中年后期就接触保健品的原因。财富积累较慢的个体则会在老年期加入保健队伍，补偿年轻时无法获得特供品的遗憾。

这种补偿心理同样体现在对长辈与晚辈的消费过程中。对于身处中年期的个体而言，退休前其子女正处于婚姻甚至孕育第三代的阶段，与此同时，他们也面临父母的衰老与疾病。通过被访者的描述可知，他们对父母和子女都有补偿心理。父母年轻时生活条件不好，有的也经历过"文化大革命"等运动，对身心均造成影响，做子女的则希望尽自己所能补偿父母。

> 我父亲吃过很多苦，但他是个老好人也很有才华，我觉得他不该过得这么贫苦，荤都不吃。他年轻时受了那么多的苦，工资减了那么多，家里可困难了，他平反之后我就给他买保健品，还给他订了保健医生，我想让他过得好一点，希望他长寿。（FG0816，女，74岁）

除对父母有补偿心理外，个体对子女也有同样的补偿心理，这是因为过去物质条件与医疗卫生条件较差、不能给予子女足够的资源以及工作繁忙而无暇陪伴与教育子代。尤其在子女生育时，父母都不希望复刻历史，想尽可能将对子女的补偿转嫁到孙子女的身上，因而该时期个体倾向于为父母、子女甚至孙子女进行健康消费，如买膳食营养补充剂等。另一方面，他们希望通过提升自己的健康水平以保证对上下两代人的补偿。因个体经历而产生的补偿心理在这一阶段对个体后续的保健品消费行为造成影响。老年人容易陷入对往事的回忆，心理问题的累积在个体离开工作岗位后集中爆发。有被访者在提及个体经历的不公平事件后，通过消费保健品的过程改善身体的健康状况，更重要的是获得心理上的平衡和安慰，因而她在访谈中再三强调是保健品救了她的命。

健康的维持不仅包括身体层面也包括心理层面的安慰。心理问题在中国本土语境中容易被外化为社会关系的问题，但因为社会问题的复杂性使得个人难以透过现象发掘心理问题的本质，反而容易偏离正轨，引发负面的偏激情绪。譬如被访者在接受访谈的过程中多次谈及早年受到的不公待遇，这种负面情绪因没有得到及时消解而伴随其大半生。

第四章 历史烙印：苦难记忆下叙事与意义形成

老人会有心理障碍。首先会有年龄带来的慢性疾病的折磨，这些疾病因为长期反复发作会打击病人的信心，慢性病的疼痛对精神打击也很大，容易形成恶性循环。其次还有老年人的家庭关系，丧偶后就有应激状态，大的刺激对精神摧残很大，短期内会发生心理障碍，不进行心理疏导不行的。有的老人来看病就说自己是失眠、焦虑、心里发慌的，一看其他还好，问了就说是老伴刚去世。再者就是一种焦虑情绪，子女不关心啊，子女经济状况出问题啊，自己生活中遇到什么不顺心的事啊……这样他们的心理负担、压力、不痛快就更严重。（Y0925，男，60岁，G市人民医院老年医学科主任）

随着健康老龄化和积极老龄化概念的提出，个体的健康观也受到形塑，老年人对健康维护的积极性得以提升，他们自己也会意识到心理健康对整体健康状态的重要性。"我现在就希望心情愉快，身体也就好，心态太重要。"（FJ1031，女，79岁）

处于市场经济环境中的保健品行业从商品的角度出发更多为老年消费者考虑，他们倾其所有只为满足顾客所需。消费的背后是匮乏和不满足，保健作为一种商品被包装为让老年群体满意的形式，可以在身心层面满足老年群体的需求，由此赢得老年消费者的支持。

反观公立医疗服务，尽管在经济体制改革和医改后，医院的公益性被削弱，但他们与完全市场化的保健品仍存在区别。专业权威组成的壁垒影响医患双方信息的不平等以及医患之间的和谐关系，且陌生空间组建的医疗场域容易让患者产生陌生感和紧张感。传统医疗场域难以兼顾病患的心理状态，保健品的消费过程在医疗干预上存在不足，却在情感服务与人文关怀上有余，符合当下老年人对综合型健康服务的诉求。

健康不应只是个体生理层面的身体状态，心理诉求乃至个体所处的整个生态系统都将对健康产生影响。医院对个体而言仅仅能满足生理层面的需求，有时甚至连这种基本层次的需求也不能完全满足。医学人类学家阿瑟·克莱曼（2010）曾对疾病与疾痛作出划分，就过去老年人口中的医疗服务而言，医院尚无法承担病人在疾痛方面的需求。然而疾痛和疾病本身无法被完全割裂，健康的综合性很多时候遭到了忽视。

在当下的社会舆论中，保健品公司一直因其过于周到和热情的服务而被认为具有诱骗性质。被访的几位保健品公司负责人在访谈中表明他们提供保健品时已经将对老年人的尊重和陪伴等情感照顾作为附加服务注入产品中，甚至在未来的行业转型中他们有意将这两者颠倒，即以情感服务为主，保健品仅作为附带品销售。企业虽存在提供附加服务背后的营销动机，但从老年消费者的角度出发，他们在接受健康服务的过程中存在生理之外的综合性诉求，若想进一步提升老年人的健康水平则需要从"身—心"的整体视角加以考量。

本章通过对个体经历的回顾，进一步明确了老年群体在保健品消费中渴望被补偿的健康需求。这种健康需求不仅体现在生理层面，更包括心理状态，是一种融合情感服务的综合性需求。对于这种需求，保健品公司较之传统的医疗机构存在优势，由此博得老年群体的青睐。

此外，在个体经历的回溯中，研究发现老年群体的诉求时常呈现出两面性。譬如老人们浓厚的传统家庭观念、家庭分工和家庭结构的变迁仍然驱使着他们在晚年时期对家庭有所贡献。被访者多提及通过保健品提升健康水平的原因是为了能够帮助子女分担抚育责任，不单是为自己。该需求既是老年人本身的夙愿，背后也包含传统家庭观对老年人的持久影响。为了有更好的身体和精神帮子女分担压力，老年群体通过购买保健品调节身体，这也是满足其自身需求的表现。针对此现象，研究将在下文通过对老年群体的价值观的剖析以进一步探究个体价值观对老年人保健品消费的影响。

第五章　价值驱动：利己与利他间的融合与转化

在影响消费的众多主体中，消费者本身是重要的存在。鲍德里亚对符号的关注将消费推入文化层面的意义研究，消费品的象征意义不仅来自于社会建构，也来自于消费者自身的赋予。中西文化在消费领域的交锋尤其彰显出不同文化观念对消费者行为的影响，其背后是老年群体在不同价值观之间的摇摆。老年消费者进行的是具有自我意识和主体能动性的消费行为，不完全是受到外界诱导的被动性实践。在该过程中，西方长期主导的逐利经济思想形成了消费的利己主义特征，但在实际日常生活情境中，消费行为也不是完全的个体行为，具有群体性与社会性。由此可知在消费领域中，利他主义与利己主义不是非此即彼的关系，而是可以相互转化。本章的主要内容在于阐释个体价值观影响下的利己性需求与利他性需求的形成过程，从而探究双重价值观念对老年人保健品消费行为的形塑力量。

第一节　个体价值观中的利己性需求

在经济学话语下的老年消费者的能力以及权力都受到一定程度的忽视，老年群体的消费需求也处于长期压抑中。集体观念逐渐弱化以及个体权力与能力意识的强化进一步催生老年群体的利己性需求，本节将对此需求的形成过程进行阐述。

一 持续压抑：老年群体被限制的消费需求

在我国传统文化中居于主流地位的儒家学说始终倡导"和为贵"的道德实践原则，三纲五常对个体的规范性约束也进一步阻碍个体建立主体感，若想要达成和谐关系则需要以牺牲个体的主体性为代价。西方现代文化的传入为主体感的确立奠定了理论基础，世界性的现代化革命也使个体的主体化成为必然（金勇，1998）。其次，家庭规模会影响家庭成员对家庭购买的决策，相较于西方的小规模家庭结构更多鼓励儿童的个性发展和自我决策，我国个人的购买行为受到家庭中长辈的影响。尤其在传统家庭观念占主导的时代，个体在年轻时期无法自主决定消费行为（应斌，2005），成年后又因为客观物质条件的限制和维系家庭的职责而无法完全满足自身的消费欲望，因此老年人希望在晚年时期通过健康消费获得补偿。

受集体主义与传统家庭观念的影响，老年人在早年生活中无法充分实现主体性。特殊的历史时期与个体的人生轨迹共同铸就当代老年人关于童年的苦难记忆，这种集体性诉苦既是对宏观社会背景中经济、医疗、文化等制度背景的确证，也构成老年群体个人生活轨迹在宏观社会结构中的嵌入式表达。被访者在工作之前的时间段恰好处于新中国刚刚成立之际，国家整体事业仍在恢复和重建中，多年战争遗留的问题加剧了百姓的贫苦生活。物质的匮乏与经济水平较低使得个体无法满足其需求，主观上也难以对消费形成积极意义。在现代儿童观念匮乏的童年期，个体的主体与权利意识长期处于被传统伦理秩序压制的状态，既没有主动性也没有能力满足其需求。"小时候没有钱的，上学就几毛钱的学费，家里也拿不出来。有时候会拿东西换点糖吃……"（FL0919，女，80岁）

消费行为在传统的经济学领域是获取快乐的机器，而享乐本身与我国当时的意识形态和文化观念中的"吃苦""节约"相对立。尤其在几经战乱与革命的年代，国家对生产的侧重远远多于消费。计划经济时期，消费受到资源供给与分配的限制，个体的消费欲望与需求长期被压抑。"勤俭节约啊，艰苦奋斗啊，这些口号天天都在喊，不能搞资本主

第五章 价值驱动：利己与利他间的融合与转化

义那套东西。衣服要穿最简单的样子，颜色也没有现在这么花花绿绿的，那个时候的人讲求朴素。"（FY1013，女，79岁）

当时国家整体的经济发展水平较低且物资较匮乏，在社会客观环境因素制约与家庭功能维持的双重压力下，个体无法主动表达和优先考量自己的需求。从访谈中可知，很多老人在童年期便要承担家务劳动，甚至有照顾弟妹的责任。而到成年期，他们步入工作岗位、建立家庭甚至为人父母，保持生产、维持家庭经济与获取物质资源仍是主要任务。个体实际处于一种夹心层式的尴尬地位，即便有消费需求也是以其他家庭成员为先，由此对自身需求的满足遭到进一步限制。

在社会主义全面建设时期，我国虽然处于较快发展阶段，但各项政策法规尚未健全，"大跃进""文化大革命"等运动的洗礼使得社会整体结构与事业反复受到冲击并重建。在生产工作与家庭维系的过程中，集体对个体的规训力度更大、范围更广，国家意志渗透到个体的日常生活。消费作为个体微观层面的具体行为，同样受到管控。而在以身份为基础的社会分层体制中，个体所能获取的健康资源及服务是由其社会身份所决定的，因而这种囿于特权阶层的差异性成为个体满足消费需求的阻碍。

以健康消费为例，由于我国在计划经济体制时期推行公费医疗体制，但这种体制与当时的经济水平无法适配，国家财政尚无法承载此类覆盖面较广的社会保障，在执行和落实的过程中出现过偏差。又因为城乡医疗资源的差距，个体无法满足健康消费的需求。当时社会保障体系的不完善削弱了个体应对风险与危机的能力，即便有单位作为依靠，个体与家庭依然是应对困境的责任主体。在此背景下，个体逐渐形成压抑自身需求的消费观念。

综上可知，老年群体在其生命经历中，因宏观结构性条件的制约而影响其主体能动性在消费行为中的发挥。与此同时，被逐渐形塑的消费观念也将引导其具体的消费行为。在医疗健康领域内，个体在童年期缺乏足够的医疗资源，也无法获取科学的卫生健康知识，甚至受到消极消费观念的影响，容易形成对身体的过度消耗和忽视，鲜少为满足个体需求而消费。该观念将延续至后续的生命阶段，随着老年人主体意识的增强，那些无法获得足够健康资源以及对健康忽视的遗憾都将成为老年人在晚年时期进行消费的动力。

实则老年人多年养成的勤俭习惯依然在延续，他们对吃穿用度维持着原来的勤俭标准，且在其他娱乐活动上并不如年轻人选择范围广，保健品消费是他们对健康需求的补偿心理而产生的特有的消费形式。

> 年轻人不是很明白老年人的心理，对于老年人来说，娱乐方式有哪些？跳广场舞？年轻人娱乐自己的方法比较多，比如什么玩手机，吃饭，喝酒，吃好吃的。老年人能吃好吃的吗？他们是粗茶淡饭还不敢吃啊，容易生病，胃口也不是那么好。唱歌蹦迪？老年人身体状况也不适合自己出去旅游。还有年轻人可以聚会逛街，买东西，各种各样的丰富爱好，老年人那个时代留下来的习惯，很多时候年轻人能做的，他们做不了。退休了干吗？带孙子是娱乐吗？他们完全可以有自己的消费方式。（X1023，男，35岁，ALQS保健品公司主管经理）

老年人在其早年时期经历的需求压抑成为其晚年消费的动机。他们缺少为自己消费的机会，因而需要在晚年对利己性需求进行补偿。90年代末，积极老龄化的概念被提出。随着《积极老龄化：政策框架》的正式发布，积极老龄化理论日渐成为应对新世纪人口老龄化问题的理论基础，个体应充分发挥自身潜能以积极融入和参与社会，同时也在自己需要得到帮助时能获得必要的资源（宋全成、崔瑞宁，2013）。积极老龄化的核心是以承认和维护老年人的权利为基础，与基于需求提出的健康老龄化概念不同，更强调权利的重要性。由此，老年群体有为自己争取更好的晚年生活的权力，消费也是提升其晚年生活质量的重要途径，为健康需求买单是他们的权力。

二 刻板印象：老年群体被低估的消费角色

普遍存在于现代社会的年龄歧视主义使得老年群体的消费角色长期处于被忽视的状态，其中消费角色包括消费的能力与权力两个层面。

第五章 价值驱动：利己与利他间的融合与转化

（一）消费角色之消费能力被质疑

老年人在消费市场中的绝对弱势使其消费能力时常受到质疑与误解，这种刻板印象的存在弱化了老年群体在消费过程中的角色胜任感，对其消费行为造成负面影响。一方面，从纵贯性视角出发，当代老年群体经历的时代无法有足够的经济条件和物质水平让他们充分满足消费欲望，同时他们的消费能力也无法在时代浪潮中彰显；另一方面，与获得薪资报酬的年轻人相比，老年人因退出就业市场而不再被认为具有创造财富的能力，在消费层面更多被冠以"勤俭""节约"的名号。这些看似褒义的形容词在一定程度上束缚了老年群体的消费能力。

消费作为一种自主行为，其暗含主体意识的反抗和一定程度的社会运动特质，消费者以群体形式参与到消费实践中，从而达成群体性力量以改变某种现状（萧易忻，2017）。这是一种自下而上地创造以消费者为主体语境的方式，对于突破传统由市场经济规律与准则所主导的消费环境而言，将产生其独有的抵抗力量。老年群体在谈及社会对其购买保健品的负面评价时，尤其是面对子女的反对，都会以"我花自己的钱"这样的说辞来表达抗争。

除周围好友的影响外，老年人退休后的生活场域局限于家庭中，因而家庭成员也是其重要的交际网络。在当前保健品行业面临严峻的信任危机的背景下，社会公众尤其是以年轻人为代表的人群大多对保健品持质疑和抨击的态度，因而受访老人中多呈现其消费行为受到子女反对的特征。老年人在处理子女反对保健品的矛盾时，也呈现出两种走向：一是隐瞒型。有被访者将保健品藏在家里的各个角落，尤其在每次儿子来家里之前把东西藏好。二是针锋相对型。有人和子女的关系闹得很僵，子女越反对，她越要把保健品放在显眼的位置，让他们知道自己的消费情况。两种类型都是为保护其消费行为不受到子女的干扰，后者比前者的主体表现形式更加激烈。

> 有的老年人和小孩子本来就关系紧张，那这件事（买保健品）就会成为导火索，我和我儿子都还挺好的，他们虽然会说我，但也就说说。不像我认识一个人，她儿子把她所有的保健品都拿出去丢

了,他妈妈当场就送医院去了。(FZ0925,女,78岁)

子女对老年人消费保健品的态度、老人对这种态度的反应都受到亲子关系以及亲子间相处模式的影响。对矛盾的处理方式也会影响老年群体的心理状态,但他们都表示不会因为子女的反对而停止消费行为,最多会有购买数量的差异。

有被访者年轻时经历波折,本身个性比较急躁,很难控制住情绪,所以血压经常飙升。面对子女的反对,她不听劝,甚至买更多产品放在家中,儿女回来后看到又与她理论,母子间渐生嫌隙。后来她的儿子甚至因此不与她再来往。"他们一看我买保健品回来,都反对!可是他们又没有吃过,怎么知道没有用?我吃了的确有用啊,又没有花他们的钱?"(FJ1031,女,79岁)被访者对子女的反对很有怨言,这与她和子女之间的沟通方式有关,双方都只表达态度不说明缘由,因而无法及时了解对方的想法。此外,被访者在言语中也表达出对他人子女为父母主动购买保健品的羡慕。"他们都是靠儿女孝敬!儿子给她买保健品。我们是靠着每个月的工资,靠共产党!"(FJ1031,女,79岁)有研究证明亲子关系与老年人晚年健康状态相关,甚至会直接影响老年人的晚年生活(周云,2001)。当子女与老人之间因为保健品消费这一事件产生分歧时,老年人的应对方式将对其健康产生影响。这也成为老年群体去保健品公司获取情感补偿的直接原因。

个体在晚年期时身体机能呈下降趋势,早年累积的病根逐渐爆发,这些客观存在的变化迫使他们不得不重视健康。另一方面,随着"健康中国2030"上升为国策,社会范围内都形成了追求健康的氛围,鼓励群众增强锻炼的健康设施和集体活动都是国家发出的信号。传统的家庭观念仍然影响着老年人的观念与行为,但在不同的路径上又有异同。其次,随着个人主义与集体主义的交融,老年人也受到新观念的影响,开始关注自身并逐渐增强其表达主体性的欲望与诉求。老年群体在这个过程中将受到传统家庭观念与个人主义的拉锯,身处老年期的个体性格受到漫长一生的形塑而呈现出不同的特征,在安排自己的晚年生活时渗透出强烈的个人主义色彩。

第五章　价值驱动：利己与利他间的融合与转化

在老龄化日益加深的当下社会，赡养是每一个老年人都会面对的难题。随着家庭赡养功能的减弱，机构养老和居家养老都未发展成熟。不同的老年人在选择未来自己的养老方式时都有自己的规划。选择机构养老的老人以失去自理能力为前提，大多数人更希望以居家养老的方式度过晚年，但他们也深知当下 G 市居家养老的发展尚不能满足普通老人的需求。其次，老年人对子女的赡养能力有不同程度的期待，这种期待也会影响他们的选择。整体而言，老人们都希望尽可能维持身体健康，延缓自己身体机能衰退的速度。在养老规划中也能看出老年群体在传统家庭主义与个体主义之间的挣扎。从当下老年人的需求出发，并不存在完全脱离子女与家庭的养老方式，社区居家养老未来若能强化其医疗卫生的功能将会受到更多老年人的青睐。

老年群体因文化程度低、认知能力退化等原因，被认为是无法独立完成消费的人群，他们在消费场域中的主体性遭到剥夺。就目前最受质疑的产品效果而言，那些符合正规流程和质量检测生产出的保健品难以通过实验被检测，作为产品使用者的老年群体，其观点和态度面临社会的质疑，鲜少有人聆听他们的真实想法。

> 中国其实有很多行业，保健品只是其中一个小行业。这个行业不是孤立的，虽然现在被推到风口浪尖。比如去年的鸿茅药酒，莎普爱思滴眼液，权健……为什么推到风口浪尖，行业是孤立的吗？据我了解，我们国家做这个行业的人有大几百万。但是现在国家、媒体已经贬低了这个行业。确实这个行业是存在问题的，但哪个行业不存在问题？难道都一刀切？（X1023，男，35 岁，ALQS 保健品公司主管经理）

社会在抨击假冒伪劣产品以及不正当传销的同时，实际也对整个保健品产业乃至老年群体的消费行为有污名化倾向，这并不利于行业生态的长期发展。人类对健康的追求是永恒的，在无法压抑和消除需求的前提下，应该做的是如何科学规范和引导行业良性发展。而作为消费者的老年人在这个过程中也受到污名化对待，认为其购买行为只是被诱骗后的非理性消费。实际不少老年人在消费决策的过程中遵循适度理性的原则，对事物有自己评判的标准，包括对权威的依赖、强调量力而行以及一定的占便宜心理，由此可知他们并非全如新闻报道和公众舆论所说的那样失去理智地疯狂消费。

常年与慢性病打交道，很多老年人都是久病成医。当现代医学筑起专业权威的高墙，无形之中削弱患者自身的能力以及在诊疗过程中的能动性。对于与健康相关的消费，老年人的能力也在一定程度上遭到忽视。"有的老人会主动来举报，有的机构要发展会员，比如养老机构资源随便用，收费项目八折，这个是不是真的？合法吗？有的老人很警觉，我都接待过好几批。"（W0925，男，54岁，G市民政局老年福利科主任）有研究表明老年人并不比其他群体的消费能力差，他们丰富的经验和足够挑选商品的时间使得他们甚至比年轻人更懂得理性消费。且在生命历程的视角下，从物质稀缺的过去到当下应有尽有的商品种类，老年人比年轻人更反对浪费和奢靡，具有更强的世代效应，即更节省和谨慎（Berg，2015）。老年人不应被视为脆弱的消费群体。相反，老年人实则是经验丰富和足智多谋的。因而在这种长期对老年消费者的刻板印象下，老年群体的消费角色遭到质疑，他们需要通过保健品消费重新证明自己的能力。

（二）消费角色之消费权力被弱化

消费是一种权力，而作为消费者的老年群体实际也是通过消费的过程彰显自身的权力。长幼尊卑是我国传统文化的重要伦理规范，老年人在家庭中享有至高权威。然而随着现代家庭观念的输入、家庭规模的缩小、市场经济逻辑下的实用主义等因素的影响，退出社会岗位的老年人不再天然地享有权威，反而因其对家庭的贡献程度减弱以及自身技能条件的限制成为无用和累赘的代名词。当下强调的家庭成员间的平等和对个体自由的崇尚使得老年人群无法复制其长辈曾经拥有的权威，消费行为将成为他们为自己做主的途径。"为国家、家庭奉献了一辈子，现在好不容易有点积蓄，就想自己花，就需要有点自由。"（FJ0924，女，77岁）

在社会大众看来，一向以朴素节俭为习惯的老年群体，突然舍得花

第五章 价值驱动：利己与利他间的融合与转化

钱了，变得"奢侈"；老人们不再和从前一样以子孙为中心，把钱都留给他们，变得"自私"；宁可相信保健品公司也不愿意相信正规的医院，变得"不可理喻"。目前对老年群体保健品消费的阐释多集中于个体与家庭层面，一方面将其归结于老年人自身，如"没文化""愚蠢""好骗""固执"等；另一方面则将其归结于家庭及社交网络功能的缺失，如"子女不孝顺""丧偶后的孤单""社交减少"等。在这些评价下，老年人将购买保健品这一行为隐秘化，他们与家人斗智斗勇，将购置回来的商品藏于生活空间的各个角落，在被问及是否有购买行为时矢口否认。"我们党政机关有的家里老人也买了很多保健品到处藏，子女来家里清理。"（W0925，男，54 岁，G 市民政局老年福利科主任）"我们遇到过的退货都是子女来的，都是年轻人，老人家也没出现，就年轻人来直接说他们家老人不需要，只要没拆封还能二次卖的我们都给退。"（X1023，男，35 岁，ALQS 保健品公司主管经理）这种话语与行为的矛盾一方面体现出老年人在消费行为中的"儿童化"，他们作为成年个体却没有独立消费的权力，容易受到其他家庭成员的问询与干涉，有时他人的态度会直接影响他们的消费行为。

另一方面，被强化的刻板印象以及被贬抑的老化过程弱化了老年群体的主体能动性，也使得其选择权及决策权遭到质疑和剥夺。老年人在应对家庭成员的反对时也构成老年群体的抵抗实践，以表达对衰老的抗拒、对批评声的反叛以及对子女忽视的不满，老人们将这种行为视为自己展现权威的方式。"我讲又不花你们的钱，你管那么多干什么呢。"（FS1023，男，80 岁）"我把东西买回来就要放在显眼的位置给他们看，他们凭什么管我？我又不花他们的钱？他们就是想要我把钱留给他们……"（FJ1031，女，79 岁）

年龄歧视主义与刻板印象都是对老化过程的贬抑，消费领域的老年人更容易面临质疑与挑战。在老年人保健品消费情境中，老年人并非因保健品消费而变得浪费和奢侈，而是愿意将更多的钱用于满足自己的消费需求。由于老年人的身体机能处于退化的过程中，他们没有良好的肠胃功能去品尝各色各样的美食，也没有足够的行动能力去翻山越岭地周游世界，更没有对电子产品和时尚单品的狂热。健康几乎是所有老年人当下最看重的，它是保证一切生命活动的根基，他们愿意为自己的健康买单。老年人有自由选择的权力，而不是接受年轻人的安排，抑或是迎合年轻人的想象。

老年群体的消费角色被低估实际是一种来自社会公众的刻板印象，这具体体现在他人对其消费能力的质疑以及自身消费权力的弱化。在这种普遍的年龄歧视的背景下，老年群体希望通过消费行为证明自己的消费角色与能力，同时满足自己长期被压抑的消费需求并重建自己的权威。这便是一种在个体价值观层面体现出来的对利己性需求的表达，也是他们的主体意识增强的表现，消费成为满足利己性需求的途径。

三 个体价值观推动利己性消费需求的形成

（一）淡化的集体观念催生利己性消费需求

消费的背后是个体的内在需要，需要是形成价值观的基石。在市场经济体制下，个体从人身依附状态中被解放出来，因而具有表达和满足需求以及人身价值的欲望与能力。这种个人主义的理念与本土传统文化所奉行的集体主义在个体健康观的形塑过程中形成张力，但两者并非完全相悖。

改革开放是我国具有划时代意义的政策以及历史事件，给政治、经济、社会与文化等方方面面带来翻天覆地的变化。一方面，经济水平的提高丰富了物质供给，其中便包括医疗领域的机构设置、队伍扩张、产品及服务的供给，但同时又受到不均衡资源配置的影响，并不能完全满足个体的医疗需求。市场经济的入场使得公立医疗机构需要自负盈亏，不仅患方维护健康的成本提高了，医患之间的信任程度也由此降低；另一方面，伴随着市场经济的转型，社会文化也随之震动，价值观需要与新的经济体制相适应，新的价值观体系亟待生成。在社会变革期，个体所处境遇的复杂性增强，需要在同一时间段内应对多重生活事件、过渡与转折点，因而更容易使原有生活轨迹发生变化，并产生危机与风险，其价值观念也将受到冲击（Mcgoldrick & Carter，2010）。

老年人离开工作岗位后弱化了集体归属感，其人际关系网也被缩小。家庭结构的小型化使得空巢家庭增多，老年人时常需要独自面对生

第五章　价值驱动：利己与利他间的融合与转化

活中的危机与风险。他们原本所遵循的集体价值观也随之发生变迁，更加专注自身。"小孩子肯定是不让我们买的，他们也管不到我，我花自己的钱。现在年轻人都自私，生怕我们不给他们留点财产，要不就是怕我们以后生病了花他们的钱。"（FG0816，女，74岁）

随着家庭结构与社会文化的变迁，家庭的赡养功能被削弱，老年人大多独自应对日常生活中的需要。被访者目前尚处于能自理的阶段，但未来身体机能衰弱后仍存在赡养问题。面对这一相似困境，不同的老人有不同的考量。譬如有老年人不顾自己的养老风险，耗费大量存款囤积保健品，以及有的老年人表示自己没有为子女带孙辈的打算等，这些都体现出一定程度的利己观念。有被访者表示自己早已选好了养老院，养老的问题他自己能解决，不需要孩子赡养。老人日常的生活轨迹以早出晚归为主，他喜欢一个人在城市里闲逛游玩，保健品公司做活动时一天内会赶多个场子，中饭和晚饭就在固定的餐饮店解决，不参加活动的时候就去老朋友家做客。对于未来自己的赡养问题，他表现得很坦然。"我自己有退休金，不需要他们烦神。他们能把自己的日子过好我就谢天谢地了，不指望他们。我现在胳膊腿都还能动，有几个钱还能多买点保健品吃吃，把身体调养好才是最重要的。"（FC0816，男，80岁）

在被访者看来，养儿防老是过去的老观念，现在更多是上对下的帮助。若子女经济条件不好的，父母会从积蓄里拿出钱补贴他们或者他们的孩子。若子女经济条件不差，但缺人手带孩子的，他们便会放弃自己原有的生活去抚育孙辈。虽然有很多研究都试图论证祖辈的隔代抚育与祖辈健康的关联，但当这种习惯成为自然，便是无形中对祖辈的道德绑架。当前我国已经有越来越多的人效仿西方老年人拒绝抚育孙辈，但在这种趋势的背后却含有抚育责任无人承担的隐患。

当身体从国家管控逐渐回归个体，与之相关的健康与情感也逐渐从公共领域进入个体的私密空间，发生从公共性到个体性的转向。由此，健康与情感都完成了商品化过程，获得了个体自身的高度关注，由此也催生出利己性需求。因而老年人在访谈中会反复强调他们自己是健康与身体的主人，其任何消费行为都是为了自己的晚年生活能过得更好。

就当前对消费的研究而言，如今也有从宏观视角下的全球化背景转入消费者的微观日常生活的趋势。人们对日常生活的关注实则是对作为人的本身的关注，消费行为也在宏大叙事的背景中渐渐渗透于微观层面的行动意义，即消费的具体形式、方式与目的。消费本身就是一种具有变革性的实践，倡导个性、独特与人本主义，在消费过程中便会自然呈现出个体化特征，这不仅体现于个体满足自身的消费需求，也体现在他们对消费赋予的个性化象征意义，即对消费意义的再生产。譬如有的老年人将保健品消费作为对传统医疗局限的替代性治疗方案，有的老年人则将保健品消费作为一种对未来生活的希望，也有老年人将保健品消费作为获得认同与尊重的途径，因其消费目的的不同，个体对于同一消费行为的意义形成也呈现出不同的特征。

（二）强化的权利意识催生利己性消费需求

利己主义（altrulism）在经济学语境中具有消极色彩，对人性的利己假设也加剧了利己与利他的绝对对立关系。然利己与利他在现实情境中具有复杂的相关性，并非机械式矛盾。利己本身并不意味着对他人权益的减损，两者可以同时共存甚至相互转化。

在消费行为中，老年人购买保健品遭到社会公众的阻止、质疑甚至批判，其中也包括来自家庭成员的言语或行为抵制。在传统家庭观念与伦理规范中，老年人本应具有家庭权威与决策权，鲜少受到晚辈的约束。但随着传统家庭观念的转变，平等化与个体化趋势使得老年人的权威日渐衰落，他们的行为时常受到管制。"有的年轻人不让父母买保健品，就把老年人的银行卡、存折拿走，说得好听的是帮老年人保管，说得不好听就是小的反过来在管老的。"（FZ1023，女，73岁）"年轻人都觉得老年人这也不行那也不行，老了就不中用了，脑子不好就会被别人骗。"（FS1023，男，80岁）

从健康消费的角度出发，家庭因为国家制度化建设而被归于"私"领域，由此个体的健康被赋予的集体主义色彩中不可避免地融入个人主义。个人主义作为新兴的文化力量强烈地冲击着个体的价值体系，曾经因为客观因素制约的主体能动性受到鼓舞与激发，使个体产生积极为健康消费的动力。实际上，老年人开始关注自身的健康并进行健康消费便代表其拥有选择的权力。拥有自主消费的能力将帮助老人摆脱以往的弱

第五章　价值驱动：利己与利他间的融合与转化

势群体标签，这种自由的实现正是个体依靠现代社会琳琅满目的选择机会而确立的（唐军、谢龙，2019）。

作为产品的提供者，保健品公司除满足老年群体对健康的需求外，也从心理层面满足老年人对自尊感、归属感和渴望被关注的心理需求，具体包括为老年人提供的一对一服务、类似"夸夸群"的认同式沟通、重构的集体空间与活动、耐心倾听以及日常的嘘寒问暖等。作为老年消费者，这种对老年人健康需求精准对标的消费过程也反映出当下老年群体利己性消费意识的增强。老年人通过保健品消费的过程进一步巩固并实现其自我概念和主体能动性的外显化，就此类消费而言是偶然，但就整体社会文明发展进程而言也是必然。

从情感消费的角度出发，老年人对情感的主动填补动机背后也受到价值观念的影响。经济关系与亲密关系在我国传统文化的观念中彼此分离，这是由情感本身的神圣性所决定的。物质生活的局限性也使得情感受到压制，个体无法充分表达其情感，整体呈现出内敛与含蓄的本土情感风格。随着市场经济变革，经济规则渗透入个体生活的方方面面，也包括个体私领域中的亲密关系。市场变革不仅影响制度环境，也改变了人们的情感生活方式。情感在这个过程中经历祛魅，因面临情感的沙漠化危机而成为个体可以通过消费满足的需求。情感在这种商品化的过程中进入个体化视野，也为个体追求和表达情感创造出合理的空间，进一步推动利己性需求的形成。

（三）强化的能力意识催生利己性消费需求

年龄歧视主义给老年人带来的刻板印象实际形成对老年群体的压制，他们的观念和行为的合理性被削弱，这种对老年人能力的评价逐渐被内化于个体行为，由此损害了他们的权能感。"弱势群体"原本是社会为老年人提供保障与照顾的通道，但由此带来的负面印象也为老年人贴上消极性的标签。这种消极性与积极老龄化的政策意涵相违背，不仅体现在大众对老年人的消费角色定位方面，也体现于老年人的整体社会形象。

> 他们小的去买东西才容易被骗呢，大学生照样被骗钱。我们不

怕花时间，也有耐心多比较价格。都讲我们老年人容易被骗，也要分人的。我们很少乱买东西。就这个保健品，也是看了好多家去比较，一开始就买一点点，有效果才会继续买，我身边那些都是和我一样的，我们平常也交流的。（FG0816，女，74岁）

尽管老年人在市场经济中仍旧具有脆弱性的特征，但不能完全否认他们在保健品消费中拥有的理性判断与决策的能力。正是因为这种长期以来对老年群体消费能力形成的刻板印象，老年群体的能力意识被逐步削弱，他们被刻画成勤俭节约的消费形象，尤其在以年轻人为主要消费群体的市场环境中，专门针对老年人的消费品较少，既限制老年人的消费空间，也淡化了他们在消费领域的能力和积极性。"过去老的就爱把钱攒着，说是棺材本，其实都是为了留给子女。现在时代变了，观念也变了，我们也可以消费，可以给自己花钱，和年轻人是一样的。"（FG1023，女，79岁）家庭对老年人的价值观念有形塑作用，也影响着老年人可支配财产的额度。当越来越多的老年人愿意将钱花在自己的身上而不是给其他的家庭成员，他们的消费能力才拥有更大的施展空间。

随着银发市场的逐渐扩张，老年消费群体的重要性也逐步提升。消费作为个体维护自己权益的方式受到老年人的关注和青睐，而他们也越来越拥有消费能力以改善自己的晚年生活。在这个过程中同样体现出老年人在应对年龄歧视和社会刻板印象时的抵抗策略，即用实际的消费行动证明自身的能力与价值。在这种价值观念的驱动下，利己性消费需求也由此产生。

第二节　个体价值观中的利他性需求

长期受到集体主义思想与传统家庭观念影响的老年人仍然在消费行为中呈现出利他性需求，包括对家庭的奉献以及对他人的共情与善意。消费关系是利他主义存在的重要媒介，本节将继续探讨老年人价值观念中的利他性需求及其形成的过程。

第五章 价值驱动：利己与利他间的融合与转化

一 舐犊之情：为家庭发挥余热

消费具有群体性特征，不单只体现出消费者的个体化诉求。由于消费关系是利他主义存在的重要媒介，消费者自身也存在于特定的系统空间中，无法与他人脱离干系。因而消费将成为个体与他人产生联结并达成目的的途径，譬如老年人在保健品消费的过程中会以便利其他家庭成员为动机。集体主义仍旧依靠家庭这一单位对个体的观念与行为产生影响。家庭作为联结个人与国家的桥梁，将个体的集体主义精神内化和缩小于家庭范畴之内，无论是对老人的赡养职能和对子代的抚育职能，还是个体对所处社会网络的责任与义务都被纳入其意义之中。

老年群体的利他性需求主要表现在以下几个方面。首先是老年人对长辈和子、孙辈有补偿心理。对长辈的补偿心理源于我国传统文化中的核心理念"孝"。过去物质生活条件的匮乏导致个体年轻时无法给予父母足够的照顾，因此在其拥有一定经济积累后会尽可能补偿父母，具体形式包括购买保健品、让其享受更好的医疗条件、订购家庭医生服务等。"我父亲以前过得太苦了，年轻的时候我也没什么条件补偿他，后来有条件了，我就想尽可能多补偿他一点。"（FG0816，女，74岁）而对于子辈，老年人的补偿心理与前者类似，都是出于对曾经较差的生活条件的遗憾，他们甚至会将这种补偿心理延续到孙辈身上，购买保健品以维持身体健康状态是为了更好地帮助子女分担育儿的职责。此外，被访者中有很多老人需要补贴子女。"去年和前年我辛辛苦苦余的钱都给孙子孙女上大学了。之前我还是比较省的，一万块钱的学费我也余了很久，那时候还没加工资。中国人就这个观念传统，总想为小的多付出点。"（FG0816，女，74岁）

当前很多老年人会继续帮助子女照顾孙辈，即隔代抚养。根据2015年的《中国家庭发展报告调查》结果显示，我国空巢老年人占老年人口的50%，养育孙子女的老年人比例高达66.64%。目前存在家庭代际财富下向净流量的增加，即老人将部分财产甚至医疗保障金转移给子女甚至孙子女使用。在这种情况下，老年人不仅要为后代的家庭提供经济支持，还需要提供人力服务，因而他们对健康的需求只会更加强烈。"我现在还要帮忙带小的,身体不得搞好吗?我儿子和儿媳妇上班忙,他们经济条件也没好到可以请阿姨。"(FC1023,女,78岁)

其次,老年人在继续为子女付出的同时都不希望拖累子女,这也成了他们消费保健品的动机之一。"人老了以后都不想拖累儿女,都希望身体好,自己成为负担也没意思,没尊严的。"(FG0807,女,73岁)维持健康既是老年人出于保证生活质量与尊严的需要,也受到为子女考虑和为家庭整体作贡献的压力驱使。在老年人看来,健康是为家庭继续负责的前提,他们的主体性体现却是以继续遵从传统家庭主义为前提的。

但与之相反的一种利他性消费需求是以最终的利己为目标的。当前家庭代际关系具有短期互惠与物质化的特征,需要以物质财富来维系代际之间的情感(李晓芳,2014)。譬如有被访者的独生女从新疆远嫁G市,她和老伴办理退休后便搬至G市帮女儿和女婿带孩子。在她看来,抚育孙辈是未来他们获得子女赡养的前提。正是因为她对子女有赡养自己的期待和需求,所以即便新疆和G市相隔较远,他们还是离开自己生活了一辈子的环境来到这个陌生的地方生活。她希望自己晚年时女儿能在身旁服侍和照顾,以现下他们对外孙女的付出作为无形的交换条件。

> 等我们孙女不用帮忙了,我们就走了,该我们尽的义务我们尽到了。我女儿现在很孝顺,以后怎样还看不出来。等我们老了我们好张口。不然我女婿回头说他们困难的时候,我们没来帮忙。现在能尽一分尽一分,我们也要为自己的以后着想啊,现在就要把身体调理好,多为他们做点事,以后他们也会相应地多为我们做一点。(FC0813,女,70岁)

这里的赡养更多指为老人提供陪伴和服务,而不是侧重经济层面。城市老年人大多有养老金,他们对情感和实际服务的需求多于经济补助。很多被访者都存在自己贴补子女的情况,赡养对他们而言可能只是视力衰退或腿脚不便利后的搀扶。尽管生活受到影响,老年人其实有为

第五章 价值驱动：利己与利他间的融合与转化

自己打算的想法，即便是亲生子女也无法要求下对上的绝对孝心。在保健品消费的过程中，老年人既是单纯为自身健康状况考虑，也因为当前我国家庭赡养功能衰弱所带来的养老困境而呈现出本土特性，即一种出于交换目的的付出，看似为子女付出的利他性背后也有对自身养老的打算，因而也有一定的利己性需求特征。

二 乐于助人：为工作者谋生路

在传统经济学视域下，消费的利他性长期受到质疑。这是由于消费被单纯作为个体行为去解读，而没有从消费的群体性和互动性特征出发。消费语境下的利他性需求是以消费者与销售者之间建立的情感关系为基础的，必然在一定的消费关系中才能体现出这种利他性。

> 我们G市有很多保健品公司，但每个公司的销售者啊负责人啊都有所不同，有的是文化程度高些，有的是低一些。像我现在常去的这家，那个女孩子是读过研究生的，知识面要广点，所以她给我们推荐的产品和讲的知识都挺好的。疫情之后生意都不好做，我还是喜欢到这家去，她也挺不容易的。（FC1031，男，80岁）

首先是老年人在人际互动的基础上建立对这些销售工作者的信任，而后在信任的基础上，他们产生利他性消费需求。目前很多从事保健品行业的销售者大都是没有能力进入传统医疗卫生领域而被淘汰的人，其中不乏硕士学历的研究生。由于保健品行业介于食品与医疗之间的模糊地带，其行业的专业性并没有得到公众的认可。在面临诚信危机的当下，从业者难以获得成就感与认同感。尤其对于那些有专业学历的人而言，他们更需要来自社会尤其是消费者的承认。由于早年期间教育机会的缺失，我国老年人对学历有较高的认可度，他们将其视为权威的象征与信任产生的前提。因而老年群体容易对这些有学历的销售者产生信任，哪怕外界对其有负面评价。

> 搞这些工作的人也不容易，那些年轻人都是大专毕业，上大学

很难的。有的好不容易大学毕业了，家里也没什么关系，条件不好，好的医院就那么几家，没那么容易进去的。那么他们最后也只好投身保健品行业了。我以前也是这样的，家里穷，书读不了，只能去当工人，也没人问过我想不想做这个，都是被生活逼的。（FJ0924，女，77岁）

其次是老年人在交流过程中了解工作者进入保健品行业的无奈与苦楚，容易产生对自己早年类似命运的联想和共情，因同情心而催生利他性消费需求的形成。当前我国医疗院校较多，而掌握优势资源和发展前景的医院较少。其中西医的需求量要远远高于中医，对于那些中医院校和专科院校的毕业生而言，保健品行业是一个折中的就业途径。对类似生活遭遇的同情让个体很容易产生共情，销售者对于老年人而言就像是曾经面临困难而无法改变境遇的自己，因而老年人愿意通过消费的方式尽可能帮助对方，这也是他们对过去的补偿心理的体现。

再次是因为老年消费者与销售者建立了情感联结，这种情感已然超越单纯的消费语境下的利益关系，老年人在看待对方工作时也超越了消费者对销售者的情感体验，譬如他们会更加关注销售者的工作状态。

那丫头本身是个小医学院毕业的，投入保健品这一行。她妈妈说，他们找不到人帮忙，只能靠她自己打拼。唉，丫头只好搞这种保健，费嘴巴皮，还吃力不讨好，老被人当成骗子。有的人根本不管三七二十一，看到老的把钱拿来买保健，就先把小姑娘骂一通，有的人话都说得好难听。（FJ0924，女，77岁）

这种对销售者产生的同情具有一定的情境特殊性，并不会发生于老年人的所有消费情形中。恰恰是因为保健品消费场域中融入了情感元素，因而消费过程本身就包含情感关系的建立和人际互动，老年人便会在这里实现情感输出，即一种利他性消费需求。

经济学领域中的关系质量理论认为消费者与销售者之间的情感关系将有利于消费者产生利他性的移情，这种移情效果容易引发对他人困境

第五章 价值驱动：利己与利他间的融合与转化

的缓解以及福利提升的利他性动机。当他人处于困境中时，个体会产生同情、怜悯与关怀等多种情感反应（Ho&Gupta，2012），消费者便能因此原谅商家的冒犯行为（Ryan，2003）。该理论用于解释老年人保健品消费中的移情现象，便可以理解为老年人因为对销售者产生移情，从而在一定程度上原谅其营销目的以及忽视社会公众的质疑与劝阻。甚至有的老年人很清楚地知道销售者有夸大事实的行为，但还是选择继续相信并购买他们的产品，由此体现出某种利他性。

三 个体价值观推动利他性消费需求的形成

（一）集体与家庭价值观念的延续催发利他性消费需求的形成

利他主义（egoism）是我国社会秩序的根本伦理，家庭建设是每个时代的永恒主题。利他主义对以血缘为联结的家庭成员而言是一种无私的奉献精神，呈现出不求回报的特征。亲缘利他理论的提出则对家庭成员之间的施惠行为作出了解释，这种亲属之间的利他主义是无条件的。贝克尔（2011）的《家庭论》从经济学视角为家庭成员间的利他行为提供正当性，因为家庭的整体性产出要高于个人，维护家庭功能的正常发挥将有利于提高效率。我国传统文化对集体与家庭的重视形成个体为集体奉献以实现自身价值与社会价值的惯习，且这种惯习具有相对稳定性，在个体的心理层面留下深刻的烙印以驱动行为。从我国的家庭法角度出发，也可以窥见"子女利益最大化"的原则。父母对子女的无条件付出已经成为一种约定俗成的道德，即便在个体化的消费行为中，依然可以看到父母为子女着想的证据。

"就希望少去点医院，给子女少添点麻烦。"（FC1023，女，78岁）"这也是减轻他们的负担，假如我们躺在床上不能动，最起码一日三餐他们要送。"（FG0816，女，74岁）"对自己有利的我就想买，我自己吃了好就是好，不给子女添麻烦，对小孩好。"（FL0919，女，80岁）"想让下面的人服侍上面的人，要万里挑一，很少，但是反过来的，大家都为了下面的人考虑。"（FG0816，女，74岁）在以往有关老年群体消费保健品的研究中，此消费目的未被提及。老年群体看似非理性的消费行为背后，仍然是其传统的家庭观念在发挥作用，即长辈需尽可能为子辈提供生存与发展的资源，牺牲"小我"以成全"大家"。

在《中国文化的深层结构》一书中，孙隆基（2004）曾将中国与西方的代际关系做比较。他认为西方是一种代际断裂，旨在让个体的独立人格出现，试图逐渐铲除上一代对个体性格的塑造并让自我浮现。而中国则恰恰相反，强调下一代人对上一代人的依赖，因而长辈始终将子辈儿童化。这在老年人的保健品消费实践中展现出两种形态，一方面是老年人以不给子女添麻烦为消费目的，尽量减少子女在赡养过程中的负担；另一方面则是老年人仍保持自己在决策中的权威性，永远将子辈看作孩童，因而即便存在被欺骗的风险也不愿听取子辈的意见。老年人对家庭的责任以及对子辈的无条件付出使得他们形成事事以子女为先的习惯。在集体与家庭的传统观念的影响下，他们的消费行为也表现出利他性特征，并将这种需求体现在具体的消费情境中。

（二）自我实现目标催发利他性消费需求的形成

哲学层面的价值是一种客体对主体需要的满足，也是从人们对待满足他们需要的外界物的关系中产生的（林源，1997）。个体同时作为价值关系的主体与客体，既有其自身的需要，也需要通过自己的努力从外界获取精神满足。人与人之间的价值关系也成为个体实现其自我价值与社会价值的统一媒介。个体本身通过外界对自己的需要而获得社会价值，这是个体自我实现的过程。

克己奉公与多作贡献是中国共产党的最高行为准则。尤其在革命年代，老年人接受的教育也多强调奉献对自我实现的重要影响作用。在家庭中，他们维持家庭成员的日常生活所需，承担起父母的抚育职责与子女的孝顺义务；在单位中，他们兢兢业业、尽职尽责，为祖国的发展贡献力量。而到晚年期，他们退出工作岗位，也在小型化的家庭结构下进入个体化的生活，但老人们依然希望能够证明自己的能力。

> 我退休后在社区做了好多年支部书记，每年都被评为优秀党员，我帮助了很多人，并不是老了就完全没用了。现在我想买点保健品，其实也是希望自己能尽量不做小孩子们的累赘。干了一辈子，不想到老了就没有用了。（FY1013，女，79岁）

第五章　价值驱动：利己与利他间的融合与转化

在家庭层面，老年人会直接给予子辈或孙辈以物质支持，其次便是以服务或劳动的方式帮儿女分担家务或抚育第三代。尽管目前已有老人接受西方的个体化观念，认为自己没有照顾第三代的义务，但仍有很多老人依照旧习惯进行隔代抚养。在我国本土文化语境中，这是当下老年人发挥余热的主阵地。同时，这也是老年人通过参与子女的家庭生活以维系传统家庭结构中的亲密关系的方式。

在社会层面，老年人依然有参与公共生活的愿望。但在很多诸如 G 市这样的城市中，由于社区承担了较多的行政职能，而对小区居民公共生活的组织与建设缺乏主动性。老年人缺乏公共参与的途径，也缺少自我实现的机会，难以在日常生活中有施展能力的空间。从这个角度出发，老年人需要能获得自我实现与体现自我价值的方式。消费作为一种社会活动，其中蕴含着超越经济的社会功能。譬如在人际互动的过程中帮助他人，又或者在销售者组织的活动中投身公益，这种乐于奉献的价值观使得个体在晚年依然有利他性需求。尽管受访者并不会在叙述中将他们出于对销售者的同情和怜悯之心而进行的消费行为定义为一种利他性帮助，但实际那些对销售者产生的移情心理体现在行为中便具有利他性意涵，即通过帮助别人而获得自我实现。

第三节　融合与转化：保健品消费对需求的补偿

利己主义与利他主义最初源于法国实证主义哲学家孔德的创造，实则是一种道德体现。《物种起源》中损他利己的生存方式并不能完全解释个体间的利他行为。因而利己与利他本就是一组可以互相转化的价值观念。本节将基于上文对利己与利他性消费需求的阐述，进一步探讨保健品消费同时满足老年群体双重需求的过程。

一　尊重与认同：利己与利他需求的融合

市场经济仍然具有重视人本身的价值观走向，譬如对社会整体性、奉献精神以及利他性的强调，由此个人主义与集体主义在此背景下产生了契合点（谢磊，2004）。

当前保健品消费满足了老年人对健康的关注以及渴望维持与促进健康水平的需求。经历过苦难生活的老年人大多保持勤俭节约的生活习惯，物资短缺与经济条件较差的苦日子让他们深知财富的来之不易。改革开放以来，我国经济快速发展，丰盛的物质催生出庞大的消费市场，人民生活水平得到较大的提高。随着老龄化程度的加深，老年人因社会保障制度的完善以及储蓄习惯而拥有消费能力，随着个人主体性的提升，他们对健康的迫切需求也亟须补偿路径。

在主席的领导下，老年人坐公交车也不要钱，不像过去老年人穿得破破烂烂的，现在老年人还做什么时装模特，一般人也穿旗袍，穿花一点红一点的衣服。不像过去就黑的蓝的，这样的生活哪个不想多活几年？不缺钱花的，我就愿意消费，买东西给自己。（FG0816，女，74岁）

保健品消费市场的火爆是社会与个人的双重选择，保健品消费表现出老年消费者的价值观从集体到个人的转向。他们逐渐改变以前舍不得为自己、为健康消费的习惯，转而以积极的视角看待生活与消费。国家宏观层面的制度保障与全社会促进和建设积极老龄化的氛围是促使其发生改变的重要前提。很多被访者都在访谈中表示身体比金钱重要，他们愿意为自己的健康买单。

老年人的消费观念也并非完全改变，他们的节约体现在日常的吃穿用度上，与年轻人追求时尚与新鲜感的消费有所不同。他们根据自己的消费意愿，选择抑制一部分消费去满足另一部分消费。这种消费习惯对于老年人来说并不陌生，在他们早年的生活经历中，他们始终作为维系家庭的主要责任者，因而习惯压抑自己的欲望以满足长辈与子辈的需求。这种长期被压抑的欲望已然找到了新的宣泄口，老年人拥有满足自己需求的途径和能力。健康对处于老年期的个体而言是最根本和迫切的愿望，他们愿意尽可能地换取健康。

在这个过程中，被访者对保健品消费与健康之间的关联存在模糊认知。一方面，他们认为自己的消费能促进健康，甚至带来长寿；另一方

第五章 价值驱动：利己与利他间的融合与转化

面他们又认为仅靠保健不能完全带来健康，这与所购买的保健品是否和个体的身体状况相匹配、是否坚持服用等情况也相关，即存在很多的不确定性。有被访者提出保健品对于当下的老年人来说是一种"希望"。"这一种没效果就换另一个，总有一个会有效果吧？我吃了这么多，不管哪一个有效都行，只要有一种有效都是好的。"（FW0919，男，71岁）从这个角度出发，老年人的保健品消费与一般市场资本逻辑中所追求的利益最大化有相悖之处。保健品在老年消费者这里存在隐去不同厂商、品牌之间的差异且以一种共融性健康希望的整体而存在的倾向。

除经济与政策的客观条件影响，社会对待老年人的态度以及老年友好型社会氛围都会形塑老年人的价值观念。从健康老龄化到积极老龄化，老年人的主观能动性成为焦点，"积极"的涵义体现于个体参与社会生活的方方面面。它强调老年人发挥自身价值，而不是以一种消极的观点来应对衰老，并将老年人从原本的以利他的集体主义思想和传统家庭观念中解放出来，让他们有更多的精力和时间关注自己的日常生活。

退休之后的老年人因为闲暇时间的增多，在其为家庭继续贡献的同时，也可以放慢节奏接收更多来自时代更替的新信息。随着高新科技与传媒行业的发展和扩张，开始在子代或孙代的影响下接触科技的老年人也有更多获取信息的渠道。虽然他们在识别和分析信息的过程中容易出现偏差并陷入诈骗等陷阱，但不可否认的是，他们正在表达自己渴望与年轻人一同享受时代发展成果的愿望，而与健康有关的保健品消费也是他们愿望中的一部分。

实现积极老龄化的首要基础是健康，且需要老年人个体的主动追求和获取。不断开辟的保健品消费市场为老年人主动提升健康水平提供了路径。对健康的关注也体现出老年人对自身主体性的重视，这将有利于他们适应退休带来的角色转变。个人需求是消费最直接的动因，而消费过程正是对老年人主体性提高的确证。老年人在重塑健康观念与消费观念的过程中，逐渐深化自己对健康的界定和理解，从最初的"活着""不生病"，逐渐转向了"有质量地活着""有健康的心态"。伴随着这种健康观念的转变，其对保健品消费的态度也体现出对自我身体与心理的关注。

"我们老年人没什么事情,就想和外面的人接触,这样人的心情好点。"(FG0816,女,74岁)"这里买保健品有什么好处?他们可以带我们到人民大会堂去吃饭,还去吃国宴,有很多可以去旅游的地方。"(FJ1031,女,79岁)退出工作岗位的老年群体缺少获得社会认同与尊重的途径,与此同时,他们也希望通过尊重与认同他人获得自我实现。首先,保健品消费通过产品的提供让老年人拥有消费的选择权与决策权,他们可以在消费过程中获得对自身消费能力与权力的尊重,并拥有与其他年龄群体同等的消费自由。其次,销售者在消费过程中通过提供优质的服务以及运用人际沟通技巧满足老年人在情感层面的需求,譬如他们会通过耐心倾听并表达同理心的方式安抚老年人对过往生活以及当下境遇的负面情绪,也会通过组织集体活动的方式给予老年人展示自我、实现价值的机会。

从销售者的角度出发,他们深知老年群体的心理与需求,因而会有意识地对工作人员进行培训,让他们能够尽可能地为老年人提供情感上的服务,让他们在消费的过程中获得自尊。

> 现在媒体说的那种情感消费,是因为我们工作人员花很多时间去陪老人聊天,去倾听他的内心想法。有的顾客在家,没人和他聊天或者聊得比较少,顾客希望被尊重。有的客户是企事业领导,医院医生,政府官员都有,原来在职位上,别人都很尊重他,离职后普通百姓就不太关注他了,心里有落差。在我们这里既可以吃到一些健康品,完了参加我们的活动联谊会,挺有意思的,对身体还有好处。我们的员工愿意去尊重他,陪他聊天他就会感到很开心,获得满足感,就愿意消费。(X1023,男,35岁,ALQS保健品公司主管经理)

虽然这种情感服务掺杂着商家的逐利动机,但从消费满足需求的本质意涵出发,消费者在消费过程中是自愿的,而销售者也只是以正当手段满足其需求。

第五章 价值驱动：利己与利他间的融合与转化

从老年人自我实现的目标出发，消费者可以通过参与保健品公司组织的社会活动表达对他人的尊重与认同，并通过自己的消费行为达到助人的效果。与基于血缘的家庭成员的奉献不同，接受帮助的对象与老年人并无直接联系，仅仅是在消费场域中产生临时性联结的陌生人，因而会更有利于满足老年人的利他性需求。首先，由于目前保健品行业面临诚信危机，公众的评价呈现出负面特征，连带其工作人员也进入社会的灰色空间，他们不愿主动向人提起或说明他们的工作内容以避免被他人歧视与质疑。而老年消费者虽然是受到污名的一部分，但在消费之外也是以旁观者的身份进入该场域，同样代表着社会眼光。

> 他们夫妻俩都干这个，挺不容易的。他们上门来看我，我有时候也带点东西给他们。这不算什么诈骗，各行各业都不容易，他们也付出了很多。（FY1013，女，79岁）
>
> 我们的老客户还是很信任我们的，虽然现在社会上、媒体上对我们有很多批评，也的确存在很多人钻空子，搞一些骗人的东西，可我们不是。客户们有时候也会来安慰我们，我们的员工和老人相处时间长了，那种感情你说都是假的？也不见得。我之前有过不想做下去的念头，是这些老人的鼓励让我坚持下来。他们希望能有一个地方，不是医院，但是可以给他们安慰的地方。（H1031，女，40岁，HXT保健品公司主管经理）

消费者与销售者是消费行为产生的主体，彼此之间的认同与尊重是消费行为能够顺利进展的基础。这种基于情感的消费场域给消费者与销售者互相了解以及互动的空间和机会，因而才能够让老年消费者同时满足其获得尊重、与尊重他人的双重需求，这种双方之间的认同也体现出利己与利他的融合。

二 亲情与面子：利己与利他需求的转化

集体主义与个人主义的双重影响使个体的消费行为受到两种力量的拉扯，在延续传统价值理念中利他原则的前提下也呈现出对个人自由与权力的向往。利己与利他并非完全独立存在,两者实际具有辩证的同一性,看似利己的需求背后是对利他主义的呈现。个体作为社会人需要同时满足自身需求以及他者赋予的期待,在具体的保健品消费情境中,这两种需求可以相互转化。

从亲情的角度出发,保健品消费是对老年人为家庭奉献的需求满足。老年人购买保健品的直接目的是促进自身的健康,但间接目的却是为了不给子女添负担,以及有能力帮子女分担家庭责任,譬如隔代抚养等。在此过程中,医院之所以没有发挥足够的作用是因为老年人认为就医本身便是给子女添麻烦的行为。"老太太不方便,也不愿意去看病,子女们都有自己的家庭,也很少带他们去看病。"(Y0925,男,60岁,G市人民医院老年医学科主任)"就希望少去点医院,给子女少添点麻烦。"(FC1023,女,78岁)老年人希望通过保健品达到让自己能够自理的程度,这种消费行为实际也体现出补偿本身的主动性特征。

与此同时,老年人在保健品消费的过程中呈现出从众心理,朋友的介绍是他们接触保健品的重要途径。每个人都是社会人,身处社会环境与社会关系中,彼此之间会产生影响。同辈影响是吸引老年人关注保健品的重要因素,这是成长于熟人社会语境下所拥有的社交惯习,他们很容易产生从众心理,生怕屈居人后。老年人在退休后虽然人际圈缩小了,但仍保留着牢固的社交关系网络以维持晚年生活的情感需求与信息交换。被访者中有一半以上的老年人是经朋友介绍接触保健品的,他们获取信息和建立信任的渠道便是通过朋友。"一传十十传百,它就慢慢火起来了,老年人就都相信了。身边朋友都买还有效果,你肯定也想有效果,和别人一样,也就跟着买。"(FL1022,女,79岁)

面子在我国本土文化中受到关系主义的影响,构成一种对个体自身的无形约束,推动或阻碍着行为的产生。老年群体由于接受信息的渠道较少,更容易受到同辈群体的影响,并将其作为判断依据。跟风现象不仅存在于当下年轻人的消费行为中,老年群体在消费时亦是如此。而从保健品公司的视角出发,在同龄群体中建立口碑也是其重要的营销策略,他们会有意识地以物质奖励和折扣优惠等方式引导客户带朋友来消费。有的老年人甚至是出于对销售者的同情和怜爱而购买保健品,此类

第五章　价值驱动：利己与利他间的融合与转化

人情消费往往需要建立在消费者与销售者之间有感情联结的基础上才能发生，这也是老年群体购买保健品的动机之一。

随着信息化时代的到来，不少老人加入智能机行列，微信群也成为当下城市老年人互动交往的空间。研究者在调查中发现，保健品公司都有自己的客户群，并且要求成员们在群内每日对自己服用保健品的情况进行打卡。不仅工作人员会在群中及时分享新产品的推介和到货情况，老年消费者之间也会互相分享健康知识，由此进一步巩固老年群体的健康关系圈。在这个过程中，老年人的主体性表达并非单一地从自身角度出发，而是受到他人及其周遭环境的影响。

在这种群体环境的影响下，大家争先恐后地抢购某种产品很容易让老年人产生消费的欲望，而消费行为正是建立在老年人有消费的权力和能力的基础上。在以往的研究中，消费过程中的面子观念不仅是为了提升个人形象，也是为了维护自己的社会地位和声望（姜彩芬，2008）。在老年人保健品消费的过程中，老年人不仅是为了自己的健康消费，同时也是为了自己在他者心中的面子而消费。"朋友介绍的嘛。比如说我有个朋友做安利，他就给我宣传，那一次两次不去，时间长了，朋友嘛不去不好了，都是面子啊。"（FW0919，男，71岁）当个体为顾全面子而进行消费时，实际也是为迎合社会共同价值规范而加入到集体中以维持社交惯习。譬如访谈中的老年人在被问及"身边有没有朋友买保健品"时大都会给予肯定的答复。

保健品消费作为共同的行为甚至爱好成为建立团体的基础，有利于个体获得群体的认同，减少在群体中的差异性。这也是一种联络感情与维持其社交圈的需要。他们为保持共同的话题并融入集体而产生的消费行为看上去具有利己性特征，其实也是出于顾及对方颜面的目的。其中既体现出老年人行使消费权力积极消费的主体性，又反映出传统文化中人情与面子对老年人消费决策的影响，这也是一种利他性。

"他们一会儿带我们出去玩啦，一会发鸡蛋啦。都打电话给我，态度好好，还热情。我有时候拿几个鸡蛋就走了，但后来会觉得不买不好意思，总要买点东西的，人家也要谋生路的。"（FL0919，女，80岁）老年人除了有同龄群体内部基于面子的利他性消费行为外，对于保健品公司以及销售者也有类似心理，既不希望自己成为贪图小利的人，也不希望其行为给对方造成损失。在这里，面子不仅局限于个体的主观感受，也包括在交往过程中的人情关系，由此体现出个体消费行为在利己性需求与利他性需求之间的转换。

第六章 总结与讨论

本研究的核心任务在于构建老年人保健品消费的解释框架，以期丰富既有研究中的个体化情感归因，并提出老年消费行为背后的其他多元化需求。基于此，研究将剖析需求补偿的具体内容与形式以呈现保健品消费的特殊性。通过全书的分析，研究认为保健品公司实则在结构性力量的形塑以及老年消费者自身的参与下形成了一个以保健品为媒介、能够对老年群体的多元需求进行复合补偿的综合型健康场域，这也是老年人青睐保健品的原因。其次，由于研究是在社会工作以人为本、以需求为本和控制风险的视角下展开的，笔者将在本章提出社会工作对于老年人保健品消费的介入方案。此外，研究也将通过理论对话与研究反思以推进未来相关理论与现象的探究。

第一节 老年人保健品消费行为的解释框架

本节将对研究的结论进行总结，以此对研究问题作出回应。首先，研究将在前文经验分析的基础上，形成老年人保健品消费行为的整合性解释框架（见图6-1）。

一 老年人保健品消费背后的需求内容

（一）作为健康的直接促进手段的医疗需求

老年群体购买保健品的直接原因在于维持与促进健康，包括对疾病的预防、针对具体病症的诊疗手段、病后的调养与康复等。预防是保健品的主要宣传功效，它符合当前我国从以治疗为中心到以预防为中心的

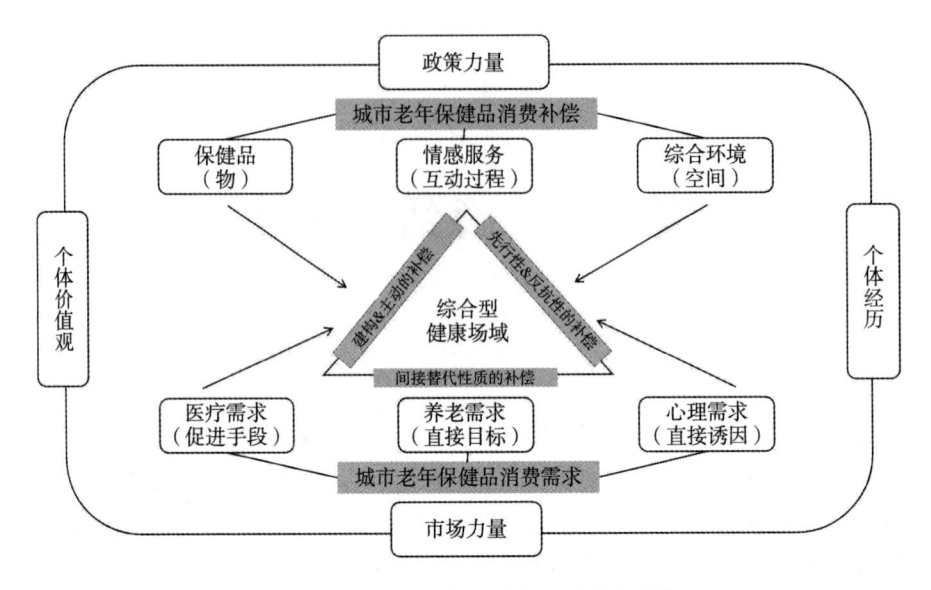

图6-1 老年人保健品消费的整合性解释框架

健康观转向。老年群体身体机能的下降也削弱其抗病能力以及对诊疗手段的耐受力，早年生活经历中对身体造成的创伤也将影响老年群体晚年的健康程度。无论是药物治疗还是手术等干预手段都会让老年人面临更大的风险性，这也是临床医疗面对老年病患时的局限所在。相较于病后诊疗，提升免疫力是老年群体的最大需求，因而这也是当前市面上保健品声称最多的功能。

从针对具体病症的诊疗手段出发，服用保健品也被作为老年群体应对疾病的方法，这是由保健品在我国中医文化中药食同源的本质所导致的。当前传统医疗对慢性病的局限性使老年群体不得不通过别的渠道寻找治病的可能性，在对健康的强烈愿望下，保健品为他们提供了一种"希望"。由于在食品的监管标准下无法证明保健品对病症的实际疗效，研究也不对其作出判断。对于这些老人而言，很多人在访谈中都对保健品缓解症状的功效表示肯定。

从病后的调养与康复角度出发，对于那些需要术后康复以及需要定期对慢性病进行疗养的老年人而言，他们对医院之外的病后调养与康复需求较大。然而很多社区因为医疗资源与人员的缺乏而无法实现这一职能，老年人希望通过保健品对身体进行日常调理。在这个过程中，很多人会逐渐以此替代对药品的使用。西医的专业权威间接带来医患之间的信息不对等，患者在面对身体损伤的同时也无法感觉到医生的认同与尊重，从而对医疗环境更加排斥，产生了对其他健康获取途径的需求。这种排斥并不仅是因为客观上的医疗条件限制，更是因为在以上不同医疗阶段中，良好的医疗服务是老年群体的共同需求，具体包括医疗工作人员的态度与沟通方式等。当前医院的高负荷、医疗资源的分配不均使得医生无法兼顾病人的心理状态，而保健品公司为老年群体提供的诊疗服务则相对更有感情。医生不仅有时间且能耐心倾听老年人的疾痛叙事，也可以从老年人的角度表达共情与同理心，进一步满足老年群体对医疗服务的情感性需求。以此为基础，老年群体在医疗环节中受到的尊重与认同也表现出对其健康权利的认同。

实际单从医疗层面的需求满足出发，医院与保健品公司并不存在可比性。研究认为保健品无法替代药品，且保健品公司也无法拥有专业的诊疗人员、技术与设备。然而对于购买保健品的老年消费者而言，其需求更多在于情感层面对疾痛的抚慰与疾病缓解的希望。同时，老年群体需要有专门的渠道获取医疗和健康相关的知识以提升自身应对疾病的能力，保健品公司为他们提供了这样的"课堂"，甚至在其中满足他们对过往辍学经历的补偿。在既有老年人保健品消费行为的研究中，尚缺少基于健康需求的归因。研究提出医疗层面的情感偏向也并非以往研究中侧重的心理情感，而是强调以物质为依托的医疗情感补偿，保健品是其中不可缺少的情感媒介与情感补偿发生的前提。

（二）作为健康的直接目标的养老需求

由于养老与老年群体的健康状态和晚年的生活质量紧密相关，养老需求是老年群体购买保健品的直接目标。研究通过对当前我国主要的三种养老模式存在的问题进行梳理，从中可以发现机构养老、社区居家养老以及医养结合都无法完全满足当下老年群体的养老需求。

老年人的养老需求主要体现在以下四个层面：一是对一定诊疗职能的保证。老年群体大多患有多种慢性疾病，其晚年生活无法脱离对疾病的护理，因而他们对养老服务的期待是以医疗服务的参与为前提的。同时，老年人希望自己的晚年生活是有自理能力的，医疗是达成此目的的保障。当前医养结合的养老方式存在门槛较高的问题，难以覆盖更多的老年群体。而社区居家养老服务尚不具备开展医疗服务的条件，也无法满足老年群体在养老层面的医疗需求。二是对自由与权利的保障。当前机构养老因其封闭性而遭到老年群体的排斥，养老并不意味着将老年群体集中安置与管理，养老环境的自由度是养老生活的基本标准。三是对养老服务的情感需求，即"人情味"。与医疗服务中对情感的需求相仿，养老服务因为是面向人的互动过程，其中的情感融入是老年群体的基本需求。对于当前进入市场环节的居家养老服务，老年人对其有情感服务的期待，服务过程中的陪伴、尊重与认同对于老年群体的身心健康有积极作用。四是老年群体对群体性活动的诉求。老年人在离开工作岗位后闲暇时间增多，且因为集体生活经历而对群体性活动有较高的期待。社区的行政化使得他们较少从老年群体的真实诉求出发，不仅活动的举办频率较低，内容也更刻板化和套路化，并不符合老年群体的喜好。而保健品公司在逐利的动机下愿意尽力迎合老年人的喜好，活动呈现形式是从老年群体的需求出发的。

老年人保健品消费背后的养老需求实际是通过其对晚年生活的不确定与焦虑所形成的。面对家庭养老能力的衰弱而其他养老模式又难以满足其需求时，老年人更愿意以提前预防的方式减缓其衰老以及身体机能下降的速度，保健品便承担了这样的功能。

（三）作为健康的直接诱因的心理需求

老年群体的心理需求体现在消费过程中的方方面面，包括上文提及的医疗与养老需求中也有对老年群体心理诉求的反映，研究将在此从消费的角度集中阐述。

第一，消费过程中的角色实现，具体包括消费能力与权力。在以往的市场化语境下，老年群体的消费角色长期处于被忽视的状态，老年人被认为是没有能力进行消费的群体，包括在物质条件层面的局限，以及文化程度较差带来的辨别能力消费理念等方面的不足。很多老年人经历过苦难生活，且存在与消费主义下年轻群体追捧的新事物之间的鸿沟，因而造成即便在社会保障制度日益完善的当下，老年群体有经济能力消费却不知该消费什么以及如何消费的矛盾。保健品的出现使得老年群体找到消费的动机与目标，健康作为一切需求满足的基础，激发了老年群体的消费欲望与潜力。老年群体充分发挥自己的能动性，通过自己的方式筛选产品并购买，甚至与保健品公司以及其销售员建立情感联结，该过程也是老年群体证明消费能力与维护自身消费权力的机会。

第二，消费过程中的认同与尊重，具体包括利己主义与利他主义的需求。老年群体在退出职业角色后，难以基于业缘关系获得他人的评价与反馈，容易削弱其自我概念。同时在当下社会情感沙漠化的现实背景中，邻里关系的淡薄使得老年群体难以获得他人认同与尊重的渠道。老年群体需要被给予空间与机会进行社交，他们需要表达和被倾听以加强与他者之间的联系，增强社会融入感。

消费本身便是一个互动和形成关系的过程，老年群体在消费中能与社会产生联结，并为自我价值与社会价值的实现奠定基础。由于受到不同文化观念的冲击与影响，老年群体在长期的集体主义思想的渗透下形成为他者和集体压抑自身需求的惯习，因而自然在消费行为中表现出利他性特征。在受到西方自由主义观念的影响后，他们以保健品为宣泄口，获得为自己消费的正当性，由此完成对利己性需求的表达。另外，老年群体在这种文化交织的影响下，依然保留和维持传统的价值观念，因而他们需要在满足利己性需求的同时也发挥自己的社会价值。基于和销售者之间建立的情感联结，老年群体通过一种反向情感服务的方式表达对从业者的同情和同理心，他们自身的情感完成了被消费的过程，消费者作为主体也完全融入市场之中，这亦是老年人满足利他性需求的表现。在该过程中，利己性需求与利他性需求也会发生转化，如老年群体以照顾孙辈作为未来子女更好地履行赡养义务的交换。

综上可知，老年人保健品消费行为背后的需求内容并非简单的聚焦于个体化层面的情感，而是以保健品为媒介并融合了对医疗健康以及养老服务的美好愿景，包含了个体性与社会性。这实际也是一种以物为基础的综合性情感需求，其背后不仅有结构性力量在发挥作用，消费者自身也是关键主体。他们既是这场消费活动的参与者和体验者，也是策划者与组织者。

二 老年人保健品消费需求满足的补偿意涵与过程

补偿的本质在于寻求生活现状与内心需求的一致。在对需求以及其背后的形塑力量进行阐释后,研究将在此基础上探讨老年人保健品消费过程中的需求补偿机制。研究认为这种补偿机制是以保健品为媒介、以情感需求的满足为主的复合型补偿。此处情感需求不仅包括既有研究中对亲情和社交的补偿,更包括医疗服务中对疾痛的关注、生命的希望、养老服务中的人情味、早年苦难经历的安慰以及不同价值观念下对自尊、认同等情感的获得等方面的补偿。

第一,老年人保健品消费是一种建构与主动并存的补偿,也是一种有意识与无意识并存的补偿。在此基础上,被补偿的需求同时具有这两种特性,并非既有研究中认定的虚假需求。研究认为即便是无意识的补偿,也是以老年群体的真实诉求为基础的。

Gronmo(1988)认为补偿的生成路径包括有意识与无意识。有意识的补偿生成是个体意识到自己的需求,但因客观条件的限制无法满足而产生的补偿行为。而无意识的补偿生成是指个体没有意识到自己的需求,要依靠广告和营销活动等外部力量的刺激而形成的虚假需求。研究认为,在我国本土语境下老年群体的保健品消费行为同时包含以上两种情形。如果说个体在年轻时忽视健康,那么在晚年时期,随着身体机能的自然衰退以及早年后遗症的发作必然会提升重视程度。在退出工作岗位后,老年群体也会更加专注于日常生活,包括对养老方式的关注与选择。研究认为老年人并非没有意识到自己的健康和养老需求,只是由于当下的公立医疗、基层医疗以及现存的养老方式存在缺漏,从而导致了需求的不满足。

从无意识的补偿生成出发,保健品行业本身因其营销特性而注重广告宣传,目前涉及电视、广播、网络媒介与街头活动等的宣传方式激发了老年群体的消费欲望,也使得他们更加重视对需求的满足。朋友之间的鼓动诱发老年人的从众心理以及对人情、"面子"的需求,由此也使得老年群体加入保健品消费的行列。研究认为在该消费现象中,即便老年群体受到外界的刺激才导致消费行为的产生,这种带有建构性特征的消费背后也是原本就存在的实际需求。与此同时，对于老年群体渴望进行补偿的情感性需求，研究也认为其同时存在有意识和无意识的两种情形，但这种无意识仍旧是以需求的实际存在为前提的。

第二，老年人保健品消费的"需求—补偿"是一种间接替代性质的补偿，并非直接以老年群体缺失之物填补空缺。这种补偿即便能暂时满足老年群体的需求，终究无法永久地发挥作用。研究希望以老年群体保健品消费为切入点剖析老年群体的真实诉求，并致力于促进需求的满足。

Grunert（1993）认为满足需求的方式分为直接与间接两种形式，直接补偿是以个体所缺之物进行补充，而间接补偿强调替代性，其补偿的本质并非老年人缺失的原物。面对老年群体的多元化需求，保健品本身则是一种对传统医疗局限的替代性补偿，因而很多老年人有以保健品代替药品甚至代替食物的行为。这种替代性补偿的背后是保健品源于中药的药食同源特性以及老年群体对中医更加青睐和信任所导致的。在老年群体挑选保健品的过程中，他们通过上课的方式获取健康知识，保健品公司以及其"专家"也间接替代其他责任主体在健康知识宣讲中的责任。甚至老年群体早年间教育机会的缺失也在这种上课的过程中得到间接性补偿。老年群体本应在传统就医过程中得到的尊重、认同以及对疾痛的关注也都在此消费场域被实现。从养老的角度出发，老年群体通过在保健品公司获得参与社会活动、融入集体和社会的机会与空间，从而对当下多种养老模式的不足进行补偿。在我国老年人倾向于居家养老的现实情境下，保健品公司替代了社区在承担老年群体性活动中的职能。但研究认为，即便老年群体可以在保健品公司获得他们想要的养老服务，也只是一种暂时性的替代。

第三，老年人保健品消费是一种兼具先行性与反抗性的补偿。Kim和Rucker（2012）提出的先行性补偿强调对个体尚未发生的缺失性结果进行预防，而反抗性补偿则指事后减轻或消除威胁的消费。就先行性补偿而言，在老年群体的保健品消费行为中，他们将保健品作为延缓死亡以及失去自理能力的准备，并且侧重保健品提高免疫力以应对疾病的功能，因而具有明显的预防特征。尤其在我国以预防为主的健康理念的引导以及老年群体对传统医疗的不信任和疏远的背景下，老年群体更希望通过提前预防的方式缓解焦虑和恐惧。其中也包括对未来养老方式不明确的迷茫与担忧，他们想尽可能延缓衰老的速度并提高身体素质以增强自理能力。这也是他们日后进行居家养老的前提基础。从反抗性补偿的角度出发，老年群体在早年生活中已经历过需求不满足和欲望被压抑的情形。当下的生活里无论是医疗还是养老层面，抑或是身体和心理层面都让老年群体感受到一定程度的缺失和威胁。尤其目前老年人在消费过程中正面临年龄歧视的社会环境，他们的主体能动性受到忽视与削弱，其中也包括他们在消费活动中的能力与权力。因而老年群体消费保健品的过程便是一种在事后缓解负面状态的补偿方式。

综上，研究认为保健品公司在补偿老年群体的需求时存在优势，他们自身也重视老年群体的核心诉求。但这种补偿更多时候呈现为一种"希望"，尤其在医疗与养老层面，老年群体只能把保健品消费的空间当作暂时的"避风港"，与慢性病共处、免疫能力下降以及衰老是大多老年人无法回避的现实问题。而这种商业空间时刻充满着不确定性，一旦公司倒闭、销售员更替，对于老年群体的情感联结都会带来冲击。

三　老年人保健品消费需求补偿背后的形塑力量

既有研究对情感的归因将老年人保健品消费行为局限于个体层面，对结构性力量的形塑有所忽视。本研究将政策与市场力量纳入到分析框架中，试图将个体的消费行为放置于宏大的社会环境中加以考察。与此同时，当前社会学视域下的消费研究已经开始重视消费的社会意义，并开始侧重对消费者本身的主体性关注。研究也从主体性力量出发，探讨个体经历对消费需求及行为的影响，以及传统与现代价值观念交织下利己性与利他性消费需求的形成过程。总体而言，老年人保健品消费行为的背后是多元主体下结构与能动的共同作用。

（一）政策的双向推动力量

政策作为结构性力量将对个体的消费行为产生影响，良好的健康观念与健康决策的政策导向将产生正向的推动力以促进其健康水平。而那些阻碍个体获取医疗卫生资源的政策则会以反向促进的方式推动个体在晚年期形成补偿性消费行为。

　　消费背后的需求不满足透露出当前老年群体健康需求未得到满足的现状。由于我国公共卫生体制规定政府以及公共医疗机构对老年群体健康的责任，健康本身便具有公共性。保健品消费是关乎健康的消费，因而保健品消费也不可避免地与公共政策挂钩。近几年随着"健康中国战略"的实施，健康观从以治疗为中心转向以健康和预防为中心，由此引发了新一轮有关健康的讨论，也为老年保健品市场的繁荣提供了理论前提。社会保障体系的逐步完善使得城市老年人的生活水平得到基本保障，这是其购买保健品的经济基础。以上这些都从正向角度激发了老年群体寻求健康的积极性。

　　与此同时，当购买保健品被作为预防疾病和缓解症状的途径便意味着原本承担这两项职能的公立机构的失灵。目前已有老年人开始用保健品替代药物，其风险性更需要引起医疗责任主体的重视和警惕。有病不看诊几乎是当代老年人的统一特征，自我医疗趋势的加大也推动着老年群体走向保健之路。当老年群体对传统医疗机构逐渐失去信心后，基层医疗也无法满足老年群体的需求，这才使保健品成为一种折中的健康策略而受到老年群体的青睐。这种折中性体现在其介于食补与药疗的功效之间，既免去老年群体对西药副作用的担心，也给予他们缓解症状的慰藉甚至是治愈疾病的希望。

　　除医疗政策外，我国现行的养老模式也是影响老年群体购买保健品的重要结构性因素。家庭结构的缩小与赡养能力的削弱使得老年群体产生养老焦虑，院舍养老的负面印象、社区居家养老的量大于质以及医养结合式养老的高门槛使得老年人对未来生活的迷茫与担忧加剧。当下老年人虽然偏向于独居，但依然渴望参与集体性生活和增强社会融入，也希望子女能经常来看望和陪伴。然而工作的忙碌与家庭的负担让年轻人无暇顾及父母，将孝心具体化为赡养费在无形中造成他们与父母在情感上的疏远。在访谈中，研究者发现老年人也时常处于矛盾和挣扎中，他们在强调不希望给子女找麻烦的同时又希望能满足自己的多种养老需求。制度法规只能规范可以被量化的事物，譬如赡养费的多寡以及看望父母的频率等。但对于子女在情感层面的回馈程度是无法被实际界定的，长期在情感层面的供需不匹配也成为老年人保健品消费背后的重要推动力。

（二）市场对需求的建构和对主体性的激发

保健品消费作为一种经济活动，本身就置身于市场之中。研究认为保健品之所以能满足老年群体的需求，是以健康与情感的商品化为前提的。当那些原本无法用经济价值衡量的物品或服务进入市场，个体通过购买行为满足需求，便促进了商品化进程。市场为消费者的消费行为提供空间，也同时消费了消费者本身。反言之，消费者不仅在消费商品，自身也参与了整个消费过程的建构，成为消费环节的一部分。

从国外传入的知名保健品品牌到本土自主研发的新产品，我国保健品行业的进程逐步加快。但其暴利性也引发行业乱象，在一座座保健巨塔的阴影下是对保健行业生态圈的污染和未来走向泡沫化的必然趋势。市场调控失灵后，国家屡次出手以严厉打击那些投机倒把的不法厂家和商家，保健行业的发展史也因此呈现出反复震荡的循环周期。尤其在"权健"事件后，保健品行业面临严重的诚信危机，受访的保健品公司负责人都谈及行业巨头倒台对整个行业的消极影响。但即便如此，保健品行业在快速缩减的同时又不断涌现出新的品牌，遍布于城市的各个角落。老年消费者依然为之买单，仿佛有无穷无尽的消费欲望将他们推向保健品市场。

老年群体对保健品的欲望既有被建构的成分，也有其自主参与的过程。在鲍德里亚对消费社会的阐述中，消费的符号化使得消费品本身的价值被消解，而更多关注其象征意义，这种意义的背后便是一种社会建构。譬如在政策、市场、文化与传媒的共同推动下，保健品与衰老、健康、孤独、孝顺等概念产生联结，健康的标准得到了新的更迭，一种对健康身体的想象话语被建构起来作用于个体的消费行为。老年人的孤独感同样具有建构意涵，身处此语境下的老年群体会不自觉地走入市场消费。在这个过程中，消费被界定为无意识的和被裹挟的被动行为，而消费背后的需求也具有虚假性。当前对保健品行业与老年人保健品消费行为的批判正是基于这种市场建构性的假设，本研究试图以更为详尽和开阔的视角分析其建构过程与发生逻辑，由此发现老年人保健品消费中虚

第六章 总结与讨论

假建构与真实主体的双重属性。

然而研究同时也提出市场对消费者主体性激发的作用。与市场的建构性力量相反，倡导自由主义与满足欲望的市场话语使得个体的主体能动性得到了鼓励。正如最初经典消费学说提出的"快乐机器"，消费成为个体满足自身欲望的渠道。对于老年群体而言，他们经历过苦难生活，且受到集体主义的影响，个人的欲望长期受到压抑。经济体制的改革带来生活水平的提高以及社会保障制度的完善，老年群体拥有消费的客观条件。然而年龄、观念、身体素质等限制却使该群体无法拥有和年轻人同等的消费内容与欲望。健康是一切行动的基础，因而老年群体将保健品作为满足欲望的工具，既基于健康需求也超越健康本身的意涵。从这一点来说，市场为老年群体对需求的满足创造出环境，也通过宣传与倡导激发了老年人的消费动机，这亦是其主体性提升的表现。

（三）个体经历对消费行为的持续性影响

研究既将结构性力量纳入对老年消费的解释框架，同时比起既有研究也更强调老年消费者的主动性。他们在被多主体的共同作用推入市场时，其自身也在发挥积极的作用。尽管西方近年来已关注到生命历程与老年消费的影响，但目前更多停留于理论层面。国内尚未将该理论引入实证研究，也未将其与我国老年群体的消费行为相联系。本研究从预调研中发现老年群体在谈及购买保健品的原因时多强调早年生活经历的作用，由此在后续的研究中对历时性视角进行了深入探讨。

健康是贯穿一生的议题，当保健品被作为老年群体预防疾病和应对疾病的工具时，其背后也呈现出老年人对健康观念与健康决策建构的标准。这种观念与标准不仅受到当下环境与个体的影响，也受到早年生活经历的形塑。老年人时常挂在嘴边的苦日子的背后是需求的不满足。资源匮乏、负面的医疗经历、教育机会的缺失、体力劳动的损耗以及家庭责任的繁重都限制其满足需求的条件与能力，为家庭奉献的惯习和特权主义下的落差构成了老年人集体记忆中的重要节点。从计划经济到市场经济时代，国家福利职能的弱化将更多责任转嫁给个体与家庭，而随着家庭结构的变迁，其抵御风险的能力也受到削弱。在几经社会变革以及社会保障制度尚未完善的时代，个体不得不独自面临和处理危机，当时

217

的生活具有强烈的不确定性。在此个体经历下，老年人在早年呈现出忽视健康的消极的就医方式。因而在晚年，他们对保健品的消费行为便发生了与之相反的转向，开始重视综合性的身心健康状态，并以一种更为积极的态度面对自己的健康需求。

研究认为个体经历是一个动态发展的过程，是个体对不断变化的生活环境以及个体为适应环境而作出的行为反应的产物，因而其对个体观念以及行为带来的影响也具有历时性特征。老年群体处于生命周期的最后阶段，若要充分解释其当下的行为，不仅要联系当前环境的影响，也应将其行为放置于整体生命的跨度内进行考察。

（四）个体价值观的矛盾与挣扎

消费行为是个体价值观念的体现，从中也反映出消费者自身的主体能动性。由于消费品的象征意义不仅来自于社会建构，也来自于消费者自身的赋予。中西文化在消费领域的交锋尤其彰显出不同文化观念对消费者行为的影响，其背后是老年群体在不同价值观之间的摇摆。研究认为个体价值观的矛盾与挣扎也是推动个体进行消费的主体性力量。

价值观念同样是动态变迁的过程，受到历史文化的形塑。我国传统文化中道德规范的约束以及革命年代对集体主义的提倡都使得个体形成利他思想，这不利于个体主体性的发展。随着时代的变迁，集体观念的淡化以及权力与能力意识的强化使个体逐渐形成独立生活的理念。老年群体通过购买保健品提升健康水平的动机在于增强自理能力，他们不愿在晚年成为别人的负担。老人们开始关注健康并为健康消费，这种价值观念也是形成需求并转化为行为的重要推动力。

然而即便老年人开始产生利己性消费需求，利他性的思想依然潜藏于个体消费行为之下，发挥着导向作用。老年群体消费保健品的行为背后体现出利己与利他的相互转化与融合，这也是推动他们进行消费的重要前提。老年群体为自身消费健康的背后包含着为家庭发挥余热以及不拖累子女生活的利他性取向，而他们为销售者的生活以及工作着想的同情背后也是对自身价值的实现和自尊获取的向往。

老年人的保健品消费实践具有中国本土特色，单纯的市场逻辑抑或是个体化的情感归因都无法完全解释老年群体对保健品的热情与执着。

研究认为消费者在受到推动的同时其自身也参与到消费过程中并成为重要的一环，由此在结构与能动的互构下共同影响其消费实践。个体产生的需求推动其走向保健品消费，并对需求进行补偿。整体而言，这种"需求—补偿"的过程是在结构性力量与主体性力量的交织下完成的。

四 综合型健康场域：保健品消费对老年需求补偿的特殊性

（一）本研究解释框架的特殊性

既有研究对老年群体保健品消费的归因更多集中于心理层面的情感缺失，忽视了老年群体的多元化需求，也未对其补偿路径进行具体阐述。如果仅从情感需求出发，将容易陷入公共职能个体化的陷阱，掩盖和规避当前各责任主体在医疗与养老服务提供中存在的疏漏与不足。单一的情感归因也未考虑老年群体在保健品消费过程中的主体作用。他们购买保健品不仅仅是为了补偿缺失的情感，其中更包含其实现个体价值和社会认同的诉求。从社会工作关注"人"的视角出发，这种对老年人消费角色的忽视会加剧群体性歧视与问题化现状。从补偿的发生机制出发，既有研究中虽有对保健品消费场域的社会性功能进行论述，但由于缺乏与需求的对应以及对理论本身的梳理与剖析，因而无法呈现具体的补偿路径，包括补偿发生的必要条件、形式及内容，甚至就其理论中对补偿背后的建构性与主体性判断也无法在研究中给予讨论，更没有体现保健品消费场域的特殊性，即保健品消费是通过怎样的补偿方式赢得老年群体的青睐的？

综上，既有的"情感—补偿"对老年群体保健品消费行为只针对情感成因进行了部分解释。对于将消费行为从经济学意义拉入社会意义层面，以及呼吁公众从去问题化的角度重视老年群体当前的情感诉求仍有重要意义。但该分析框架对于情感本身以及情感之外的需求、补偿逻辑仍然需要进一步的丰富与深化，以期扩大对老年消费行为的解释范围。

在情感补偿方面，本研究的解释框架认同情感与社交在个体心理层面的缺失是老年群体进行保健品消费行为的原因，但不认同这种情感归因下对保健品这一"物"的意义进行否定与问题化。且研究也认为需

医养结合与健康促进：城市老年人健康消费行为研究

要在充分了解老年人多元需求的基础上，对保健品消费满足老年群体需求的特殊性进行更全面的解释。保健品公司实则在结构性力量的形塑以及老年消费者自身的参与下形成了一个以保健品为媒介、能够对老年群体多元需求进行补偿的综合型健康场域，这也是老年人选择通过购买保健品的方式补偿需求的原因。具体而言，本研究解释框架的生成对于既有理论的丰富与深化主要体现在以下几个方面。

1. 从健康贩卖的角度看待老年人保健品消费

既有对老年人保健品消费行为的研究主要基于对情感的补偿，而这种补偿是以情感商品化为前提的。在老年人保健品消费行为中，与情感的商品化路径极为相似的还包括健康的商品化，因为既有研究对保健品本身功能意义的忽视，所以并未从健康的角度对消费行为进行考察。此类消费仅仅被作为一种符号，抹去了消费背后需求的真实性。实际健康是一个复合型议题，并不局限于医学层面的身心健康，更包含社会整体对健康的影响。健康责任的主体也存在微观与宏观两个范畴，它不仅是个体与家庭的责任，更需要营造适合个体维护和促进健康的环境。其次，健康的商品化背后也是多元主体的共同推动。随着"健康中国战略"的不断推进，健康已然成为全民关注和追求的目标。医疗领域的扩张、市场流通、媒体传播都在促使健康责任发生个体化转向，大众对健康的追求逐渐沦为资本主义商业体系下用以谋利的意识形态，由此出现健康商品化的现象（王念绮，2009）。保健品消费作为一种关乎健康的特殊消费，一方面是健康商品化发生的场域，另一方面也促成了健康商品化的过程。该解释框架的提出有利于着重探讨老年人保健品消费行为背后的形塑力量以及保健品消费对老年群体的综合性需求补偿。

尽管研究试图跳出原有的经济学框架下的消费视角，保健品消费仍旧离不开整体保健品行业的兴衰与变迁过程。从字面意思出发，保健便与医疗、健康和卫生议题相关联。兴起于20世纪90年代的保健品是具有商品性质的健康产品。在演变过程中，健康成为可以被贩卖的商品，该过程需要通过追溯保健品市场的发展史，从中窥探健康话语的建构以及对健康欲望的生产。就人群的特殊性而言，对死亡、老化的焦虑以及对晚年处境的担忧也将促使老年人成为健康贩卖的对象。保健品实际是一种在消费主义与市场经济发展中形成的产物，其背后充斥着各个市场环节对保健品的包装与推动。市场赋予保健品的价值是由消费者、营销人员、生产厂家、消费文化、大众传媒等多主体共同构建的，还产生了一个可以同时满足老年群体多元需求的健康消费空间。

2. 防止对结构性问题的规避

缺乏对结构性力量的探索容易使老年群体陷入公共职能个体化的陷阱，规避当前各责任主体在为老服务中存在失灵的现状。因而本研究将结构性力量纳入解释框架，尤其看到政策层面医疗卫生与养老服务的不足。从医疗需求出发，由于健康诉求是老年群体购买保健品的重要推动力，保健品的医疗属性虽超出法律规定之外，却更具有现实层面的替代性意涵。随着健康商品化趋势的加强，老年患者对传统公立医疗机构的诊疗能力、服务态度、就医的便利程度等存在质疑与不满。另一方面，随着医疗卫生体制改革的不断深化，我国在国民健康体系的布局中将健康职能下沉社区，分级诊疗的实施以及家庭医生签约制度的推行都反映出基层医疗单位在公共卫生以及国民保健中的重要地位。各地经济发展水平与医疗资源的不均衡使得老年群体享受到的基层医疗服务尚无法满足其诉求，政策的执行以及服务的递送仍存在现实与理想的偏差。即便老年群体不否认在重大疾病中传统医疗手段的必要性，但对于日常保健功能而言，市场化的保健品体系已经成为重要的责任主体，老年人保健品消费的背后蕴含健康责任在政策层面中的空白。从养老需求的层面出发，既有对老年人保健品消费的研究仅提及老年人晚年孤独生活带来的情感缺失，忽视其他与养老相关的议题和消费的联结。保健品消费隐含老年群体对晚年生活方式的定义与期待，以及对当下养老模式的选择以及服务供给的满意程度。若想深入了解老年消费行为背后的推动力量，需考察当前养老服务中存在的问题以进一步分析老年群体渴望通过消费来进行补偿的内容及方式。

3. 探寻老年消费行为背后的逻辑

本研究提出的解释框架将有利于对老年群体在消费过程中的主体作用予以重视。在以往的老年消费研究中，年龄歧视主义形成对老年消费角色的消极印象。同时消费的无意识性被进一步放大，消费行为完全受到市场的奴役，是缺乏主体性的实践。老年群体更因为其好骗、文化程度低、辨别能力弱等固有的社会印象而失去消费者的主体地位，对于其行为的解释也鲜少站在老年人自身的角度。在保健品消费中，老年人站在社会舆论的风暴中坚持自己的消费行为，以一种主动补偿的方式满足其对情感与健康的需求，其背后体现出的主体力量亦是行为分析框架中不可缺少的元素。

这种主体力量的呈现不仅体现在当下消费行为的符号表达中，也受到个体经历与个体价值观的作用。个体行动受到集体历史叙事的推动也是既有研究未涉及的层面。因而研究将通过生命历程中社会变迁与个体行动的结合以探究早年生活经历对当下老年群体保健品消费行为的影响。基于观念对消费行为的形塑力量，老年群体个体经历对健康观发挥的作用成为个体经历影响其晚年保健品消费行为的关键切入点。同时，个体价值观驱动着老年人进行消费决策，其中也体现出不同的价值走向。由此可以发现，既有研究对老年消费者背后的行为逻辑缺乏深入探究，因而存在简单化约甚至问题化的情形。本研究的整合性解释框架将进一步展现老年群体消费行为背后的多元推动力量。

4. 论证社会工作对老年人保健品消费行为的介入空间

本研究提出的解释框架是在社会工作视角下进行建构的，因而有利于对老年人保健品消费行为进行去问题化，并在此基础上提出未来应对老年人保健品消费的介入策略以及为老服务的完善方向。当前老年群体普遍面临的年龄歧视主义也蔓延到消费领域，老年群体的消费行为及其自身都受到问题化对待。社会工作以以人为本、需求为本以及控制风险的视角将有利于呈现对老年群体在消费过程中的主体能动性以及老年人本身的价值与意义的关注。生命历程视角的引入也增强了社会工作对全周期个体发展的重视，对于识别早年影响个体的保护性因素和风险性因素有重要作用，这也将有助于为循证研究提供证据。研究将在对消费行为背后结构性力量与主体性力量进行剖析之后，探索社会工作与老年人保健品消费之间的联系，并在此基础上分别从理论层面和实践层面探讨其介入的必要性与介入策略。

第六章 总结与讨论

（二）符号化的综合型健康场域：保健品消费的特殊补偿作用

正是基于上文提到的解释框架的特殊性，研究由此得出老年人保健品消费行为的背后逻辑在于对多元化需求的补偿。这些需求的产生以及补偿过程都受到结构性力量与主体性力量的交织影响。保健品公司实则形成了一个以保健品为媒介、能够对老年群体多元需求进行复合补偿的综合型健康场域。

任何活动都需要发生场域，研究认为这是一种私人消费空间与公共消费空间的融合。城市老年人的保健品消费实践也有其发生场域，它是社会行动建构的条件和产物。消费活动的空间性是由不同的社会力量、社会关系和社会过程相互作用而形成的，并赋予人的活动、关系和社会以一定的空间秩序、关系和结构（王宁，2011）。因而在本书第二章至第五章中，研究分别阐述了结构性力量与主体性力量在老年人保健品消费过程中的形塑作用，这些也将对消费空间的建构产生影响，老年人更是以消费者的身份参与了消费空间的建构。

物的商品化过程将同时创造使用价值、交换价值与符号价值。健康在商品化的过程中被包装成商品，因而具有符号价值。消费不仅仅是经济活动，同时也包含文化意蕴，物质与文化本身就是相互纠缠的。譬如保健品在符号化的过程中被付诸个体治病、延缓衰老、缓解孤独、对过去苦难的补偿、获取自尊与价值实现等多样化的意义。商家促销的关键便是将迎合消费者心理需求的意义符号化，并体现在自己生产的商品中，由此吸引消费者的注意。除单个保健品所具有的符号化特征外，多种保健产品的排列组合、销售者的营销策略与服务态度、老年消费者之间所形成的社交圈与消费氛围都将共同带来消费空间整体的符号化。研究认为，当前城市老年人保健品消费空间呈现出以下几点特征。

第一，老年消费者将获得相对自由。该空间是半封闭和半开放的，开展活动的会议室成为封闭式空间，而老人们可以自由进出场所，具有自由性。然而在实地调研中，研究者发现保健品公司主办的讲座与活动里中途退场的老年人将面临工作人员的询问，并且会以失去下次活动的知情机会为代价。同时，多次无购买行为、仅参会领取礼品的老年人将会脱离销售者的关注，失去参与下次活动的机会或是优惠折扣的使用权。因而这种开放是建立在隐性规则之下的相对自由。

第二，老年消费者将获得新的地位与认同。该空间将淡化群体的身份性差异，譬如性别、学历、工作、社会地位等，转而以活跃度和消费量作为区分等级的标准。目前G市所有保健品公司都实行会员积分制，购买产品越多的老人将会得到越高的会员等级。当这种完全市场化的标准体系在消费空间中开始运作，这种激励机制容易勾起老年消费者的消费欲望，也有利于缓解老年群体在退出工作和疏远社会生活后的认同危机。在此过程中，他们通过参与活动和购买产品获得新的地位、关注与认同。

第三，老年消费者将获得精神满足。保健品公司实则为老年群体营造出一个快乐、健康的活动氛围，可以将有类似需求的老年人聚集在同一个空间内开展各色各样的老年娱乐活动。这些活动与大多养老机构中的工作人员或是社会工作者开展的小组活动相仿。精神层面的愉悦将主导身体的消费行动，在对消费空间的环境进行营造的过程中，该空间里的元素都被作为快乐和健康的符号，并与老年群体的消费行为进行关联。由此，保健品的附加价值在这个空间内实现转嫁与升华，甚至成为老年群体的精神寄托。老年人通过参与这些活动并完成消费实践以暂时摆脱以往消极的老化体验，和年轻人拥有同等权力与能力以享受消费带来的愉悦，这种象征意义是需要借助完整的消费空间营造才能得以实现的。这就是为什么那些年轻的销售者要用尽浑身解数将老年人邀请至会场参加活动的原因，是消费空间的符号化建构了一个迎合与满足老年人综合性需求的健康场域。

第四，该空间具有情感化与结构化融合的特征。以初级消费空间和高级消费中心为参照，保健品公司所提供的消费空间介于这两者之间，既为方便老年消费者的日常活动与社会参与而选择距离小区不远的地方，也不会完全处于某个小区中。它可以同时满足老年群体的非日常性选购保健品的需求，以及老年人进行如做手指操、手工课、社交等日常活动的愿望。在这个空间内，老年人不仅消费保健品，也同时消费这个空间本身，因而它也是情感化与结构化的融合体。

第五，老年消费者将暂时回避死亡议题。该空间对死亡议题的回避削弱了本土文化的抗拒与阻碍。中国传统文化中有对死亡避而不谈的忌讳，其中也包括对疾病的避讳。现代医学构建的陌生场域降低了个体的就医意愿，其背后便存在从中医脉络下的熟人关系转向西医主导下陌生人干预的缘由。保健品售卖的前提是对还未出现或者刚刚出现尚不严重的疾病做预防，因而其无法规避对疾病乃至死亡的探讨。而在以保健品公司为据点的消费空间里，健康代替死亡与疾病，比起医院对症下药的直接干预手段，保健则成为一种能够避开死亡议题的迂回方式。老年人在避讳谈论死亡的同时又想要尽最大可能延续生命，因而健康场域的构建就显得尤为重要。但是，研究同样认为这种健康场域的需求补偿职能具有暂时性的特征，保健品并不是老年群体维持和增进健康的最佳、永恒的途径，只是在传统医疗机构无法满足其需求时建构起暂时的替代性空间。寻找消费背后的症结才有利于从根本上满足老年群体的需求，并促进为老服务的优化与完善。

综上可知，在本研究最终得出的解释框架中，保健品消费对于老年人补偿需求的特殊性在于它通过保健品的物质意义、消费互动过程中呈现的情感服务以及对整体健康环境的营造同时兼顾了老年群体在医疗、养老以及心理层面的需求，且其补偿方式符合老年群体价值观、行为习惯以及整体文化语境，因而受到老年群体的青睐。

第二节 社会工作对老年人保健品消费的介入空间

老年人保健品消费现象因涉及老年群体的健康和养老等综合性议题而为社会工作提供了介入空间，且研究也是在社会工作视角下开展的。本节将提出未来社会工作的介入策略，具体包括以下三个方面。

一 关注生命历程：全周期风险识别与干预计划制定

个体的生命时间包含不同的生命阶段，其累积效应会使生命早期阶段的健康老化状况影响生命后期阶段的健康老化状况（马凤芝、陈海萍，2020）。从历时性的角度出发，个体生命早年阶段经历的社会和经济劣势以及慢性压力源使得慢性病在晚年的发病率增加，由此带来晚年时期的健康风险。老年群体早年的健康状态受到社会环境变迁与主体选择的共同形塑，从而影响其晚年促进健康的行为。

2016年，我国发布"健康中国战略"与《"健康中国2030"规划纲要》。2017年3月，《"十三五"健康老龄化规划》的颁布提出应建设以生命全周期、立足全人群为特点的整合型老年健康服务体系，强调要为人民群众提供全方位、全周期的健康服务。由此可知，全周期的健康干预是我国未来老龄化工作中的重要内容。社会工作者应当具备生命全周期、立足全人群的服务理念，从生命早期阶段开始，开展面向全人群的健康倡导（马凤芝、陈海萍，2020）。生命历程理论强调在个体不同的生命历程阶段确定多维风险因素，尤其关注那些后期会增加问题发生和维持的概率的因素。通过回顾老年群体的生活经历，有利于及时识别会对晚年造成负面影响的风险因素，并提出不同生命阶段对个体有益的干预方案以增强保护性因素或资源。这样做能够减少问题发生的可能性，并有助于个体形成抗逆力（Hutchison，2019）。以证据为本的循证社会工作如今已成为社会工作未来发展的新方向，从历时性视角考察服务对象的早年经历有助于为社会工作专业实践提供重要依据。因而针对老年群体的健康促进策略应将纵向生命历程的风险识别纳入考量，在立足需求的前提下以此为证据制定不同年龄阶段的社会工作干预方案。

社会工作实践的核心内容即产生改变，通过对这些风险因素和抑制保护的因素的识别也有利于促进社区的积极发展，包括从个体、家庭、社会等不同层级设计干预方案，致力于目标对象的环境及其个体的正向改变，最终促进社会问题或健康问题的减少（薛媛媛，2018）。如果能在早期干预和介入，及时阻止风险性因素的累积和爆发，不仅有利于个体早年间的身心健康，也能减少其在老年期面临的健康风险，进一步避免医疗资源和社会资源的浪费，阻断由生命全周期带来的恶性累积效应的循环并缓解老年人晚年的生活困境和危机。

由于目前对消费的研究并未体现出对老年群体主体的关注，因而存在对老年消费能力与权力的削弱与污名化。以需求为本的前提便是以人为本，社会工作可以通过贯彻"人在情境中"的理念，将老年健康作为个体、家庭与社会的共同责任。在此过程中还应充分考虑老年消费背后的主体叙事，强调去问题化和去污名化并正视老年消费者在消费过程中的主体能动性。

二 立足医养需求：促进多元主体联动与协调

社会工作除了要对处于不同生命阶段的个体提出预防性降低风险因素的方案，也应从横向维度聚焦当下，为处于老年阶段的个体营造适宜其生活的环境。

老年期个体的保健品消费与健康需求的满足密切相关。自经济体制和医改后，我国公立医疗机构的公益属性被削弱，医疗资源的高度集中与不均衡分配影响医疗健康服务的可及性。基于当前老年群体面临的机体老化和慢性病折磨，即便他们能获取足够的医疗服务也无法完全缓解其病况，因而在其心理上增加了对公立医疗机构的不信任与不满意，对其就医意愿有负面影响。同时，随着国家医疗健康服务职能的下沉，基层卫生机构成为老年群体获取健康服务、满足健康需求的重要主体，被称为"居民健康的守门人"。分级诊疗与家庭医生签约制度的施行本应便利老年群体的就医，但社区医疗卫生服务中心在政策的实际推行中无法发挥诊疗职能，因而也无法满足老年人的医疗需求。

家庭赡养职能的弱化以及养老模式存在的弊端导致有需求的老年人无法获取较好的服务，他们普遍对未来养老的前景表示担忧与焦虑。社区居家养老作为最符合我国传统文化下老年人赡养观念的方式，在面对像G市这样的城市时，仅仅只是为特殊老年群体提供基础服务，而那些普通老年人未被纳入其中。购买保健品的老年人恰恰属于该群体，在市场化养老服务尚未发展完善时，他们只能依靠自己寻求新的保健之路，以期进一步延缓身体老化的速度。在这个过程中，健康责任和养老责任都逐渐滑向家庭与个体。老年人被卷入消费市场后，将面临更多的危机和风险。社区作为民众与政府之间的重要枢纽，并未发挥良好的协调作用。基于此，研究将提出以下几点建议。

首先，融合医疗与养老服务，达成此目的的前提是转变以往重视公共卫生服务而轻视诊疗的惯习。正如兰安生所说，单纯凭借宣传或是提倡预防来促进居民的健康在中国是很难实现的，治疗必须被作为促进个体健康的载体，同时用积极和主动的行动把预防和健康传送给居民，不仅仅是自上而下的口头或文字形式的宣传（杨念群，2006）。提升基层医疗机构的诊疗水平离不开医疗人才的引进和群众就医观念的转变，想要达成此目标不仅需要自上而下的政策推进，更需要各部门之间形成良好的衔接闭环，社会工作可以在中间发挥协调作用以促进医联体的真正落实。

从养老层面出发，当前 G 市的社区居家养老服务尚流于表面，除服务对象的局限外，整体呈现出量大于质的特征，并没有切实从老年群体的真正需求出发。尽管近年来 G 市引入新兴的科技手段以助力智慧化老龄城市的筑建，但实际服务递送的质量和使用效率并没有得到关注。譬如目前基层社区医疗卫生服务中心的电话探访均以机器人代替人工，而在服务推广前各社区并没有提前对老年群体进行宣传和推广，很多老年人对此服务不了解也无法应答，甚至在过程中存在机器人声音过小而影响语音效果的情形。如此容易造成服务供给与递送之间的壁垒，大大降低服务效率。2020 年底，国务院印发《关于切实解决老年人运用智能技术困难的实施方案》，为老年人提供解决运用智能技术难的对策方案，以期进一步弥合老年数字化鸿沟。社会工作可以在了解政策推行的实际情况并汇总老年人的需求后及时反馈，切实从老年需求出发助力社区居家养老服务的完善。

其次，融合医院与基层卫生中心的服务，以社区为枢纽，助力打通上下转诊通道，促进基层医疗卫生服务发展。知识的获得将会引起态度的改变，从而造成行为的改变（Swanson，1972）。老人照护与医疗保健的核心在于促进健康，健康教育被发现对老年患者提高健康行为自我效能和最终的健康水平有重要影响（黄丽芬，2016），同时它也可以增强老年人拥有的健康知识、态度与行为，并协助老人消除有害健康的危险性因素，帮助老年群体掌控自身的健康状态。实现该功能需要链接专业人才资源，同时安排场地并协调参与者，这也是社会工作的优势所在。

第六章 总结与讨论

将服务落点基层社区主要有两方面的原因：一是从制度背景出发，无论是基层健康网络还是社区居家养老体系的建设都更符合国家将医养职能下沉社区的政策导向；二是从现实需求出发，老年群体的疾病谱多以慢性病为主，强调疗养与康复，去社区就医或养老都更加方便，且符合中国人的传统文化观念。此外，从当前家庭医生签约和分级诊疗政策的实施情况来看，老年群体出于对经济、交通等现实情况的考量，较之年轻群体更容易响应政策的号召，因而更可能成为基层医疗健康卫生体系中的主要参与者。

社会工作可以在社区卫生健康办公室、社区医疗卫生服务中心以及上级医院之间发挥协调作用。首先是协助宣传。以社区为枢纽，通过社区深入基层联系居民参与健康教育，做好宣传工作。尤其对老年群体而言，他们的信息获取渠道较窄，除通过智医平台发送消息等电子化方式以及张贴公告外，还应通过入户等更贴近民众的方式保证信息的传递并进行必要的讲解，譬如在调研期间，研究者发现很多老人对社区医疗卫生服务中心与社区居家养老的服务内容知之甚少。其次是链接资源。倡导基层卫生医疗人员担任健康促进者的角色，尤其可以通过与医院社会工作联动而链接更多专业人员下基层开展健康知识宣讲。在此过程中也可以充分进行资源配置优化，譬如小区物业可以在宣讲过程中为老年人提供帮助，既有利于为老年群体提供多元化服务，也方便其自身工作的开展。多主体之间的衔接与合作是基层工作提升效率的关键。再次是协调矛盾。目前G市医联体之间存在利益冲突，这严重损害了各医疗责任主体之间的合作与工作效率。社会工作应基于基层现实，在医院、基层社区的医疗机构和社区之间充当桥梁，协助两者的资源协调配置与互通合作，为存在矛盾的主体提供沟通平台。此外，从社会工作的宏观职能出发，对于当前基层医疗存在的政策性问题可以向有关部门建言献策。

最后，融合医务社会工作、社区社会工作和老年社会工作的职能。以G市为例，目前全国医务社会工作领域仍在探索发展中，G市虽然已有不少持证社工，但医院尚未引入医务社工。通过对G市多家医院的考察，发现很多医生已经开始重视老年健康的社会特征，他们都意识到老年患者需要综合评估。目前各级医院已经设立老年医学科，这是一个融合医学与社会服务思想的综合性科室，会充分考虑老年患者的疾痛，注重心理与社会服务，将为未来医务社会工作的引入奠定基础。

从融合的角度出发，未来应以社区社会工作为连接点，在医疗服务的递送和推进中，与医院的社会工作服务相连接，达成上下转诊的闭环。如社会工作者可以在老年患者的上转过程中协助医院开辟绿色通道，方便老年人的就医流程以及协助其与医生进行沟通；在患者完成就医环节后，及时将医院治疗情况反馈至社区医疗卫生服务中心，由此达成下转以便于老年人的社区居家疗养与康复。目前 G 市的上转机制刚刚建成，而下转却呈现断裂状态。无论是三甲医院还是社区医疗卫生服务中心都希望在医疗环节中真正实现转接畅通和信息的有效传递，这不仅对患者的综合性健康管理有利，也便于医联体的内部融洽和工作效率的提升。

从养老服务入手，社区社会工作应充分链接养老机构，定期组织老年人参加集体性康乐活动，在丰富老年群体闲暇生活的同时促进他们之间的互动沟通。其次也应上门进行结对帮扶，切实解决老年群体的生活困难，使其生活质量得到提升。由于社区与基层连接最为紧密，这也有利于社会工作者了解民情和综合评估个体的需求，改善老人的家庭关系网络也是社工的重要职能。尤其面对诸如访谈中因保健品消费而引发家庭矛盾的情况时，社会工作也可以发挥调解作用，促进子辈与长辈之间的沟通，帮助双方从对方的角度思考问题，弥合代际鸿沟。对子女方应增强其赡养意识与对老年群体的心理照拂，而对父母方应科学引导其进行保健品消费。针对那些已被查证有不法行为的保健品公司，应及时提醒与规劝老年人以免其上当受骗。

三　应对市场风险：政策倡导与观念培养

预防疾病、延长生命、促进生理和心理健康的学科、制度和社会行动是世界卫生组织对公共卫生的定义。此定义具有较强的延展空间，几乎囊括个体所有与生命延续相关的方方面面。我国公共卫生体系主要是指以预防控制疾病、减少疾病发生、维护和促进国民健康为共同目标，

第六章 总结与讨论

以政府公共卫生监管部门、专业公共卫生机构、承担公共卫生医防整合法定责任的医疗机构和城乡基层医疗卫生机构为主体构成的工作体系和协作网络的总称（迟福林，2020）。

由此可知政府在公民的健康责任承担中居于主体地位。对于老年人而言，国家公共力量的介入是其首选对象。一旦他们无法通过惯习维持健康和晚年生活，便会被推入市场。无论是研究中提到的诸多保健品，还是与养老产业相关联的民间养老机构，这些令人眼花缭乱的市场化产物将带来极大的风险。如果政府无法从政策层面给予基本的风险规避措施便容易造成国家的缺位。

健康应是公民的一项社会权利，政府有为公民提供卫生保健服务并通过公共财政制度承担维护全民身心健康的责任，如通过满足公民的健康需求以实现社会的发展。保健作为保持和增进人们身心健康而采取的有效措施，其核心界定以疾病和健康为基础，即对健康的维护。然而在健康与情感的商品化过程中，保健也由此被赋予市场意义，健康责任也从国家滑向个体。健康不仅是私人问题，更是国家公共卫生健康体系中的基础。在老年人保健品消费现象的背后，应进一步厘清健康责任的分配与归属问题，以打造健康型社区和健康型城市为目标，强化健康责任的社会性，为健康促进的政策制定提供理论基础。

从健康责任的厘定中可见其责任主体正在走向多元化，这进一步证明了健康的社会性与综合性，因而保健品消费也不仅仅只是经济学范畴的议题。由此，对于当前政策层面存在的问题，社会工作者应发起以下几类倡导以帮助老年人应对市场的风险性：（1）应出台针对保健品的专门法律法规，尤其需要进一步厘清保健品药食同源的现实定位，从生产到流通上市的全过程都应加强市场监管，政府应加大市场的调控力度，提高厂家与商家违规行为的犯罪成本，尽量降低将老年消费者完全推入市场的风险。目前政府相关责任人存在互相推诿责任的情形，这种现象是以消费市场逻辑为前提的。应提升保健品消费与全民健康相关联的意识，让法律和政策成为把守健康市场化之门的利器。同时也应倡导保健品行业间形成互相监督的习惯，呼吁将那些有违规操作的责任者纳入征信系统，并对责任主体进一步明确。（2）应从国家层面促进医联体建设，增强公立医疗机构尤其是三甲医院的公益属性，促进医保局、民政局和卫计委形成合力以提高资源利用效率，在相互配合的基础上共同推进公民健康水平的提升，改变以往社区医疗卫生服务中心重公共卫生服务轻诊疗的思想，建立基层医疗人才的引进和激励机制，保证医疗服务的质量。此外也要侧重分级诊疗和家庭医生的政策落地而不仅是对量化的强制规定，应加大投入以提升家庭医生服务包的个性化和多样性。（3）自上而下地提升老年群体的健康意识与注重对科学健康观念的培养，其中不仅包括其本身的综合性、多元化的健康理念以及树立其科学看待预防与医疗的关系，也包括其获取健康的行为。除转诊意识与家庭医生的签约意识外，老年人应在政策目录引导、市场监管筛选、社区健康教育宣传、家人支持性判断的合力协助下进行保健品消费。（4）促进家庭成员对老年群体消费保健品行为的非批判、接纳与同理。家庭依然是老年群体获取情感的重要主体，其成员应该参与到老年群体保健品消费的过程中来，合理引导老年群体选购保健产品，给他们提供建议并帮助他们规避风险以有利于增进家庭关系的和谐。

针对保健品消费背后的养老与情感缺失等现象，其责任主体几乎也经历了与健康责任流变的类似过程。譬如养老在我国传统文化中一直是家庭的责任，在当前的法律规定中，子女也有赡养父母的义务。但随着老龄化趋势的加剧以及家庭结构变迁下的赡养能力削弱等现实情形，社会化养老理念的兴起使得养老责任中加入了社会力量。国家在养老保障中始终发挥重要作用，但更多体现在养老金等物质保障层面，情感的特殊性在于难以被供给甚至在法律中被操作化，因而对于养老问题中的情感缺失是未来情感需求与情感服务市场化的前提与基础。

综上，社会工作既可以从微观层面制定干预方案，对生活事件的研究也将有利于社工在评估个人、家庭及社区时警惕个体面临的压力源，尤其是创伤性生活事件对个体的影响。当社工与处于困境中的案主合作时，了解其生活事件和跨代的过渡是极其重要的。对生命轨迹转折点的延展性研究将有利于帮助社工提前设计帮助个体应对转折事件、顺利完成过渡期的干预方案，从而维持个体生活系统的稳定。在老年群体的保

第六章 总结与讨论

健品消费中，如何处理利己与利他性需求也是社会工作可以介入的空间。引导老年群体平衡个体与家庭的关系以及促进其健康观念与消费观念的形成将有利于老年群体科学消费。尤其在此消费情境中，社会工作者应关注"希望"对于老年群体的特殊意义，应培养其以积极乐观的态度应对晚年生活，帮助老年人形成主动改善自身境遇和促进健康的意识，以及在日常生活中为老年人满足自身需求创造环境，使其可以在消费之外有满足需求的能力与机会。

社会工作也可以从宏观层面促进社会政策的制定，以增强社会保障制度对老年群体健康权益的促进以及养老服务的完善。个人的主体能动性受到社会结构性因素的制约，这亦是社会不平等的来源。社会工作者需要识别这些因素，并通过微观与宏观相结合的方式倡导社会公正以及帮助个体应对风险与危机。由于公共政策往往落后于这种社会变革，社会工作者有责任随时向公众通报不断变化的社会条件对个人、家庭、社区和组织的影响。在此背景下，可以从政策倡导、为政策乃至立法建言献策的角度发挥社会工作的作用，尤其应注重宏观层面对霸权主义和压迫制度的警惕与反思，关注个体生命历程中遭到的结构性制约，并从宏观倡导与微观支援的层面协助个体利用自身资源应对风险与危机（Hutchison，2019）。

面对市场的风险性，老年群体在保健品消费过程中存在的年龄歧视与污名化现象也需要引起重视。社会工作者应从老年主体出发，通过赋权和增能的方式帮助其确立和增强主体性，由此提升老年群体的自尊感和效能感。另外，不同年龄阶段的人群拥有不同的社会资本，所能取得的资源也存在差异性。社会工作者应扮演增能赋权的角色，干预由结构性因素造成的老年不平等问题。通过一种双向合作的方式帮助个体实现增能赋权，尤其是社会政策层面的平权倡导，将有利于不同人群之间的资源得以重新分配和共享（马凤芝、陈海萍，2020）。

综上，研究将社会工作在老年人保健品消费中的介入空间概括为必要性与介入策略两个层面（见图6-2）。

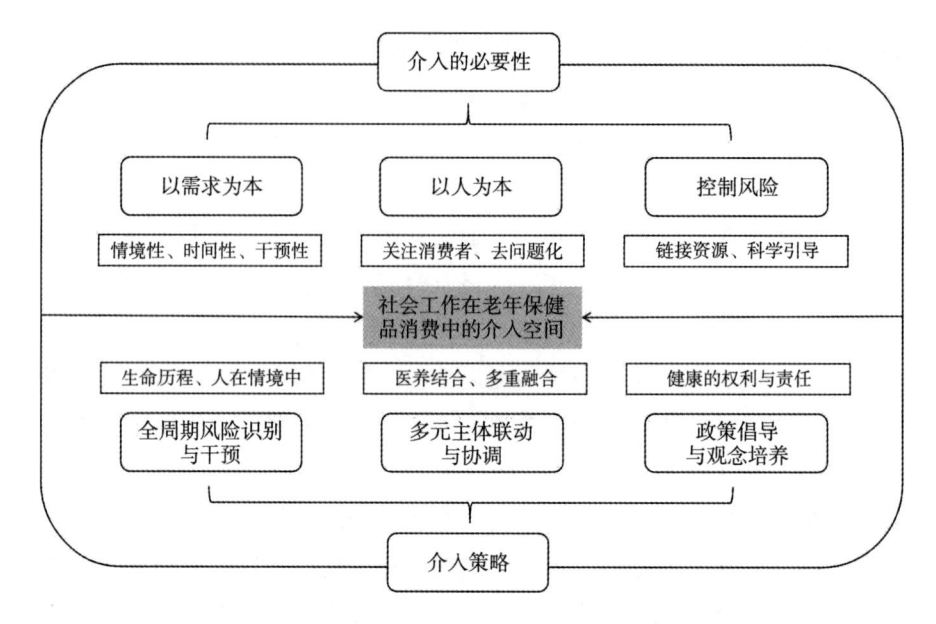

图6-2 社会工作在老年人保健品消费中的介入空间

第三节 研究反思与讨论

在对本研究的结论、理论意涵与实践启示进行总结后，本节将在此基础上对研究的理论意义提出进一步反思，以期对话既有理论与实证研究。之后研究将在分析全书的贡献与不足后对未尽的讨论方向进行展望。

一 老年人保健品消费行为的特殊性与趋同性

研究认为，保健品在本土语境下的特殊性便是引发老年群体形成趋同性消费行为的原因。实际我国的保健品似乎承载了多种社会性意涵。研究认为老年群体本身存在的特殊性以及消费需求的复杂性赋予了保健品消费一种特殊的象征意义。既有的情感消费理论与补偿消费理论对情感的个体化归因也是因为对老年群体情感需求的多元构成和特殊补偿方式有所忽视，这也是本研究建构整合性解释框架的原因。

中西方老年人保健品消费现象的区别源于保健品在政策与市场中的

定位，也受到监管层面与文化渗透的多重影响。纵然从西方文献中可见老年群体滥用保健品的痕迹，但诸如我国老年群体盲目囤积保健品、用保健品替代药品甚至因购买保健品而众叛亲离的现象却鲜少发生。在我国，无论是健康还是养老服务都随着责任主体的下沉而被归于个人与家庭。传统医疗与养老模式的局限性和弊端、市场化供给的地域差异以及不配套的现状的发生阻断了老年群体获取服务的渠道。因而研究在讨论老年群体沉迷保健品的现象时，需要考虑其背后的政策因素，并将这种行为背后的需求与养老和医疗服务相连。从市场的角度出发，老年群体普遍被忽视的消费角色以及长期被压抑的消费欲望也是其晚年进行消费行为的推动力。共同的苦难记忆与未被满足的需求在此刻与保健品产生了联结，一向勤俭节约的老年群体在保健品消费行为中表现出的非理性构成该议题的研讨空间。被弱化的消费角色以及不断增强的消费需求在本土的文化语境下形成张力，由此推动着老年群体走向保健品。

既有的消费理论与研究更多面向年轻人群，着重对差异化的考察，而掩盖了老年消费行为的趋同性特征。尤其在我国的意识形态与制度环境下，个体的消费行为的背后呈现出结构性力量的形塑。长期受集体主义思想熏陶的老年群体无法脱离对政策的依赖与信任，因而在面对服务供给与自身需求不平衡的矛盾时，该群体容易感受到焦虑与威胁，急于寻求补偿途径。此时消费者的能动性力量也开始发生作用，基于早年生活经历与价值观念的影响，个体由此产生对综合型健康消费场域的需求。

我国老年人保健品消费行为的特殊性还呈现在对情感的复合型补偿方式中。由于情感在我国传统文化中与经济关系存在矛盾，情感服务始终面临争议且欠缺正当性定位。因而在类似老年照护的服务中，老年群体对情感的需求与社会对情感服务的不认可进一步加剧老年人的情感缺失。老年人在晚年生活中对亲情的重视和期待与传统家庭观念相关。"孝文化"自古以来承担着维系代际互动的职能，但也无法被标准化与操作化，在实际生活中埋下隐患。社区的行政化也减少了老年群体社会参与的机会，除对亲情的补偿外，老年人也希望满足社交、认同与尊重等社会性需求。此类需求并不会随着个体年龄的增长和社会角色的转变而消失，是个体精神层面的基本组成部分。市场是补偿个体差异化需求的工具，然而情感需求的特殊性让老年群体无法也不愿接受直接购买的方式。保健品作为一种媒介赋予个体获取情感的正当性，这种补偿方式本身也增强了老年人保健品消费现象的特殊性。

据此，研究在消费理论的整体趋势下，将结构性力量与主体性力量纳入分析框架，达成宏观与微观视角的融合。对于既有的情感消费理论与补偿性消费理论，研究在对其进行梳理的基础上，进一步阐释其理论意涵并与我国本土文化语境相结合。无论情感还是补偿，都是在结构与能动的互构之中进行的，有着超出个体化心理层面的社会性象征意义。研究认为老年群体在消费过程中的能动性也使得这种情感补偿冲破既有的单向性，丰富了情感补偿的多重路径。

二 一个时间性视角：老年消费行为背后的生命历程

消费背后是需求的不满足，这种缺失性与个体所处环境的资源供给和获取资源的途径相关。因而当个体处于不同的时代环境中，其拥有不同的机会与能力获得资源以满足需求。在此意义下，个体的消费行为具有了结构性特征（Werner，1992），不仅个体自身在发生变化，社会环境也处于变迁之中，因而外界对于个体造成的影响也是一个不断变动的过程。与此同时，时间下的个体也在情境性的活动中展现出主动性。譬如老年群体在当下的时代背景中作出符合其动机的消费行为，既存在对早年惯习的延续，也因受到环境的变革性影响而演化出新的特征，这种即时的影响便是时间本身向实践层面的演化。

本研究采用的时间性视角并不只体现于主体性力量中的个体经历，同时也渗透入结构性力量中的政策变迁与市场环境中的行业发展、健康与情感的商品化的脉络中。因而时间在消费行为背后既是一种与历时性相关联的结构化力量，也具有与消费者本身共同发挥作用的主体性力量。

时间的结构性首先在于政策变迁之下对资源供给与分配的影响，早年医疗卫生资源的匮乏使得个体无法接触现代医疗并形成对健康观念与决策的惯习。这种结构性也包括健康与情感的商品化过程，个体通过市场行为满足需求的背后是时间推移之下的供需失衡。保健品行业的波折发展历程也通过时间作用于消费市场与个体行为。而时间的主体性力量则更多落脚于个体的日常生活实践，早年经历中的具体情境体现出时间在实践层面的转化过程。

由于文化通过转变形式能够跨越历史长河，将历史久远的观念转化为对行动主体更为直接的影响的本土观念（陈纯菁，2020）。在本研究中可以发现，影响老年群体消费行为的背后是传统文化观念与现代文化观念的碰撞与交融，价值观念将对个体的消费行为产生导向性作用。这本身也是一个长期的历史过程，行为的意义也由此具有历时性特征。正如 Moschis（2019）将生命历程引入消费行为研究，时间性对于理解我国老年人保健品消费行为具有一定的启示意义。在既有关于老年人保健品消费行为的研究中，尚未有人关注到社会时间对个体消费行为的影响。本研究旨在通过对老年群体的个体经历进行阐述与剖析，从而考察在相似的世代经历下，老年群体共同走向保健品的原因。研究也通过对结构性力量的历时性梳理探索那些影响老年群体晚年观念与行为生成的历史过程，其中分析不仅需要以研究对象的主诉为基础，还需要结合相关史料的查询以形成两者之间的互证。

三　一个社会工作视角：老年消费需求背后的人本意义

研究除在情感消费与补偿性消费理论的基础上建构出老年人保健品消费的本土化整合性分析框架之外，也试图跳出经济学范畴，在社会学视角的基础上运用社会工作的价值观念以考察其消费背后的需求与意义。一方面，如果消费仅仅被作为个体的经济活动，那么保健品消费就只是老年群体对其使用价值的消费，而不应被解释为个体化层面的情感缺失。另一方面，若从市场整体环境出发，即便存在假货也不妨碍行业的合法性存在。面对社会公众的质疑与指责，可见保健品消费背后还涉及其他复杂的因素。保健品本身的使用价值并没有得到公众的认可，其存在的意义已然超越经济法则而被转入情感领域。消费的社会性意涵使得行为受到结构性力量的影响，而消费者个体的能动性也强化了消费行为中的互动过程。尤其在我国本土化语境下，老年人保健品消费与养老和医疗等社会性话题相关联，社会、家庭以及个人之间的情感需求也成为消费行为背后的推动力。

社会工作的视角强调对人本身的关注，因而即便是在经济活动中，研究从老年消费者的视角出发以倾听其真实的声音。对于当前整个保健品行业与老年群体的保健品消费行为遭遇的贬低与偏见，研究旨在以非批判的中立视角对消费背后的需求进行深入挖掘。需求也正是社会工作寻找问题症结和制定干预计划的出发点。社会工作本身同时具有宏观与微观职能，从该视角切入有利于链接消费的个体意义与社会意义。老年人保健品消费行为与情感的联结是当前主流的学术观点，引入社会工作的视角将更有利于把握个体的生活世界。

当前保健品公司为吸引顾客而开展的团体活动与社会工作面向老年群体的活动具有相似性，都是为促进老年群体的社会参与和融入，其中也满足了老年群体希望得到社会认同与尊重等情感性需求的目的。从社会工作的角度可以对该现象进行以下几方面的反思：首先，保健品公司是承担以上职能的首选对象吗？如果不是，原有的责任主体是否已经失灵？失灵之后应该如何补救？其次，保健品公司是承担以上职能最好的选择吗？有什么利处与弊处？他们的行为对原有的责任主体是否有借鉴作用？

研究认为，社区应当是老年群体在退休之后除家庭外实现社会融入的第一责任主体。然而就调研情况来看，面对老龄化程度的加深，政府只能为有特殊需要的老年群体提供必要的养老服务。诸如本研究中拥有一定自理能力和经济能力的普通老年人只能依靠市场满足需求，但实际当下的养老服务市场体系尚不健全，无法为老年群体提供令他们满意的服务。社区已然承接了更多的行政职能，工作者既没有精力也没有动力从老年群体的需求出发开展集体活动，即便有活动也呈现出刻板、模式化的特征，无法激发老年群体的参与热情。其次，与养老服务类似的医疗卫生服务也无法在当下的医疗体制内满足老年群体的需求。在诸如G市这样缺乏专业社工力量的地方，这些不知该如何打发时间的老年人很容易被保健品公司的活动吸引。社区可以在专业社工的入驻下开展更多以需求为本的服务项目，而不只是作为政策的执行机构。当然这需要以

第六章 总结与讨论

人才力量的保障为前提,对于社会工作专业化和职业化之路而言还任重而道远。

老年群体将保健品公司作为满足医疗、养老和情感等综合性需求的场域存在着较大的风险性。保健品行业的乱象依然是最大的风险来源,贸然将老年群体推入市场将增加其脆弱性,不利于消费权益的保障,甚至反而会威胁其健康状况。应当在进一步厘清保健品界定与规范化的基础上,将保健纳入医疗卫生体系,区分正规保健手段与假冒伪劣产品。之后加强养老、保健、医疗等多方主体的合作,发挥社会工作链接资源的中介性作用,这将有利于协助社区为老年群体建构更为安全的健康消费场域。实际从当前保健品公司的行为出发,不应只看到其逐利目的之下的营销手段,却没有看到对方为满足老年人的需求而作出的努力,研究认为应以此反思各责任主体在职能发挥中的不足并借鉴其合理举措中的经验。

消费实际是个体的具体生活情境,从社会工作以以人为本、需求为本和控制风险的视角出发,关注消费者主体及其消费背后的需求和社会意义将有利于扩大既有消费学理论对行为的解释范围。健康具有公共性,个体并非健康的唯一责任主体,环境对健康的影响不容小觑。对于老年消费者而言,保健品消费尽管是其当下的行为,但也同时受到其早年生活经历与价值观的影响。脱离对老年人历时性影响脉络的考察不利于把握其消费行为背后的本质需求。就老年人消费保健品而言,其健康需求的背后并不局限于个体情感与社交问题,应该在时间维度中延伸"环境"的范畴。"人在情境中"理论对要求社会工作者在提供服务的过程中全面认识、分析与个体相关的要素,关注个体的主观性感受和相关赋予个体意义的情境,将个体放置于情境中加以考察(王亚荣,2018)。

由于社会工作的情感劳动与本研究中的情感消费是同一经济过程的两个方面,实际也是一种为不同对象提供情感服务的职业。本研究通过对老年人保健品消费背后的情感进行深入解释也将有利于理解社会工作自身在情感劳动中的定位与意义,并以此反思当前在老年照护工作中情感服务的正当性。研究从社会工作的视角出发,也将有利于对保健品行业以及老年人保健品消费行为进行去问题化。对消费行为的社会意义的延展也有利于关注医疗和养老等议题背后的多元主体责任，澄清当下政策落实中的供需矛盾和现实桎梏，并以此作为政策建议的论据。人情的冷漠与疏离带来情感的市场化，与此同时，这种情感的商品化也会反过来加剧人际关系的沙漠化（王宁，2000）。当下的情感缺失实际也将引起社会工作的警惕，如何促进当下人与人之间的亲密关系和互助氛围也是未来值得探讨的空间。

四 经济与情感的模糊化：以保健品为媒介的情感消费

在经济社会学语境中，消费行为都将受到整个社会环境中结构性因素与主体性因素的共同建构，因而市场以及其中所有的经济活动都并非独立于社会而存在。以往存在两个独特的社会生活领域，分别以理性效率为导向和以情感与团结为导向，事实上在亲密关系中存在与经济活动的混合（泽利泽，2009）。譬如被访者将对孙子女的抚育作为获得自身的情感满足以及未来子女赡养自己的交换，由此可知经济与情感并不能在实际的日常生活中被完全割裂。若经济活动能够使某种情感关系与之相融合以帮助个体满足需求和提升幸福感，社会应试着去正视和接纳两者之间的关系，而不是一味地排斥与曲解。

如上所说，在这个多元主体共同构建的健康消费场域中，老年消费者与销售者之间往往会产生超出经济关系的情感联结。基于商品化的经济活动贬低和亵渎了情感关系，使情感沦为商家营销策略的工具，这种非传统意义的亲密关系是其受到社会质疑与抨击的原因。从销售者的角度出发，目前既有研究将这种需要付出情感的工作称之为情感劳动，并认为这是伪装之下的情感，不具有真实性且构成实际上的欺骗。但若从消费者的角度出发，他们希望自己在消费的同时不仅收获商品本身，还需要销售者展现出热情和周到的服务态度，因此情感表达的虚假化与对情感表达的真实要求是现代性造成的内在矛盾（王宁，2011）。

对于以上观点，研究认为在诸如此类的情感消费过程中，提供情感劳动的销售者以及享受情感服务的老年消费者都不存在完全独立的需求或目的，是他们的共同参与进一步模糊了经济与情感在传统文化与伦理

第六章 总结与讨论

道德中的边界。直接的情感服务与消费并不符合中国传统文化语境，因而以健康作为主导理念，以保健品作为物的媒介承载情感的附加值，为两者的现实融合提供了合理性。在这个特殊的健康消费空间里，经济与情感正试图达成新的平衡。

子女之所以成为此类情感消费的反对者，是因为他们无法接受这种以盈利作为出发点的情感关系侵犯其领地，甚至产生模糊的定位。正如泽利泽（2009）在书中谈及个人看护的货币化带来的侵蚀作用，看护由此成为一种为私利而出售的服务，玷污其本质。但在这里产生了令人疑惑的问题——当经济被认为需要与感情完全割裂，且特定的劳力付出都需要被冠以道德之名成为人类社会中的惯习，这种高度理想化的世界是否与当前社会文明的发展进程相匹配？如果不匹配，或许市场的介入才能让看护人员代替子女承担本该由他们承担的责任。正如本研究中，医疗与养老服务的缺位使得老年群体的需求无从满足，市场化的手段或将成为一种可取路径。

朴素的经济学视角与情感视角形塑了经济与情感的敌对关系，它根植于文化观念中，影响个体的价值观。但在实际情境中，情感早已渗透入经济活动中并成为助力。单一的理性、效率至上或者纯粹排他的情感都忽视了特殊媒介"物"以及其背后的结构性力量。访谈中某保健品公司谈及他们未来的发展规划时，则希望以情感服务作为他们的主要业务，而只将保健品作为附带的产品。此观点的背后正是对当前城市老年群体亟须满足的情感需求的迎合与回应。但研究认为如果他们转变角色并将主次业务对调未必能获得老年人的青睐。这也是访谈中老年人对目前公众对其消费定义的情感性界定十分排斥的原因。以保健品为物的媒介是更合乎本土文化的情感输出形式，如果少了媒介，经济与情感的边界荡然无存，受传统文化观念影响的老年群体将难以接受这种赤裸裸的情感交易。

此外，研究认为老年人在购买保健品中的情感消费同时包括市场人为制造的情感以及个体本身的真实情感。前者指的是销售者为达成商业目的而经过整饰的情感，后者则是销售者和消费者双方在互动过程中自然渗透的情感。尤其对于老年消费者而言，他们在消费的过程中也成为被消费的对象，具体包括其在整体消费空间与过程中的情感参与和对销售者表达的情感。研究在这里主要强调的是老年群体作为消费者的主体能动性。

情感劳动与情感消费是同一经济过程中的两个方面，社会工作实际也是一种为不同对象提供情感服务的职业。然而发源于慈善与公益的社会工作在面临专业化与职业化的发展浪潮时不得不面临经济与情感的矛盾与冲突，权衡情感关系中的市场化与货币化问题将对未来社会工作专业进程的促进有重要作用。尤其在本研究中，保健品公司的实际作为与老年社会工作实务有相似之处。在多方主体的共同参与和建构下，这个在城市中诞生的新型健康场域成为满足老年人多元需求的空间。但由于该空间存在较强的商业性目的，老年群体将面临诸多风险。考虑到多主体的共同责任，政府应出台完善的法律与政策以进一步规范保健品行业的发展和市场监管，同时也应以社区为枢纽进一步满足老年群体的医疗和养老需求，充分发挥社会工作的综合协调作用。

五 关于人类需要与消费需求的概念反思

在《现代汉语辞海》（1994）中，需要被定义为对事物的欲望或要求，而需求则被定义为由需要产生的要求。实则在汉语常用语境中，需要与需求这一对概念本身没有特别区别，因而也时常被混用。

从需要理论出发，可以从多种视角看待需要。布莱德肖（Bradshaw，1972）将需要分为规范性需要、感知性需要、表达性需要和比较性需要四种类型。规范性需要被认为是专家学者对特定条件下人们的需要作出的标准和指标，譬如西医体系中对生命体征、健康标准区间的界定等，而实际上这种标准会随着社会文化而不断发展和改变，这也是老年人自身参与"健康身体"的建构的表现。感知性需要与社会工作的需求评估相结合，比起前者更强调个体的主观感受，即本研究所倡导的对老年人主体叙事的重视。表达性需要是指个体为感知到的需要而付诸行动，这种需要放在本研究中可与老年人对健康服务的情感附加值的需求相联系。针对老年人沉迷购买保健品这一现象，既有媒体报道和文献都将其描述为赤裸裸的情感需求，但从实际调研中可知，老年人的情感

第六章　总结与讨论

需求实际具有间接性，并呈现出一定的隐秘化特征。因而保健品公司在建立情感与产品的联结时是以产品为依托的，这种方式更容易受到老年人的青睐，且这种表达性需要在隐秘化的过程中实现向需求的转变。比较性需要则是指通过与他人的比较得出的需要。在本研究中，老年人在利己与利他的价值观的影响下逐渐形成了对保健品的消费需求，其中就不乏受到人情与面子的作用，如老年人在消费时会有从众心理和攀比心理。很显然，随着结构性力量与主体性力量的博弈和合体推动，对于何为"健康的身体""好的养老方式"等问题都在不断被建构中，因而个体的需要也在发生改变。

在需要层次说中，马斯洛（Maslow, 1954）将需要分为生理、安全、归属和爱、尊重、自我实现等五种需要，该学说成为社会工作实务过程中的重要指导理论，在案主的需求评估环节发挥作用。但该理论的缺陷在于当个体满足需要时，并非必须遵从需要层次的高低顺序。很多情况下，人们需要同时满足低层次和高层次的多元化需要。譬如在本研究中，老年群体对健康的需要属于低层次的生理需要，但他们在获取健康的途径中需要同时满足尊重、认同、情感、自我实现等高层次的需要。而在佩尔曼（Perlman, Federico R. & Whitaker W., 1990）的整体需要说中，需要被认为是混合了生理、心理和社会多种组合的复杂性需要，人类行为是整合多种需要的结果。这种整体需要论也与本研究中老年人在保健品消费过程中得以满足的多元需要相一致。根据阶段性需求说（Charlotte Towle, 1965），无论是生理层面的健康需要还是精神层面的情感需要，这些都属于普通需要，且在不同年龄段，个体的需要也会随之改变。本研究从生命历程的角度切入老年人早年建立起的健康观和健康策略，发现他们在不同的年龄段有不同的健康需求，并生成相应的健康策略，这也侧面论证了需要的阶段性。不同阶段的结构性力量和主体性动力都会对个体产生不同的影响，个体在晚年时期选择以保健品消费的方式获取健康，也是因为在该阶段他们对健康的需要早已超出单纯由医疗机构提供的医疗干预，而通过物的媒介、情感服务的互动过程以及综合型健康场域转化为老年人的多元需求。

实际在社会工作的学科视角中，需要与需求也经常被混淆。当我们在探寻人类需要时,会对服务对象进行需求评估,个体需求及满足被认为构成了社会工作的目标和主体界定的标准。而在经济学语境下,研究更多使用需求而非需要概念,原因在于需要呈现的是个体主观层面的欲望,而当市场为了满足欲望则需要提供产品和商品,消费者通过市场机能的运作获取特定的服务或商品从而带来需求(顾东辉,2005)。通过以上对需要和需求的概念辨析,研究认为需要是需求的基础,需求包含满足需要的方式与过程,并且应以某个具象化的实物(服务/商品)作为媒介。既有研究仅仅将老年人消费保健品的原因归结为情感需要/需求,忽视了在政策、市场、文化与消费者主体的驱动下,需要转化为需求以及需求被满足的过程探究。在本研究中,老年人对健康、养老和情感层面的需要的满足,是以保健品这一媒介的存在为前提,通过保健品的物质意义、消费互动过程中呈现的情感服务以及对整体健康环境的营造的方式而实现的,该过程中完成了需要向消费需求的转化。

此外,正如波德里亚在对消费进行批判时强调其背后的象征意义,消费在他这里被认为是一种符号的幻想,存在鲜明的建构性特征。而在本研究中,笔者认为老年群体的消费需求不仅受到来自政策、市场、文化与个体价值观的影响,而且由于既有研究对保健品本身功能意义的忽视,所以并未从健康的角度对消费行为进行考察,从而抹去了消费背后需求的真实性。从该角度出发,需求本身的客观性要求我们看到老年人对健康、亲情、认同与尊重的需求是客观存在的,而不仅仅停留在主观层面的需要上。由此,全书选择需求这一概念作为分析的切入点。对于社会工作而言,应在关注个体需要的基础之上,深入探究需要转变为需求、满足需求的过程和具体方式,这将有利于实务工作的开展和优化。

六 对田野过程的反思

在本研究的田野调查过程中,除第一章所提及的伦理道德原则外,研究者还将在此陈述几点反思。

第一,敏感话题之下的田野进入。在本研究中,保健品消费的话题

第六章 总结与讨论

实则存在一定的敏感度。由于社会大众对保健品有负面印象，研究者在进入调查前需要去除偏见，既不能在访谈保健品行业从业者时先入为主地将其当作骗子对待，也不能在访谈老年消费者时将其消费行为完全视作受骗行为。由于研究者在访谈中会接收到很多有关保健品的"神奇疗效"的案例和信息，更需要以中立、客观以及必要的共情和同理心去看待这个话题。

第二，获取被访者的信任。老年人既是相对比较配合的人群，也同样拥有较高的警惕性。尤其涉及消费等经济行为，他们并不愿意过多透露。因而获取被访者的信任是进入调查的关键。研究者除了在建立关系时运用倾听、共情、真诚等沟通策略，更多时候要通过多次访谈降低对方的戒备心，必要的时候需要以自我袒露的方式增进信任程度。譬如研究者会主动提及自家老人购买保健品的经历，以获得被访者对相似经历的认同，从而增强其说话欲。且研究者在沟通过程中会对不同访谈主体之间的信息在匿名化的前提下进行总结与交叉互证。譬如对上一位访谈者提到的问题，研究者会在对下一位访谈者的谈话中进行求证，以增强信息收集的效度。尽管研究者在访谈前已拟定好访谈提纲，但仍要在专心聆听中及时思考并针对不同老年人的情况作相应的提问，这既有利于信息收集的丰富与深入，也体现出对被访者的尊重。

第三，对周围的环境保持敏感。由于本研究十分关注老年人保健品消费行为的实践场域，当研究者进入保健品公司的会场（讲座、销售）时，除与被访者访谈外，还需要对周围的环境保持敏锐度。譬如在一次访谈中，研究者发现有老年人和保健品公司的销售人员发生较激烈的言语冲突，被访者便停止访谈向研究者解释原委。原来那位老年人在多家公司有赊账和碰瓷行为，保健品公司因其行业的污名化很容易被认为是过错方，时常处于两难境地。虽然这件事只是一个意外的小插曲，但研究者却认识到在以往的相关报道中，老年消费者多被作为受骗者这一弱势群体，而保健品公司则被视为欺骗老人养老钱的恶人。实际老年人也有运用其"弱者武器"的可能性，让原本强势的一方陷入困境。该事件让研究者认识到打破偏见进入现场的重要性，后来研究者也就这件事向工作人员进行了深入了解，以保证同一事件的多视角呈现。此外，由于很多老年人有积极表达的特质,研究者在公共场合访谈时会遇到有人临时加入访谈的情形,对于这种意外加入的访谈对象,研究者要处理好被访者们的主次关系,既不能让原被访者感受到不尊重,也不要错失新访谈对象提供的信息。

主要参考文献

一　专著类

《马克思恩格斯文集》第5卷，人民出版社2009年版。

陈纯菁：《生老病死的生意：文化与中国人寿保险市场的形成》，华东师范大学出版社2020年版。

陈海锋：《中国卫生保健史》，上海科学技术出版社1993年版。

陈向明：《质的研究方法与社会科学研究》，教育科学出版社2000年版。

成伯清：《情感、叙事与修辞》，中国社会科学出版社2012年版。

顾东辉：《社会工作概论》，上海译文出版社2005年版。

郭景萍：《情感社会学：理论、历史、现实》，上海三联书店2008年版。

胡继春：《医学社会学》，华中科技大学出版社2012年版。

蒋逸民：《社会科学方法论》，重庆大学出版社2011年版。

李强：《生命的历程：重大社会事件与中国人的生命轨迹》，浙江人民出版社1999年版。

李晓敏、姜全保：《生命历程事件与中老年健康》，社会科学文献出版社2020年版。

罗钢、王中忱：《消费文化读本》，中国社会科学出版社2003年版。

倪文杰、张卫国、冀小军主编：《现代汉语辞海》，人民中国出版社1994年版。

孙隆基：《中国文化的深层结构》，广西师范大学出版社2004年版。

谭琳：《女性与家庭》，天津人民出版社2001年版。

王宁:《消费社会学》,社会科学文献出版社2011年版。

夏莹:《消费社会理论及其方法论导论:基于早期鲍德里亚的一种批判理论建构》,中国社会科学出版社2007年版。

杨念群:《再造"病人":中西医冲突下的空间政治》,中国人民大学出版社2006年版。

姚力:《当代中国医疗保障制度史论》,中国社会科学出版社2012年版。

中国保健协会、中国社会科学院食品药品发展与监管研究中心:《中国保健食品产业发展报告》,社会科学文献出版社2012年版。

[法] 让·鲍德里亚:《消费社会》,刘成富、全志钢译,南京大学出版社2014年版。

[加] 尚邦、欧文、爱泼斯坦等:《话语、权力和主体性》,郭伟和译,中国人民大学出版社2016年版。

[美] 阿瑟·克莱曼:《疾痛的故事:苦难、治愈与人的境况》,郭金华译,上海译文出版社2010年版。

[美] 埃尔德:《大萧条的孩子们》,田禾、马春华译,译林出版社2002年版。

[美] 加里·斯坦利·贝克尔:《家庭论》,王献生、王宇译,商务印书馆2011年版。

[美] 苏珊·桑塔格:《疾病的隐喻》,程巍译,上海译文出版社2003年版。

[美] 薇薇安娜·A. 泽利泽:《亲密关系的购买》,姚伟、刘永强译,上海人民出版社2009年版。

[意] 史华罗:《中国历史中的情感文化:对明清文献的跨学科文本研究》,林舒俐、谢琰、孟琢译,商务印书馆2009年版。

[英] 布莱恩·特纳:《身体与社会》,马海良、赵国新译,春风文艺出版社2000年版。

[英] 迈克·费瑟斯通:《消费文化与后现代主义》,刘精明译,译林出版社2000年版。

[英] 齐格蒙·鲍曼:《后现代性及其缺憾》,郇建立译,学林出版社

2002年版。

George P. Moschis, *The Life Course Paradigm: Conceptual and Theoretical Foundations: Research Frontiers and New Directions*, Springer International Press, 2019.

Henri Lefebvre, *Critique of Everyday Life* (*Vol. 3*): *From Modernity to Modernism* (*Towards a Metaphilosophy of Daily Life*), trans. by Gregory Elliott, London & New York: Verso Press, 2005.

Lea Pulkkinen and A. Caspi, *Paths to Successful Development: Personality in the Lifecourse*, MA: Cambridge University Press, 2002.

Y. Minowa and Russell W. Belk, *Romantic Gift Giving of Mature Consumers: A Storgic Love Paradigm*, New York: Routledge Press, 2018.

二 论文类

蔡铁全:《论保健食品与药品的区别》,《华南预防医学》2016年第3期。

车文辉、彭双双:《老年人保健食品消费特点及趋势调查与分析》,《食品与机械》2016年第11期。

陈英姿、孙伟:《老年人与子女同住对老年健康的影响分析》,《人口学刊》2020年第1期。

陈滢滢、李学盈、郭健炜等:《新中国成立70年中医药医疗政策变迁及对策思考》,《亚太传统医药》2020年第3期。

陈映芳:《国家与家庭、个人——城市中国的家庭制度（1940—1979）》,《交大法学》2010年第1期。

陈映芳:《权利功利主义逻辑下的身份制度之弊》,《人民论坛·学术前沿》2014年第2期。

陈映芳:《社会保障视野下国民身份制度及社会公平》,《重庆社会科学》2013年第3期。

成伯清:《当代情感体制的社会学探析》,《中国社会科学》2017年第5期。

成伯清:《现代西方社会学有关大众消费的理论》,《国外社会科学》

1998年第3期。

程远芳、郝永康：《大学生情感消费现象探析》，《广西青年干部学院学报》2008年第3期。

迟福林：《以人民健康至上理念推进我国公共卫生体系变革》，《社会治理》2020年第4期。

仇琦、房圆、林翔等：《大学生死亡焦虑及其影响因素分析》，《上海交通大学学报》（医学版）2015年第10期。

崔雨：《城市老年人日常生活消费问题研究——以长春市为例》，硕士学位论文，吉林农业大学，2018年。

方劲：《制度不确定性：消费社会学的一个研究视角》，《天府新论》2012年第5期。

房雪：《社会工作视角下大学生非理性消费的介入研究》，硕士学位论文，陕西师范大学，2019年。

冯桂平、刘爽：《基于跨理论模型的老年人医疗保健品消费行为研究》，《消费经济》2018年第4期。

韩兆彩、李树苗、左冬梅：《农村老年人死亡焦虑的测量——基于DAQ量表的验证与分析》，《人口学刊》2017年第4期。

郝彦辉、刘威：《制度变迁与社区公共物品生产——从"单位制"到"社区制"》，《城市发展研究》2006年第5期。

何海兵：《我国城市基层社会管理体制的变迁：从单位制，街居制到社区制》，《管理世界》2003年第6期。

何纪周：《我国老年人消费需求和老年消费品市场研究》，《人口学刊》2004年第3期。

何俊：《老年人保健品消费陷阱的个案社会工作干预研究》，硕士学位论文，西南大学，2020年。

何雪松：《社会工作的认识论之争：实证主义对社会建构主义》，《华东理工大学学报》（社会科学版）2005年第1期。

何云、张秀娟：《我国顾客消费情感分类的初步研究》，《消费经济》2006年第4期。

胡金凤、胡宝元：《关于消费的哲学考察》，《自然辩证法研究》2003

年第 11 期。

姜彩芬：《面子、符号与消费》，《广西社会科学》2008 年第 5 期。

蒋建国：《符号、身体与治疗性消费文化——以近代广州报刊医药、保健品广告为例》，《甘肃社会科学》2007 年第 6 期。

金勇、郭力平：《心理健康观的历史演进》，《心理科学》1998 年第 5 期。

孔明安：《从物的消费到符号消费——鲍德里亚的消费文化理论研究》，《哲学研究》2002 年第 11 期。

孔霞：《社会工作介入城市社区老人养生保健研究——以合肥市 X 社区为例》，硕士学位论文，安徽大学，2017 年。

乐昕：《我国老年消费数量的人群差异研究——以 2011 年 CHARLS 全国基线调查数据为例》，《人口学刊》2015 年第 5 期。

李丛：《古今医患关系的社会学对比分析》，《中国医学伦理学》2007 年第 5 期。

李建英、王绿荫、周先光：《养老社会保障对居民消费影响的文献综述》，《山东财经大学学报》2018 年第 2 期。

李玲、江宇、陈秋霖：《改革开放背景下的我国医改 30 年》，《中国卫生经济》2008 年第 2 期。

李涛、徐翔、张旭妍：《孤独与消费——来自中国老年人保健品消费的经验发现》，《经济研究》2018 年第 1 期。

李涛、朱铭米：《正式制度、非正式制度与农村家庭消费性支出——基于保险和社会网络的空间计量分析》，《保险研究》2017 年第 8 期。

李薇：《老年福利与老年产业健康发展问题研究》，硕士学位论文，吉林大学，2008 年。

李文跃：《保健品行业管理与公众利益关系的研究》，硕士学位论文，华东师范大学，2007 年。

李晓芳：《农村家庭养老功能弱化与代际关系转变》，《未来与发展》2014 年第 2 期。

李旭东：《当前我国农村老年人文化消费水平低的主观原因分析——基于对胶东地区 L 市 Z 村 126 位老年人的调研》，《老龄科学研究》

2018年第3期。

李迎生：《现代社会中的离婚问题：成因与影响》，《人口研究》1997年第1期。

李珍、赵青：《我国城镇养老保险制度挤进了居民消费吗？——基于城镇的时间序列和面板数据分析》，《公共管理学报》2015年第4期。

林雨晨：《全面解析美国膳食补充剂行业现状》，《食品安全导刊》2016年第6期。

林源：《论在社会进步基础上人的自我价值与社会价值的统一》，《江苏社会科学》1997年第2期。

刘超、卢泰宏：《西方老年消费行为研究路径与模型评介》，《外国经济与管理》2005年第11期。

刘继同：《健康社会化与社会健康化：大卫生与新公共卫生政策时代的来临》，《学术论坛》2005年第1期。

刘继同：《健康中国建设与重构现代健康照顾服务制度》，《人民论坛》2020年第8期。

刘继同：《中国老年福利政策法规框架的社会建构、体系性缺陷与制度质量》，《东南大学学报》（哲学社会科学版）2017年第1期。

刘继同：《中国特色卫生财政制度框架与国家健康照顾责任主体》，《医学与社会》2011年第8期。

刘晓婷、黄洪：《医疗保障制度改革与老年群体的健康公平——基于浙江的研究》，《社会学研究》2015年第4期。

柳春红、XieBin、李燕、C. Anderson Johnson、Chen Jim：《学生保健品服用状况的影响因素分析》，《卫生研究》2002年第4期。

柳武妹、王海忠、陈增祥：《补偿性消费研究回顾与展望》，《外国经济与管理》2014年第9期。

龙志和、王晓辉、孙艳：《中国城镇居民消费习惯形成实证分析》，《经济科学》2002年第6期。

马凤芝、陈海萍：《基于时空视角的健康老龄化与社会工作服务》，《社会建设》2020年第1期。

孟海燕：《新生代少数民族农民工消费心理问题及社会工作干预——以

武汉市为例》，硕士学位论文，中南民族大学，2014 年。

孟苏：《退休老年人心理健康与社会支持状态研究》，硕士学位论文，山东大学，2012 年。

聂仕倩：《针对老年人的保健品营销背后的传播学现象解读》，《科技传播》2015 年第 7 期。

潘泽泉：《社会空间的极化与隔离：一项有关城市空间消费的社会学分析》，《社会科学》2005 年第 1 期。

石贝贝：《我国城乡老年人口消费的实证研究——兼论"退休—消费之谜"》，《人口研究》2017 年第 3 期。

石光、贡森：《报告二：改革开放以来中国卫生投入及其绩效分析》，《中国发展评论》（中文版）2005 年第 7 期。

石雯雯：《保健品非理性消费老人的个案工作介入研究》，硕士学位论文，河北大学，2020 年。

石智雷、吴志明：《早年不幸对健康不平等的长远影响：生命历程与双重累积劣势》，《社会学研究》2018 年第 3 期。

舒斯亮、王博：《我国消费养老服务发展建议》，《经济研究参考》2017 年第 6 期。

宋全成、崔瑞宁：《人口高速老龄化的理论应对——从健康老龄化到积极老龄化》，《山东社会科学》2013 年第 4 期。

苏胜强、谷永春：《基于消费者价值观的市场细分实证研究》，《华东经济管理》2007 年第 1 期。

孙涛、黄少安：《非正规制度影响下中国居民储蓄、消费和代际支持的实证研究——兼论儒家文化背景下养老制度安排的选择》，《经济研究》2010 年第 1 期。

孙雯波：《疾病的道德归因分析》，《伦理学研究》2018 年第 6 期。

谈煜鸿：《老龄化背景下我国老年人保健品消费研究述评》，《经济论坛》2016 年第 6 期。

汤建龙：《资本主义"功能性整合"与"补偿性消费"批判——安德瑞·高兹当代资本主义批判理论探微》，《社会科学辑刊》2012 年第 4 期。

唐宏贵：《对中国体育消费的社会学分析》，《武汉体育学院学报》1999年第 2 期。

唐军、谢子龙：《移动互联时代的规训与区分——对健身实践的社会学考察》，《社会学研究》2019 年第 1 期。

王菲：《我国城市老年人消费行为的实证研究》，《人口与发展》2015年第 3 期。

王富百慧：《家庭代际关系对城市老年人锻炼行为决策的影响》，《上海体育学院学报》2019 第 5 期。

王慧、尹译、朱炯等：《美国保健食品监管及标准现状》，《食品安全质量检测学报》2019 年第 1 期。

王建民、马春媛：《过度消费的社会学批判》，《中国社会导刊》2005年第 16 期。

王葎：《消费社会的身份幻象》，《北京师范大学学报》（社会科学版）2011 年第 1 期。

王楠、蔺新英：《山东省老年保健食品消费状况及影响因素分析》，《中国老年学杂志》2008 年第 16 期。

王念绮：《另类医疗、医疗化与健康商品化现象：以芳香疗法的新闻报导为例》，硕士学位论文，台湾政治大学，2009 年。

王宁：《关于消费社会学研究对象的几点思考》，《中山大学学报》（社会科学版）1999 年第 5 期。

王宁：《情感消费与情感产业——消费社会学研究系列之一》，《中山大学学报》（社会科学版）2000 年第 6 期。

王宁：《消费行为的制度嵌入性——消费社会学的一个研究纲领》，《中山大学学报》（社会科学版）2008 年第 4 期。

王宁：《消费与认同——对消费社会学的一个分析框架的探索》，《社会学研究》2001 年第 1 期。

王宁：《自目的性和部落主义：消费社会学研究的新范式》，《人文杂志》2017 年第 2 期。

王绍光：《大转型：1980 年代以来中国的双向运动》，《中国社会科学》2008 年第 1 期。

王绍光：《政策导向，汲取能力与卫生公平》，《中国社会科学》2005年第6期。

王潇、杜建刚：《消费情感理论研究综述》，《消费经济》2013年第5期。

王洵：《"健康老龄化"研究的回顾与展望》，《人口研究》1996年第3期。

王亚荣、方香廷：《整合建构：人在情境中的可解释性研究》《社会工作》2018年第4期。

王银珠、杨阳：《我国老年消费者保健品购买行为研究》，《现代营销》（下旬刊）2016年第6期。

王岳川：《博德里亚消费社会的文化理论研究》，《北京社会科学》2002年第3期。

王章华：《老龄产业发展的障碍及其扶持政策》，《重庆社会科学》2010年第1期。

魏瑾瑞、张睿凌：《老龄化、老年家庭消费与补偿消费行为》，《统计研究》2019年第10期。

翁维健：《中国保健食品史话》，《中国保健食品》2001年第3期。

邬沧萍：《健康老龄化是当代人类持续发展的一项战略》，《中国社会导刊》2007年第11期。

向宏：《老年消费：一个亟待开发的巨大市场》，《南华大学学报》（社会科学版）2001年第2期。

萧易忻：《全球化下当代人的健康身体想象》，《华东理工大学学报》（社会科学版）2017年第1期。

萧易忻：《新自由主义全球化对"医疗化"的形构》，《社会》2014年第6期。

谢磊：《论市场经济与个人主义》，《中央社会主义学院学报》2004年第4期。

徐选国、王娟娟：《现实分野与关系重构：互构性发展视角下社会福利与社会工作的关系》，《甘肃理论学刊》2014年第1期。

许凯、袁爱玲：《人的哲学视野中的儿童》，《现代教育论丛》2002年第 1 期。

许小石：《企业如何启动情感消费》，《商场现代化》2008 年第 25 期。

许玉长：《台湾地区老人照护、医疗保健与健康促进之立法政策研究》，《正修通识教育学报》2013 年第 10 期。

薛新东、刘国恩：《社会资本决定健康状况吗——来自中国健康与养老追踪调查的证据》，《财贸经济》2012 年第 8 期。

薛媛媛：《干预手册方案设计的基本过程与处置原则——以围产期孕产妇预防抑郁项目为例》，《社会工作与管理》2018 年第 5 期。

闫庆松、于志斌：《美国补充剂与植物药市场的博弈》，《中国现代中药》2012 年第 12 期。

晏国祥：《消费体验理论评述》，《财贸研究》2006 年第 6 期。

杨继远、袁仲、王秀芹等：《保健食品的发展现状与开发》，《食品科学》2000 年第 12 期。

杨善华：《田野调查：经验与误区——一个现象学社会学的视角》，《中国社会科学评价》2020 年第 3 期。

杨一帆：《国外保健品监管模式管窥》，《首都食品与医药》2009 年第 9 期。

杨赞、赵丽清、陈杰：《中国城镇老年家庭的消费行为特征研究》，《统计研究》2013 年第 12 期。

杨宗传：《老年人口消费水平和消费构成》，《人口与经济》1990 年第 6 期。

姚朔影、张德鹏：《老年人消费市场的特点及营销策略》，《经济论坛》2003 年第 13 期。

姚远、陈昫：《老龄问题群体分析视角理论框架构建研究》，《人口研究》2013 年第 37 期。

姚泽麟：《"工具性"色彩的淡化：一种新健康观的生成与实践——以绍兴醴村为例》，《社会》2010 年第 30 期。

姚泽麟：《改革开放以来医疗服务的责任私人化与医患关系的恶化》，《东南大学学报》（哲学社会科学版）2017 年第 19 期。

叶盈、杨可、傅静：《丧亲事件对丧亲者的影响及相关因素分析》，《中国全科医学》2018年第21期。

殷东、张家睿、王真、翟春城、时宇、谢奉哲、王景慧、张淑娥、孙涛：《中国家庭医生签约服务开展现状及研究进展》，《中国全科医学》2018年第21期。

应斌：《我国老年消费者消费行为的演进》，《商业时代》2005年第26期。

于海中：《非典对我国医疗卫生体系的冲击及反思》，《人口与经济》2004年第14期。

于文洁、郑中玉：《基于消费构建想象的社区——对某老年保健品消费群体及其行为的研究》，《社会学评论》2018年第1期。

原新：《老年人消费需求与满足需求能力基本关系的判断》，《广东社会科学》2002年第3期。

张博颖：《选择与重构：当前审美文化消费的社会学探索——对天津市高收入阶层的调研分析》，《天津社会科学》1999年第4期。

张晨明：《社会工作者介入城市社区老人养生保健研究——以北京市C社区为例》，《青年与社会》2019年第3期。

张建国、［日］山崎秀夫、［日］阪部创一：《老年体质的异质性及生命历程中累积的影响》，《体育与科学》2012年第2期。

张林鹏：《当代中国卫生防疫体系建设及其经验》，《长白学刊》2020年第4期。

张曙光：《浅析商品符号意义的社会建构——兼评麦克拉肯的文化意义流动模型》《河北经贸大学学报》（综合版）2004年第4期。

张艳、金晓彤：《中国老龄人口消费行为的制约因素分析》，《学术交流》2010年第10期。

张志雄、孙建娥：《积极老龄化视角下我国老龄产业发展探讨》，《西南林业大学学报》（社会科学版）2018年第2期。

赵方杜：《身体规训：中国现代性进程中的国家权力与身体》，硕士学位论文，南开大学，2010年。

赵一红：《意识形态福利视角下的养老模式——城市社区养老和机构养老的比较分析》，《中国社会科学院研究生院学报》2015年第3期。

郑晓莹、彭泗清：《补偿性消费行为：概念、类型与心理机制》，《心理科学进展》2014 年第 9 期。

郑震：《当代西方消费社会学的主要命题》，《人文杂志》2017 年第 2 期。

支继超：《健康政治：现代国家建构中的疾病治理——理解现代国家建构的新维度》，《学术交流》2020 年第 7 期。

钟一彪：《社会支持网络视域下的青少年情感消费》，《青年探索》2007 年第 5 期。

钟裕民：《1949 年以来中国医改决策的基本历程及其评价》，《天府新论》2011 年第 4 期。

周云：《从调查数据看高龄老人的家庭代际关系》，《中国人口科学》2001 年第 9 期。

朱迪：《消费社会学研究的一个理论框架》，《国外社会科学》2012 年第 2 期。

朱冠楠、吴磊：《农村家庭养老模式的历史困境——论家庭结构变迁对农村家庭养老模式的影响》，《甘肃联合大学学报》（社会科学版）2007 年第 5 期。

朱水容、余林、王平、闫志民：《老年人心理需求与保健品购买意向间态度的中介效应研究》，《西南农业大学学报》（社会科学版）2013 年第 11 期。

庄炯梅：《我国老年人热衷保健品消费的社会心理学分析》，《学理论》2014 年第 35 期。

邹广文、宁全荣：《马克思生产与消费理论及其当代境遇》，《河北学刊》2013 年第 33 期。

［美］马克·格兰诺维特、方卫华：《经济社会学的理论日程》，《国外社会学》2003 年第 6 期。

A., Selin, Atalay, et al., "Retail Therapy: A Strategic Effort to Improve Mood", *Psychology and Marketing*, Vol. 28, No. 6, 2011.

Alan Warde, "Afterword: The Future of The Sociology of Consumption", *The Sociological Review*, Vol. 44, No. S1, 1996.

主要参考文献

Altobello Nasco, S., & Hale, D., "Information Search for Home, Medical, and Financial Services by Mature Consumers", *Journal of Services Marketing*, No. 23, 2009.

Amos C, Holmes G. R., Keneson W. C., "A Meta-analysis of Consumer Impulse Buying", *Journal of Retailing & Consumer Services*, Vol. 21, No. 2, 2014.

Andreasen, A. R., "Life Status Changes and Changes in Consumer Preferences and Satisfaction", *Journal of Consumer Research*, Vol. 11, No. 3, 1984.

Ashish Chandra, Katherine Miller, William K. Willis, "Perceptions, Attitudes and Beliefs of Elderly Consumers towards Vitamin and Mineral Supplements", *Journal of Medical Marketing: Device, Diagnostic and Pharmaceutical Marketing*, Vol. 5, No. 4, 2005.

Barbara, E., Weinstein, et al., "Relating Hearing Aid Use to Social and Emotional Loneliness in Older Adults", *American Journal of Audiology*, Vol. 25, No. 1, 2016.

Bashar, A., Ahmad, I., & Wasiq, M, "A Study of Inflfluence of Demographic Factors on Consumer Impulse Buying Behavior", *Journal of Management Research*, Vol. 13, No. 3, 2013.

Berg L., "Consumer Vulnerability: Are Older People more Vulnerable as Consumers than Others?", *International Journal of Consumer Studies*, Vol. 39, No. 4, 2015.

Bradshaw J., "The Concept of Social Need", *New Society*, 1974.

Brice, Charles W., "What Forever Means: An Empirical Existential-Phenomenological Investigation of Maternal Mourning", *Journal of Phenomenological Psychology*, Vol. 22, No. 1, 1991.

Brzozowska A., "Enriching Food and Supplementing the Diet with Nutrients—benefits and Risk", *Żywność*, Vol. 4, No. 29, 2001.

Burton J. R., Hennon C., "Consumer Education for the Elderly", *Journal of Home Economics*, No. 73, 1981.

Carrigan M. , Szmigin I. , Wright J. , "Shopping for a Better World? An Interpretive Study of the Potential for Ethical Consumption Within the Older Market", *Journal of Consumer Marketing*, Vol. 21, No. 6, 2004.

Marylyn Carrigan, Isabelle Szmigin, "Advertising and Older Consumers: Image and Ageism", *Business Ethics: A European Review*, Vol. 9, No. 1, 2000.

Case, A. , A. Fertig, and C. Paxson, "The Lasting Impact of Childhood Health and Circumstance", *Journal of Health Economics*, Vol. 24, No. 2, 2005.

Corinne Chevalier, Gaelle Moal-Ulvoas. "The Use of Mature Models in Advertisements and Its Contribution to the Spirituality of Older Consumers", *Journal of Consumer Marketing*, Vol. 35, No. 7, 2018.

Chronis, Athinodoros, Hampton, et al. , "Theory Building for Experiential Consumptio: The Use of the Phenomenological Tradition to Analyze International Tourism", *AMA Winter Educators' Conference Proceedings*, Vol. 13, 2002.

Clarke P. D. , Mortimer G. , "Self-gifting Guilt: An Examination of Self-gifting Motivations and Post-Purchase Regret", *Journal of Consumer Marketing*, Vol. 30, No. 6, 2013.

Corinne Reczek, Tetyana Pudrovska, Deborah Carr, Mieke Beth Thomeer, Debra Umberson, "Marital Histories and Heavy Alcohol Use among Older Adults", *Journal of Health and Social Behavior*, Vol. 57, No. 1, 2016.

Cramm J. M. , Van D. H. M. , Nieboer A. P. "The Importance of Neighborhood Social Cohesion and Social Capital for the Well Being of Older Adults in the Community", *The Gerontologist*, Vol. 53, No. 1, 2012.

Currie, J. , and M. Stabile, "Socioeconomic Status and Child Health: Why Is the Relationship Stronger for Older Children?", *American Economic Review*, Vol. 93, No. 5, 2003.

Dahl S. , Eagle L. , Ebrahimjee M. "Golden Moves: Developing a Transtheoretical Model-Based Social Marketing Intervention in an Elderly Population", *Social Marketing Quarterly*, Vol. 19, No. 4, 2013.

Dávid Szakos, Lászlózsvári, Kasza G., "Perception of Older Adults about Health-Related Functionality of Foods Compared with Other Age Groups", *Sustainability*, No. 12, 2020.

Deutsch N. L., Theodorou E, "Aspiring, Consuming, Becoming: Youth Identity in a Culture of Consumption", *Youth & Society*, Vol. 42, No. 2, 2010.

Dodson C. S., Bawa S, Krueger L E. "Aging, Metamemory, and High-confidence Errors: A Misrecollection Account", *Psychology & Aging*, Vol. 22, No. 1, 2007.

Doma, Farrell, Leith-Bailey, et al, "Older Adults' Awareness and Knowledge of Beans in Relation to Their Nutrient Content and Role in Chronic Disease Risk", *Nutrients*, Vol. 11, No. 11, 2019.

Du Wors, R. E., & Haines, "G. H. Event History Analysis Measures of Brand Loyalty", *Journal of Marketing Research*, Vol. 27, No. 4, 1990.

Duncan A. M., Dunn H. A., Stratton L M, et al, "Translating Knowledge into Dietetic Practice: A Functional Foods for Healthy Aging Toolkit", *Applied Physiology Nutrition & Metabolism*, Vol. 39, No. 5, 2014.

Elliott R., Eccles S., Gournay K., "Revenge, Existential Choice, and Addictive Consumption", *Psychology & Marketing*, Vol. 13, No. 8, 1996.

Faber, R. J., & O'Guinn, T. C, "A Clinical Screener for Compulsive Buying", *Journal of Consumer Research*, Vol. 19, No. 3, 1992.

Feldstein M. S., Liebman J. B., "The Distributional Effects of an Investment-Based Social Security System", *NBER Chapters*, 2002.

Fogel R. W., "Changes in the Process of Aging During the Twentieth Century: Findings and Procedures of the Early Indicators Project", *Nber Working Papers*, Vol. 30, No. 9941, 2003.

Fowler J. G., Gentry J. W., Reisenwitz T. H., "Analyzing Chinese Older People's Quality of Life Through Their Use of the Internet", *International*

Journal of Consu-mer Studies, Vol. 39, No. 4, 2015.

Friestad, M., & Wright, P., "The Persuasion Knowledge Model: How People Cope with Persuasion Attempts", *Journal of Consumer Research*, Vol. 21, No. 1, 1994.

Gilly M. C., Zeithaml V. A., "The Elderly Consumer and Adoption of Technologies", *Journal of Consumer Research*, No. 3, 1985.

Gould S. J., "Assessing Self-concept Discrepancy in Consumer Behavior: The Joint Effect of Private Self-consciousness and Self-monitoring. *Advances in Consumer Research*", Association for Consumer Research (U.S.), Vol. 20, No. 1, 1993.

Graat J. M., Schouten E. G., Kok F. J., "Effect of Daily Vitamin E and Multivitamin-Mineral Supplementation on Acute Respiratory Tract Infections in Elderly Persons: A Randomized Controlled Trial", *Jama*, Vol. 288, No. 6, 2002.

Grover, Aditi, Kamins, et al, "From Use to Abuse: When Everyday Consumption Behaviours Morph Into Addictive Consumptive Behaviours", *Journal of Research for Consumers*, No. 2, 2011.

Grundy E, Holt G, "Adult Life Experiences and Health in Early Old Age in Great Britain", *Social Science & Medicine*, Vol. 51, No. 7, 2000.

Gwinner K. P., Stephens N, "Testing the Implied Mediational Role of Cognitive age", *Psychology & Marketing*, Vol. 18, No. 10, 2001.

Havlena W. J., Holbrook M. B., "Varieties of Consumption Experience: Comparing Two Typologies of Emotion in Consumer Behavior. Journal of Consumer Research Oxford Academic", *Journal of Consumer Research*, Vol. 13, No. 3, 1986.

Ho V. T., Gupta N., "Testing an Empathy Model of Guest-directed Citizenship and Counterproductive Behaviours in the Hospitality Industry: Findings from Three Hotels", *Journal of Occupational & Organizational Psychology*, Vol. 85, No. 3, 2012.

Holbrook M. B., Gardner M. P., "Illustrating a Dynamic Model of the

Mood-updating Process in Consumer Behavior", *Psychology & Marketing*, Vol. 17, No. 3, 2000.

Holbrook, M. B., "Nostalgia and Consumption Preferences: Some Emerging Patterns Ofconsumer Behavior", *Journal of Consumer Research*, Vol. 20, No. 2, 1993.

Hughes M. E., Waite L J., "Marital Biography and Health at Mid-Life", *Journal Health Soc Behav*, Vol. 50, No. 3, 2009.

Hutchison E. D., "An Update on the Relevance of the Life Course Perspective for Social Work", *Families in Society: The Journal of Contemporary Human Services*, Vol. 100, No. 4, 2019.

Hwang H., Su-Jung Nam, "The Digital Divide Experienced by Older Consumers in Smart Environments", *International Journal of Consumer Studies*, Vol. 41, No. 5, 2017.

István Siró, Emese Kápolna, Beáta Kápolna, Andrea Lugasi, "Functional Food. Product Development, Marketing and Consumer Acceptance—A Review", *Appetite*, Vol. 51, No. 3, 2008.

Jahn S., Gaus H., Kiessling T, "Trust, Commitment, and Older Women: Exploring Brand Attachment Differences in the Elderly Segment", *Psychology & Marketing*, Vol. 29, No. 6, 2012.

Johnson R. L., "Age and Social Activity as Correlates of Television Orientation: A Replication and Extension", *Advances in Consumer Research*, Vol. 20, No. 1, 1993.

Kim S., Rucker D. D., "Bracing for the Psychological Storm: Proactive versus Reactive Compensatory Consumption", *Journal of Consumer Research*, Vol. 39, No. 4, 2012.

Koles B., Wells V., Tadajewski M. "Compensatory Consumption and Consumer Compromises: A State-of-the-art Review", *Journal of Marketing Management*, 2017.

Labarge M. C., Pyle M., "Staying in 'The Works of Living': How Older Adults Employ Marketplace Resources to Age Successfully", *Journal of*

Consumer Affairs, Vol. 54, No. 2, 2020.

Labroo A., Patrick V., "Psychological Distancing: Why Happiness Helps You See the Big Picture", *Journal of Consumer Research*, Vol. 35, No. 5, 2009.

Lambert-Pandraud R., Laurent G., Lapersonne E., "Repeat Purchasing of New Automobiles by Older Consumers: Empirical Evidence and Interpretations", *Post-Print*, Vol. 69, No. 2, 2005.

Larry, D., Compeau, et al., "Role of Prior Affect and Sensory Cues on Consumers'Affective and Cognitive Responses and Overall Perceptions of Quality", *Journal of Business Research*, Vol. 42, No. 3, 1998.

Laura L. Carstensen, "The Influence of a Sense of Time on Human Development", *Science*, Vol. 312, No. 5782, 2006.

Lee J, Hanna S D, Mok C F J, et al, "Apparel Expenditure Patterns of Elderly Consumers: A Life-Cycle Consumption Model", *Journal of Family and Consumer Sciences*, Vol. 26, No. 2, 2009.

Lee, S, Cho, et al, "Effects of Marital Transitions on Changes in Dietary and Other Health Behaviours in US Women", *International Journal of Epidemiology*, 2005, 34 (1) 103 – 124.

Lim C M, Kim Y K, "Older Consumers'Tv Shopping: Emotions and satisfaction", *International Journal of Retail & Distribution Management*, Vol. 45, No. 3, 2017.

Liu, H, "The Quality-Quantity Trade-off: Evidence from the Relaxation of China's One-child Policy", *Journal of Population Economics*, Vol. 27, No. 2, 2014.

Macmillan R, Kruttschnitt M M, "Linked Lives: Stability and Change in Maternal Circumstances and Trajectories of Antisocial Behavior in Children", *Child Development*, Vol. 75, No. 1, 2004.

Margaret Alston. Environment Social work: Accounting for Gender in Climate disasters. *Austrilia Social Work*, Vol. 66, No. 2, 2013.

Mathur A, Moschis G P, "Antecedents of Cognitive Age: A Replication and extension", *Psychology and Marketing*, Vol. 22, No. 12, 2005.

Mathur, A., Moschis, G. P., & Lee, E. "A Longitudinal Study of the Effects of Life Status Changes on Changes in Consumer Preferences", *Journal of the Academy of Marketing Science*, Vol. 36, No. 2, 2008.

Mayer K. U., Tuma N B, "Event History Analysis in Life Course Research", *Population (French Edition)*, Vol. 43, No. 1, 1988.

Mccracken G., "The History of Consumption: A Literature Review and Consumer Guie", *Journal of Consumer Policy*, Vol. 10, No. 2, 1987.

Menrad K., "Market and Marketing of Functional food in Europe", *Food Science & Technology*, Vol. 56, No. 2 – 3, 2003.

Michelle Barnhart, Lisa Peñaloza, "Who Are You Calling Old? Negotiating Old Age Identity in the Elderly Consumption Ensemble", *Journal of Consumer Research*, Vol. 39, No. 6, 2013.

Mohan G., Sivakumaran B, Sharma P, "Impact of Store Environment on Impulse Buying Behavior", *European Journal of Marketing*, Vol. 47, No. 10, 2013.

Monaghan, H., "Review: Prophylactic Use of Vitamin Dreduces Falls in Older People", *Evidence Based Nursing*, Vol. 7, No. 4, 2004.

Moschis G P., Mathur A., Sthienrapapayut T., "Gerontographics and Consumer Behavior In Later Life: Insights from the Life course Paradigm", *Journal of Global Scholars of Marketing Science*, No. 30, 2020.

Moschis, G., Curasi, C., & Bellenger, D, "Patronage Motives of Mature Consumers in the Selection of Food and Grocery Stores", *Journal of Consumer Marketing*, No. 21, 2004.

Omran A. R., "The Epidemiologic Transition: A Theory of the Epidemiology of Population Change", *Milbank Quarterly*, Vol. 83, No. 4, 2005.

Ong, F. S., & Moschis, G. P, "Effects of Life Status Changes on Changes in consumer Preferences", *Journal of Global Academy of Marketing Science*, Vol. 22, No. 3, 2012.

Ong, F. S., Lu, Y. Y., Abessi, M., & Phillips, D. R, "The Correlates of Cognitive Ageing and Adoption of Defensive-ageing Strategies Among Older Adults", *Asia Pacific Journal of Marketing and Logistics*, No. 21, 2009.

Orla Collins, Joe Bogue, "Designing Health Promoting Foods for the Ageing Population: A Qualitative Approach", *British Food Journal*, Vol. 117, No. 12, 2015.

O'Rourke Dara, Lollo Niklas, "Transforming Consumption: From Decoupling, to Behavior Change, to System Changes for Sustainable Consumption", *Annual Review of Environment and Resources*, No. 40, 2015.

Pettigrew S, Mizerski K, Donovan R, "The Three 'Big Issues' for Older Supermarket Shoppers", *Journal of Consumer Marketing*, Vol. 22, No. 6, 2005.

Podoshen J S, Li L, Zhang J, "Materialism and Conspicuous Consumption in China: A Cross-cultural Examination", *International Journal of Consumer Studies*, Vol. 35, No. 1, 2011.

Robyn Mason, "Confronting Uncertainty: Lessons from Rural Social Work", *Australian Social Work*, Vol. 64, No. 3, 2011.

Rucker D D, Galinsky A D, Dubois D, "Power and Consumer Behavior: How Powershapes Who and What Consumers Value", *Journal of Consumer Psychology*, Vol. 22, No. 3, 2012.

Rucker D D, Galinsky A D, "Conspicuous Consumption Versus Utilitarian Ideals: How Different Levels of Power Shape Consumer Behavior", *Journal of Experimental Social Psychology*, Vol. 45, No. 3, 2009.

Rucker D D, Galinsky A D, "Desire to Acquire: Powerlessness and Compensatory Consumption", *Journal of Consumer Research*, No. 35, 2008.

Ryan P, Brown, "Measuring Individual Differences in the Tendency to Forgive: Construct Validity and Links with Depression", *Personality & Social Psychology Bulletin*, Vol. 29, No. 6, 2003.

Schacter, D. L., Koutstaal, W., & Norman, K. A, "False memories and aging", *Trends in Cognitive Sciences*, Vol. 1, No. 6, 1997.

Sherman, E. , Schiffman, L. G. , & Mathur, A, "The Influence of Gender on the New Age Elderly's Consumption Orientation", *Psychology & Marketing*, No. 18, 2001.

Shimizu, Toshio, "Health Claims and Scientific Substantiation of Functional Foods——Japanese Regulatory System and the International Comparison", *European Food & Feed Law Review*, Vol. 6, No. 3, 2011.

Shonkoff, J. , Garner, A. , "Committee on Psychosocial Aspects of Child and Family Health, Committee on Early Childhood, Adoption, and Dependent Care, & Section on Developmental and Behavioral Pediatrics", *The Lifelong Effects of Early Childhood Adversity and Toxic Stress. Pediatrics*, Vol. 129, No. 1, 2012.

Silvera D H, Meyer T, Laufer D, "Age-related Reactions to a Product Harm crisis", *Journal of Consumer Marketing*, Vol. 29, No. 4 - 5, 2012.

Simcock, Peter, Sudbury, et al, "The Invisible Majority? Older Models in UK Television Advertising", *International Journal of Advertising*, No. 6, 2006.

Smith, R. A. , & Lux, D, "Historical Method in Consumer Research: Developing Causal Explanations of Change", *Journal of Consumer Research*, Vol. 19, No. 4, 1993.

Sudburyriley L. "Using Self-Perceived Age and the List of Values to Study Older Consumer in 4 Nations", *Social Science Electronic Publishing*, Vol. 39, No. 3, 2013.

Swann J P, "The History of Efforts to Regulate dietary Supplements in the USA", *Drug Testing and Analysis*, Vol. 8, No. 3 - 4, 2016.

Swanson J C, "Second Thoughts on Knowledge and Attitude Effects Upon Behavior", *Journal of School Health*, Vol. 4, No. 4, 1972.

Sygnowska E, "Waśkiewicz A. The Role of Supplementation in Replenishing the Defificiencies of Vitamins and Minerals in the Diet of Poles covered by WOBASZ", *Bromat Chem Toksykol*, Vol. 41, No. 4, 2008.

Szmigin I, Carrigan M, "Time, consumption, and the Older Consumer:

An Interpretive Study of the Cognitively Young", *Psychology & Marketing*, Vol. 18, No. 10, 2001.

Taube, Elin, et al, "Being in a Bubble: The Experience of Loneliness Among Frail Older People", *Journal of Advanced Nursing*, Vol. 72, No. 3, 2015.

Tesser A., "Toward a Self-Evaluation Maintenance Model of Social Behavior", *Advances in Experimental Social Psychology*, No. 21, 1988.

Thomas J. B., Peters C. L. O., "Silver Seniors: Exploring the Self-concept, Lifestyles, and Apparel Consumption of Women over Age 65", *International Journal of Retail & Distribution Management*, Vol. 37, No. 12, 2009.

Tynan A. C., Drayton J. L., "Neglect of the Older Consumer", *Journal of Consumer Studies & Home Economics*, No. 12, 1988.

Ulvoas-Moal G., "Exploring the Influence of Spirituality: A New Perspective on Senior Consumers' Behavior", *Advances in Consumer Research*, No. 5, 2010.

Umberson D., Kessler W. R. C., "Widowhood and Depression: Explaining Long-term Gender Differences in Vulnerability", *Journal of Health & Social Behavior*, Vol. 33, No. 1, 1992.

Van, der Zanden, Lotte D. T., et al, "Knowledge, Perceptions and Preferences of Elderly Regarding Protein-enriched Functional Food", *Appetite*, No. 4, 2014.

Verplanken B., Sato A., "The Psychology of Impulse Buying: An Integrative Self-Regulation Approach", *Journal of Consumer Policy*, Vol. 34, No. 2, 2011.

Wagner, J., & Hanna, H., "The Effectiveness of Life Cycle Variables in Consumer Expenditure Research", *Journal of Consumer Research*, Vol. 10, No. 3, 1983.

Weisfeld-Spolter S., Thakkar M. A., "Framework for Examining the Role of Culture in Individuals Likelihood to Engage in Self-Gift Behavior", *Acade-

my of Marketing Studies Journal, Vol. 16, No. 1, 2012.

Westbrook R. A., "Product/Consumption-based a Ective Responses and Post-Purchase Processes", *Journal of Marketing Research*, Vol. 24, No. 3, 1987.

Whitehead, Margaret, "The Concepts and Principles of Equity and Health", *International Journal of Health Services*, Vol. 22, No. 3, 1991.

Wicklund R. A., Gpllwitzer P. M., "Symbolic Self-Completion, Attempted Influence, and Self-Deprecation", *Basic and Applied Social Psychology*, Vol. 2, No. 2, 1981.

Wojciak R. W., Cisek-Woniak A., Tomczak E., "The Characteristic of Dietary Supplementation Among Elderly Women", *Journal of Medical Science*, Vol. 88, No. 1, 2019.

Woodruffe-Burton H., Elliott R., "Compensatory Consumption and Narrative Identity Theory", *Advances in Consumer Research*, Vol. 32, No. 1, 2005.

Y. Sato, T. Nakanishi, T. Chiba, K. Yokotani, K. Ishinaga, H. Takimoto, H. Itoh, K. Umegaki, "Prevalence of Inappropriate Dietary Supplement Use among Pregnant Women in Japan", *Asia Pacific Journal of Clinical Nutrition*, No. 1, 2008.

Yoon C., Laurent G., Fung H. H., et al., "Cognition, Persuasion and Decision Making in Older Consumers", *Marketing Letters*, No. 16, 2005.

Zboralska, Monika. "Polish Legal Regulations on Marketing of Food Supplements", *European Food and Feed Law Review*, Vol. 7, No. 4, 2012.

附　　录

附录一　访谈对象编码

表1　　　　　　　　　　　保健品消费者

编码	性别	年龄	文化程度	职业	居住情况	购买时间	购买金额
FL0919	女	80岁	中专	小学教师	丧偶独居	5年	8万+
FW0919	男	71岁	高中	国有企业工人	夫妻同住	20年	25万+
FJ0924	女	77岁	小学	国有企业工人	丧偶独居	13年	20万+
FZ0925	女	78岁	中专	小学教师	丧偶独居	8年	13万+
FY1013	女	79岁	大学	公务员	夫妻同住	5年	8万+
FL1022	女	79岁	中专	公务员	夫妻同住	4年	3万+
FC1023	女	78岁	小学	国有企业工人	夫妻同住	3年	1万+
FZ1023	女	73岁	大学	公务员	夫妻同住	10年	30万+
FG1023	女	79岁	初中	建筑公司工人	夫妻同住	8年	12万+
FW1023	男	79岁	初中	建筑公司工人	夫妻同住	8年	12万+
FH1023	男	70岁	小学	退役军人	夫妻同住	7年	10万+
FS1023	男	80岁	初中	公务员	夫妻同住	4年	7万+
FH1023	男	78岁	中专	工程师	夫妻同住	17年	10万+
FC1031	男	80岁	中专	公务员	丧偶独居	15年	45万+
FJ1031	女	79岁	中专	医生	夫妻同住	10年	20万+
FW0729	女	74岁	小学	商场销售	丧偶独居	5年	5万+
FC0807	男	73岁	小学	电力部门工人	夫妻同住	2年	7万+
FG0807	女	73岁	小学	电力部门工人	夫妻同住	2年	7万+
FC0813	女	70岁	小学	工人	夫妻同住	5年	5万+
FG0816	女	74岁	小学	电焊工	丧偶独居	5年	15万+
FC0816	男	80岁	小学	冶炼厂工人	夫妻同住	5年	8万+

表2　　　　　　　　　　　　　相关工作人员

编码	性别	年龄	职务	工作单位
L1010	男	55	副局长	G市工商局
X1023	男	35	主管经理	ALQS保健品公司
H1031	女	40	主管经理	HXT品保健品公司
D0722	女	38	健康保险业务经理	TPY保险公司
W0816	女	27	医师资格证讲师	ZG教育机构
Z0817	女	35	主管经理	JSY保健品公司
W0902	男	29	数字化营销经理	HRSJ制药集团
Z0904	男	35	科长	G市卫健委健康产业促进科
C0904	男	36	科长	G市卫健委健康产业促进科
D0904	女	45	主任	G市卫健委老龄办
H0907	女	34	护士	CX社区卫生中心
H0907	男	39	科长	G市卫健委基层医疗科
L0922	女	45	主任	WSZ社区医疗卫生服务中心
B0922	男	63	医生	WSZ社区医疗卫生服务中心
W0925	男	54	主任	G市民政局老年福利科
S0922	男	59	主任	BZ社区医疗卫生服务站
Z0922	男	30	医生	G市第二人民医院
D0922	男	39	主任	ZS社区卫生服务站
Y0925	男	60	主任	G市人民医院老年医学科
C0904	女	44	主任	QN社区卫生服务站
Z0923	女	35	主任	RM社区卫健办

附录二　我国保健品行业的监管政策沿革

颁布时间	政策名称	主要内容
1987年10月	《中药保健药品的管理规定》	首次从法律层面确定我国保健食品的监管权责，"药健字"制度开始施行
1995年10月	《中华人民共和国食品卫生法（主席令第59号）》	规定国家对保健食品实行上市前的注册管理制度
1996年3月	《保健食品管理办法》	实行注册许可和生产许可管理，并在中药序列中取消中药保健药品类别
1996年7月	《保健食品评审技术规程》《保健食品功能学评价程序和方法》	实行省级和卫生部两级审批制度，"食健字"和"药健字"两种监管模式并行引发矛盾
1997年2月	《保健（功能）食品通用标准（GB 16740.1997）》	进一步提高保健品在生产层面的规范性，规定保健（功能）食品的定义、产品分类、基本原则、技术要求、试验方法和标签要求
2002年2月	《关于进一步规范保健食品原料管理的通知（卫法监发［2002］51号）》	
2000年3月	《关于开展中药保健药品整顿工作的通知》	结束"食健字"和"药健字"两种准入同时存在八年的局面
2005年6月	《保健食品注册管理办法（试行）》《保健食品广告审查暂行规定》	明确对保健食品申请与审批等工作的具体规定；对保健食品广告内容的规范性进行审查
2009年2月	《中华人民共和国食品安全法》	明确要求国家对声称具有特定保健功能的食品实行严格监管，"蓝帽子"标识成为保健品规范化的象征
2015年4月	《食品安全法》新修	正式将保健食品纳入特殊食品进行监管，从单一注册制调整为注册与备案双轨制

后　　记

　　老龄化程度的加深带来银发市场的繁荣，对老年人来说，最重要的莫过于"健康"二字。相较于西方常见的膳食补充剂，保健品在我国的文化语境中被赋予独特的社会意涵。这不仅是因为保健品本身在实际生活中介于药品与食品之间、其营销模式介于合规与违规之间，更是由于保健品公司作为一个临时性的健康消费空间弥补了老年群体在医疗、养老甚至心理层面的缺失。面对社会公众的批判，无论保健品行业还是作为消费者的老年群体都处于矛盾与挣扎中。亦如我在论文开题时也同样面临不理解和质疑，但正是这份质疑让我更加坚定深入探究的决心。作为研究者，不应在不知事件全貌的前提下持固化的观点，一味地鄙夷和批评并不能帮助我们增进对事物的解释。当年轻人想要阻止老年人消费保健品时，应首先了解其背后的深层原因。跳出既有文献对老年个体化心理层面的局限，从更大的社会背景中探寻问题本质是研究的初衷。我想，如果不是在田野调查的过程中亲耳听到老人们分享他们年轻时的故事，是很难把他们的早年经历与其沉迷保健品消费这一行为相联系的。

　　说到选题的缘起，由于我的本科和硕士毕业论文分别是养老与医疗方向，最终博士论文的选题从某种程度而言是以上两者的结合。但真正让我走向该选题的，是自家老人对保健品的沉迷。还记得某次我放假回家，偶然发现我给奶奶买的药盒里多了不少黑色胶囊。面对我的疑惑，奶奶闪烁其词。第二次我回家，机缘巧合下打开了一个从未关注过的柜子，五六排摆放整齐的药瓶赫然出现在眼前，那个场面让我觉得很震撼。以往被保健品欺骗的老年人多被描述为文化程度低的群体，实则我的奶奶是他们那个年代少有的大学生。她毕业于陕西师范大学，能写一手好字、时常赋诗几首、还能追赶时髦。但后来随着我对该群体的深入了解以及多方佐证，当前消费保健品的老年群体里有不少文化程度高的人，他们并非完全没有自主意识地进行被动消费。我选择和奶奶坐下来聊天，将她作为我的预访谈对象。其间她一边说着自己不相信保健品，一边又说希望通过保健品维持自己的健康状况，并以此减少未来可能会给子女带来的负担。她还提到对当前就医、社区服务的种种不满，这亦是她走向保健品的关键。此外，从我自身的成长经历出发，爷爷奶奶在我的生命中充当着父母的角色。没有他们对我的悉心培养，就没有今天的我。从小到大，我的生活里有很多"X爷爷"和"X奶奶"，我习惯与老年人共处，久而久之也更倾向于老龄议题。还记得在论文送盲审的这段时间里，我都在医院陪伴爷爷。有人说我这样的情况像一种"断层"，跳过中年期直面养老。但也正是这种经历，我始终觉得自己对老年人有一种天然的熟稔，更能从老年人的角度看待问题。老年人购买保健品不仅仅是个人的消费行为，更涉及整体性的社会成因。尤其在查阅西方有关老年保健的文献资料后，我更加感受到保健品消费现象在我国具有鲜明的本土特色，看似属于经济行为的消费背后实则包含老年人对医疗的无奈、对衰老的恐惧和对养老的担忧等多重社会意蕴。基于此，我有了对选题的初步想法，即当老年人进行保健品消费的原因被统一归咎于群体孤独以及保健品公司非法营销、诱骗等手段，老年人主体的声音已然在一定程度上被掩盖了。

在论文的写作过程中，我始终在思考质性研究面临的对代表性的质疑。但正如杨善华老师所说，田野研究是一种探寻个体社会行动意义的过程，研究者是通过与研究对象互动来获得对其行为和意义建构的解释性理解，并试图根据人们对社会现象所赋予的意义来理解和解释社会现象。就此而言，被访者的陈述本身不可避免地受到其主观加工，这同样也是意义建构的产物，其中的真实是一种意义的真实。我在避免观点过于倾向某一方时，尽量从不同视角给予佐证，譬如在访谈老年消费者之余也补充保健品公司负责人、相关政府部门、医疗从业者等对保健品以及老年消费的看法。在整个田野调查中，我不仅和访谈对象近距离接

后　记

触，也和老年人一同进入保健品公司，由此对保健品的认知从一开始的负面标签逐渐变得中立。从学科视角出发并不应该陷入单一的批判走向，应该更客观地找寻现象背后的原因。保健品存在虚假性和夸张性，老年消费者也有很多被骗的案例，但这并不是问题的全部，也不能完全解释老年人对保健品的热衷。正是因为这种社会的整体性负面认知，访谈对象十分敏感，这种敏感不仅增加了我的调研难度，其本身也是一种问题。我想，这篇论文看似只是从老年人个体的消费行为出发，但试图联想的是健康中国背景下医疗、养老甚至家庭互动中老年人身心状态的促进。

　　无论写作还是学习都是强调互动的过程，导师时常提醒我们不能闭门造车，要多和他人交流。如果说导师是在关键时刻给予我提点的指路人，那么我的同学们则是陪伴我成长、与我碰撞思维的助力者。作为班里年纪最小的学生，我时常觉得自身存在很多不足。好在因为老师和同学的关爱一路顺利过坎儿，按时走完了博士生涯的全程。首先，我很感谢导师黄晨熹教授给予我研究的自由性，虽然该选题并非他的主要研究方向，但他仍然鼓励我完成了整篇论文并提出完善意见，陪伴我走完了论文的全程。我始终坚信只有写自己真正想写的东西、研究自己真正想弄清楚的问题才能赋予论文本身以灵魂与意义。我同样也要感谢给我的论文提过意见的评审老师以及读硕时给予我指导的吴同老师，没有他们的帮助，也不会有现在的毕业论文。其次，我很感谢我的同学们在我写作过程中给予的帮助。尤其是几番大的方向调整时，睿哥和多多都会陪我讨论，其中也不乏翠萍姐、林溪、娜姐等同窗好友以及几位师妹的陪伴。除此之外，我也十分想感谢一直在远方给我鼓励和关爱的家人们。尤其是支持我不断深造的陶先生。在外求学十年，和他异地八年，个中辛酸，冷暖自知。都说陪伴是最长情的告白，我很感恩这十年里给予我帮助的所有人。当然，最要感谢的也包括那个始终乐观、努力和积极向上的自己。还记得写论文之前，我将朋友圈的签名改为"就快看到顶点了吧"。但人生永远没有顶点，博士学位只是一座比较难攀登的峻岭罢了。走出学校大门的我将面临更多未知的机遇与挑战，过往的成败暂时清零，一切将重新书写。

医养结合与健康促进：城市老年人健康消费行为研究

学习社会工作专业已有十年，我也算一路见证和历经社会工作学科的建设与发展。我很感恩这十年中学校以及老师们对我的培养，也很庆幸能够看着这个专业发展得越来越好。还记得写论文时，我始终被"什么样的论文才是一篇社会工作博士的论文"所困扰。但在完稿时我突然想通了。不同的学科即便是对同一个主题进行研究，也会有其独特的学科烙印。如果不是这十年里对社会工作专业的学习，我想自己无法从老年人的主体视角探寻其行为背后的需求乃至社会意义，其中还包括对政策、市场、文化等层面的思考，尤其是从情感的层面对经济学视角下的消费行为进行解读，这亦是基于社会工作的核心理念以及人文关怀。

转眼工作已有近一年，在单位和部门领导的支持和鼓励下，我花费了几个月的时间重新修订论文并形成书稿。虽然本书尚存未尽之处，但整个修改过程对我而言又是一次集中的思考与学习。无论健康、生死都是人这一生中不可回避的重大议题，还记得去年写后记的时候，我正在医院陪伴爷爷。今天我在电脑前重新整理后记，爷爷离开我刚好一年整。而此刻肚子里的小家伙也将在两个多月后来到这个世界，说起来这本书也是在他的陪伴下完成的，在这里一并感谢他的配合吧。

还记得之前写简历时，我曾在最后写下一句话：我热爱社会工作，愿为社会工作事业发展贡献力量。我希望在不久的将来，自己也可以成为行业内的微光，从此照亮更多生命。未来的路还很长，我将以这本书为起点，继续向前。

薛媛媛
2022 年 7 月 18 日下午
浙江杭州